区域一体化背景下慈善信托法律问题研究

Research on the Legal Issues of Charitable Trust in the Context of Regional Integration

李文华◎著

知识产权出版社
全国百佳图书出版单位
—北京—

图书在版编目（CIP）数据

区域一体化背景下慈善信托法律问题研究／李文华著．—北京：知识产权出版社，2022. 4

ISBN 978－7－5130－8150－4

Ⅰ．①区…　Ⅱ．①李…　Ⅲ．①慈善事业—信托法—研究—中国　Ⅳ．①D922. 282. 4

中国版本图书馆 CIP 数据核字（2022）第 070153 号

责任编辑：唱学静　　**责任校对：**谷　洋

封面设计：瀚品设计　　**责任印制：**孙婷婷

区域一体化背景下慈善信托法律问题研究

李文华　著

出版发行：知识产权出版社有限责任公司　　**网　　址：**http：//www. ipph. cn

社　　址：北京市海淀区气象路 50 号院　　**邮　　编：**100081

责编电话：010－82000860 转 8112　　**责编邮箱：**ruixue604@163. com

发行电话：010－82000860 转 8101/8102　　**发行传真：**010－82000893/82005070/82000270

印　　刷：北京建宏印刷有限公司　　**经　　销：**新华书店、各大网上书店及相关专业书店

开　　本：720mm×1000mm　1/16　　**印　　张：**14. 25

版　　次：2022 年 4 月第 1 版　　**印　　次：**2022 年 4 月第 1 次印刷

字　　数：240 千字　　**定　　价：**78. 00 元

ISBN 978－7－5130－8150－4

目录

CONTENTS

序　论

一、本书的总体研究背景

区域一体化作为国家经济发展舞台上的“重头戏”，其重要性日益成为众人瞩目的焦点。例如，2014 年 2 月中央确定把京津冀协同发展上升为国家重要战略，2019 年 2 月 18 日，中共中央、国务院印发《粤港澳大湾区发展规划纲要》，2019 年 12 月，中共中央、国务院印发了《长江三角洲区域一体化发展规划纲要》。这都属于众望所归。客观地说，无论是国外的东京都市圈、波士顿城市群，还是国内的长江三角洲区域、粤港澳大湾区、京津冀区域，毫无疑问地，城市群在当今的经济发展中已经扮演着举足轻重的角色，今后也将成为各经济板块最具活力和发展前景的地区。随着经济发展的逐步加快，单个城市的“一花独放”已然不能作为经济发展繁荣的象征，城市群的“百花齐放”才能真正迎来中国的经济之春。需要强调的是，区域一体化发展和区域协同发展是近似的概念，甚至在一些文件中二者是被等同对待的。例如，在中共中央、国务院印发的《粤港澳大湾区发展规划纲要》中，有的地方用的是“协同发展”的术语，如第二章“总体要求”的第一节“指导思想”提到，要“不断深化粤港澳互利合作，进一步建立互利共赢的区域合作关系，推动区域经济协同发展，为港澳发展注入新动能，为全国推进供给侧结构性改革、实施创新驱动发展战略、构建开放型经济新体制提供支撑，建设富有活力和国际竞争力的一流湾区和世界级城市群，打造高质量发展的典范”，第四章“建设国际科技创新中心”的第一节的标题是“构建开放型区域协同创新共同体”，等等。而有的地方则用“一体化”发展的术语，如第九章“紧密合作共同参与‘一带一路’建设”的第二节的标题就是“提升市场一体化水平”，第十章“共建粤港澳合作发展平台”第二节“打造广州南沙粤港澳全面合作示范区”中包括“合理统筹解决广州南沙新增建设用地规模，调整优化城市布局和空间结构，强化与周边地区在城市规划、综合交通、公共服务设施等方面的一体化衔接，构建‘半小时交通圈’。”同样是经济发展方面的内容，指导思想中用的是“协同发展”，而后面则用的是“市场一体化”的术语。在《长江三角洲区域一体化发展规划纲要》中，“协同”一词出现了92次，“一体化”一词出现了116次。“一体化”与“协同”具有近似的含义。有鉴于此，本书不区分“区域一体化发展”和“区域协同发展”，并将协同发展的京津冀区域和一体化发展的长三角区域作为区域一体化的两个主要研究对象（这些协同发展或者一体化发展的区域，在本书中有的地方也被简称为“区域”）来研究区域一体化发展背景下的慈善信托法律问题。由于粤港澳大湾区内，内地和香港、澳门地区具体适用的法律制度有较大差别，不容易实现立法、管理等方面的协同，故本书不把粤港澳大湾区的相关情况作为研究对象。此外，2021年10月，中共中央、国务院印发了《成渝地区双城经济圈建设规划纲要》，但是由于这个纲要印发的时间不长，成渝两个省市尚未共同发布一体化政策文件，因此本书对该一体化区域的内容也暂不予研究。如果本书对长三角区域和京津冀区域的相关制度的研究能够对成渝区域及我国其他一体化区域相关制度的建设和完善有所助益，则作者将倍感荣幸。

慈善信托属于信托之一种，是英美法体系中具有独特创造性的法律制度，最早起源于中世纪的英国，1601年的《慈善用益法》可以说是慈善信托发展的起点，但该法并没有对慈善信托的概念予以具体规定。20世纪英国首次以成文法的形式确立了慈善信托的定义。[1] 我国本无关于慈善信托的基本法律制度，后学习、借鉴其他国家的做法，于2001年颁布《中华人民共和国信托法》（简称《信托法》），其中“公益信托”被单独列为一章进行框架性规定。但是由于缺少具体操作规则，在《信托法》出台后的多年实践中都没有标准的公益信托或者仅出现少部分混合的、准公益信托。2016年，《中华人民共和国慈善法》（简称《慈善法》）颁布，关于慈善信托的法律适用，根据《慈善法》第五十条的规定，该法第五章未规定的，适用该法其他有关规定；该法未规定的，适

---

[1] 曹敏：《我国公益信托法律制度的重构——从英美慈善信托制度入手》，载《中北大学学报（社会科学版）》2016年第1期，第31页。

用《信托法》的有关规定。这是因为与商事信托相比，慈善信托有自己的特殊之处，因此应该优先适用《慈善法》的规定；在《慈善法》未对相应事项做规定的情况下，则应该适用《信托法》的规定。《慈善法》设立专章对“慈善信托”进行详细规定，将许可制改为事后备案制，明确备案机关为民政部门，这为慈善信托带来了蓬勃发展的新时期。2016 年年末，全国已成功备案慈善信托 22 单。[1] 2017 年《慈善信托管理办法》出台，进一步解决了慈善信托执行过程中的细节问题，部分地方民政部门也随后制定地方性慈善信托管理办法，如北京市民政局于 2016 年 9 月颁布了《北京市慈善信托管理办法》，江苏省于 2017 年 10 月颁布了《江苏省慈善信托备案管理暂行实施办法》，天津市民政局于 2017 年 12 月发布《天津市慈善信托管理办法》，广东省于 2019 年 2 月颁布了《广东省民政厅　中国银行保险监督管理委员会广东监管局关于慈善信托管理工作的实施细则》，山东省于 2021 年 3 月颁布了《山东省慈善条例》（其中有专章规定慈善信托条款），等等。为进一步规范慈善信托的信息公开行为，2020 年 1 月 9 日民政部发布《慈善信托信息公开管理办法（征求意见稿）》[2]。随着“统一信息平台”的建成，慈善信托的透明度将进一步提高，慈善信托将变得更加公平、公正。以上法律法规的出台，说明我国的慈善信托法律制度正在逐步建立与完善中，我国的慈善事业也将因此而激发出更多的活力。

我国民间的慈善活动有着非常悠久的历史，乐善好施、亲友与乡邻互助一直是中华民族传承不断的优良传统。例如，光绪初年灾旱发生后，由江苏、安徽和浙江三省在津士绅、商人共同捐资千万元兴建的广仁堂，专门收容天津、河间两府被遗弃的子女、贫困节妇。到了民国年间，京畿水灾督办处在香山成立了慈幼院——一所规模宏大、设备齐全先进的专门收容孤贫儿童的慈善教育机构，收容的学生来自北京、天津、保定等地，其运作模式已经体现出商业和慈善的结合；近代华北灾荒期间，京津两市作为区域中心城市则担负了赈灾的重要任务。[3]

---

[1] 张菲菲：《2016 慈善信托发展报告：18 家信托公司备案 22 单慈善信托》，载第一财经网 2017 年 2 月 14 日，https：//www. yicai. com/news/5223949. html，最后访问时间 2021 年 8 月 10 日。

[2] 截止到 2021 年 10 月 29 日，此管理办法的正式文本尚未公布，故本书引用的都是征求意见稿中的条款。

[3] 任云兰：《近代华北自然灾害期间京津慈善机构对妇女儿童的社会救助》，载《天津社会科学》2006 年第 5 期，第 143 页。

近年来，随着我国区域一体化程度的逐步加深，区域内省市在慈善等民生事业方面有了更加频繁的合作。例如，在京津冀地区，随着一体化的发展，2014 至 2015 年度，河北省慈善总会与天津的中国社会工作协会儿童社会救助委员会，合作实施了“神华—爱心行动”，为 1163 名贫困家庭先天性心脏病患儿进行了免费手术治疗。此外，他们还与爱佑慈善基金会合作开展了“爱佑童心”项目，为 605 名贫困家庭先天性心脏病患儿进行了免费手术。[1] 2015 年 11 月 6 日，京津冀三省市召开民政事业协同发展工作会议，并签署了《京津冀民政事业协同发展合作框架协议》，确定了京津冀民政事业的十大重点合作领域，其中包括养老服务、社会救助、灾害防治、优抚安置、慈善志愿等重要的民政事业。[2] 2016 年 9 月 2 日，2016 年京津冀灾后社会工作与志愿服务培训交流研讨会在河北邢台召开，来自北京、天津、河北的社工专家、一线社工就灾后社工服务应该如何进行展开了研讨。[3] 在 2018 年 12 月的京津冀“美好向往”公益伙伴行暨第二届京津冀社会组织参与社会治理高峰论坛系列活动上，天津的力高慈善基金会表示将负责管理由三地“美好向往”公益行发起单位联合筹备成立的“京津冀社会发展基金”，携手共同为京津冀协同发展贡献力量。“京津冀社会组织发展基金”成立的初衷是用于支持京津冀三地民间社会组织开展精准扶贫、扶危济困、助孤救残等公益项目，在全面建成小康社会决胜期的形势下，为推动京津冀协同发展添砖加瓦。[4] 2018 年 12 月 25 日，京津冀民政事业协同发展第二次联席会议在津召开，会上就加强慈善信托工作互动交流，建立慈善资源对接共享合作机制，组织举办京津冀慈善展示会，围绕京津冀慈善事业发展成果、规范慈善信托管理、防范慈善信托风险、慈善信托事业联合发展前景等主题开展了研讨，为三地群众感受慈善、参与慈善、体验慈善搭建了共

---

[1] 皮磊：《京津冀公益慈善一体化发展成果初现》，载公益时报网 2016 年 9 月 21 日，gongyishibao.com/html/yaowen/10394.html，最后访问时间 2020 年 12 月 4 日。

[2] 张原：《京津冀签署民政事业协同发展合作协议》，载人民网 2015 年 11 月 6 日，http://www.cppcc.people.com.cn/n/2015/1107/c34948－27787976.html，最后访问时间 2020 年 12 月 4 日。

[3] 河北省民政厅：《2016 年京津冀灾后社会工作与志愿服务培训交流会在邢台召开》，载河北省人民政府网 2016 年 9 月 3 日，http://info.hebei.gov.cn/hbszfxxgk/329975/329988/330075/6659579/index.html，最后访问时间 2020 年 12 月 4 日。

[4] 力高集团：《力高慈善基金会助力京津冀社会公益组织协同发展》，载力高集团网 2018 年 12 月 8 日，https://www.redco.cn/news/10001592，最后访问时间 2020 年 12 月 4 日。

同发展的平台。[1]

在长三角地区，共同推动区域性慈善影响力和高质量发展是基于长三角一体化的国家战略，长三角慈善一体化以务实精神共同推进，从备忘录启动，再到宣言到行动，从制度设计到具体落实，都有非常务实的设计，包括：一是建立一个联席会议制度提供组织保障；二是建设一个基金，通过基金去运作项目，以项目为载体，通过这个载体把长三角的慈善资源做到优化配置，做到更好的精准运作；三是评选“慈善之星”，命名为长三角“慈善之星”，希望以榜样的力量感染社会，带动社会，引领社会，让更多的大众参与到慈善事业当中来，通过一体化，把三省一市的慈善之星评选出来，形成更广泛的社会影响力；四是成立一个长三角媒体慈善公益联盟，通过一些媒体平台来宣传慈善人物，弘扬慈善文化，包括“慈善之星”将在这个平台上进行广泛的宣传，通过宣传把慈善弘扬出去；五是建一个慈善专家智库，通过专家智库在理论和理念上给我们一些引领，对慈善当中碰到的瓶颈问题给予解疑释惑，推动更务实的行动。[2]

总之，区域内省市在慈善事业等民生事业方面有多年的合作经验，并且将持续合作下去，慈善信托也渐渐受到各地政府的重视。在此背景之下，深入探讨区域一体化发展条件下慈善信托法律问题具有深刻意义。本书各章将分别陈述其各自的研究背景。

二、本书所采用的主要研究方法和结构

（一）本书的主要研究方法

本书在文献资料的整理与分析方面主要采取了以下几种研究方法：第一，运用交叉学科的研究方法。随着社会的发展，各种学科间不再局限于单纯的某一领域的研究，而是发展为跨学科、跨领域的研究。本书涉及慈善法、信托法、税收征收管理法、环境保护法、社会救助法、立法法等多个学科领域，需要对这些学科进行综合运用，实现对区域一体化背景下慈善信托法律问题的整合性

[1] 天津市民政局：《京津冀民政事业协同发展第二次联席会议在津召开》，载搜狐网2018年12月28日，https://www.sohu.com/a/285064651_120027582，最后访问时间2020年12月4日。

[2] 浙江省慈善联合总会：《【对话】王振耀：战略构建长三角慈善一体化》，载中国发展简报网，2019年11月19日，http://www.chinadevelopmentbrief.org.cn/customer/details.html?id=23510&type=，最后访问时间2020年12月16日。

研究。第二，理论联系实际的研究方法。区域一体化发展在慈善事业、生态协同治理、扶贫等方面已有不少实践经验，是本书研究的重要基础素材。第三，理论结合立法的研究方法。本书很好地实现了理论与立法、执法的结合。第四，文献研究法。在收集、梳理资料阶段，通过互联网、各高校图书馆、各机构的官方网站，作者收集了全面的实践性和理论性的文献资料。同时查阅相关法律、法规、政府规章，在此基础上了解我国区域一体化发展和慈善信托各具体制度的发展现状。第五，比较分析法。信托法律制度起源于英国，在我国的发展历史较短，对区域一体化背景下慈善信托制度进行研究，必须对其他国家的相关制度进行对比研究。本书主要挑选了慈善信托制度以及区域性发展较具有代表性的国家和地区，包括英国、美国、日本以及欧盟，搜集这些国家和地区关于慈善信托各具体制度的法律法规、理论文章。运用比较分析法，对比分析这些国家和地区与我国制度的不同，整理并归纳它们的先进实践经验，在此基础上结合我国的具体国情加以借鉴，提出本书的观点与完善建议。

（二）本书的结构

本书分为序论（即本部分）和六章正文内容。六章内容分别围绕着区域一体化背景下慈善信托的不同主题展开，包括区域一体化背景下慈善信托协同立法、区域一体化背景下慈善信托的协同管理、区域一体化背景下税收优惠协同、区域一体化背景下信托财产登记协同、慈善信托服务于区域一体化背景下的生态协同治理以及巩固拓展扶贫成果及乡村振兴，形成区域一体化背景下慈善信托从协同立法到协同管理、登记协同、税收协同，再到服务具体重要领域（以生态治理和巩固拓展扶贫成果及乡村振兴为主要领域）的有内在联系的研究系统。

第一章

区域一体化背景下慈善信托立法协同问题研究

第一节 绪 论

一、研究背景

随着慈善信托与区域一体化战略在我国的重要性日趋上升，一体化区域内的各民政部门之间也积极开展合作，在慈善信托协同方面积极拓展交流对话机制，并制定了一些地方性政策。然而，目前我国一体化区域内的各地区仍旧受利益博弈、行政壁垒等问题的影响而未能形成体系化、全面性的慈善信托立法协同体系，给慈善信托公益慈善事业的发展造成了阻碍。

二、研究现状

在区域一体化发展的区域内，协同立法作为区域一体化发展战略的基础，近年来逐渐受到学界的关注。例如，在京津冀区域内，有学者指出，京津冀协同立法的意义在于实现京津冀协同发展的连续性、稳定性、系统性和协调性，为京津冀的协同发展提供长效保障机制（孟庆瑜，2017）。而目前我国京津冀协同立法进程较为缓慢，对此部分学者分析，对京津冀协同立法的阻碍在于三地利益博弈现象严重，缺少区域协同立法的经验，此外由于我国“一元两级多层次”的立法体制，京津冀协同发展的法律供给不足（王宝治，张伟英，2016）。另外还有学者建议应尽快制定“京津冀协同发展促进法”，同时加强京津冀三地的执法监督与司法协助等（常敏，2015）。在完善立法协同方面，部分学者主张借鉴美国、欧盟地区的区域立法协同模式，建立区域立法协同委员会，以保证三地立法的平等、公开、效率（陈光，2011）。也有部分学者建议各区域之间相互借鉴，例如，有学者建议京津冀模仿长三角地区的协同立法模式，由三地协商建立示范性的文本，涉及国家专属立法权的事项应由三地共同向国家提出立法建议，涉及区域内共同利益的项目应由三地建立中长期协同立法规划（张瑞萍，2016）。

三、研究意义

1. 区域内慈善信托立法协同的研究对区域冲突的解决、对区域内协同立法体系的建构发展具有示范性意义

在各一体化区域内部，其经济发展通常呈现跨行政区域的特征，因此也容易产生经济区域与行政区划之间的冲突。由于地方保护主义和各方利益博弈现象不可避免地存在，地方政府之间因此会围绕经济、产业、人才等各类资源的争夺而做出决策和展开行动，包括制定相关法规，而这样的行为可能会有损于区域整体利益，这一结果便可称为区域冲突。在这样的发展特点下，首先需要通过立法协同带动区域的协同发展进程，从而缓和一体化进程中的跨区域冲突。目前各区域尚未形成完善的协同立法体系，严重阻碍了区域内一体化进程的发展。在区域协同发展的过程中，在慈善信托立法协同的视域下，为了消除或缓解区域冲突问题给区域发展带来的不利影响，区域内立法部门应协商统一各地慈善信托立法中冲突、矛盾的规定，并建立区域内各地协同立法工作机构及其他常态性保障机制，使一体化区域内各地立法更具整体性、统一性，通过区域合作获取最大化的区域整体利益的决策和行动。

本章论述了一体化区域内慈善信托立法协同的现实需要、制约因素与解决路径，其中涉及的问题并不仅限于慈善信托领域，同时也包括整个区域内立法协同中所面临的普遍问题。因此，对区域内慈善信托一体化体系建构的研究对于区域一体化的整体立法协同进程也同样具有参考意义。

2. 区域内慈善信托立法协同在各区域慈善信托协同发展进程中占据基础性地位

随着慈善信托在各一体化区域内的跨省市运营现象日益频繁，各区域内慈善信托运营中出现的问题（如管理部门的协同、税收优惠政策、财产登记协

同、环境改善与扶贫等问题）逐渐出现区域化和整体化并存的特点。尽管各区域内相关省市目前各自制定了一些慈善信托领域的相关政策法规，但由于各地规范之间的割裂性与差异性，各区域协同发展的法律规制具有模糊与不确定性，对各区域内慈善信托乃至慈善公益事业发展都将造成不良影响，因此，建立统一的立法协同机制是一体化区域内慈善信托发展的必要基础。

3. 区域内慈善信托立法协同的发展与完善对于依法治国进程具有推动作用

《中共中央关于全面推进依法治国若干重大问题的决定》指出“建设中国特色社会主义法治体系，必须坚持立法先行，发挥立法的引领和推动作用”。法治作为国家发展的基础保障，在经济发展中起着不可或缺的作用。同样地，在区域一体化发展的视域下，区域立法也是区域协同的首要前提。面对跨区域慈善信托发展中的新挑战、新任务，各一体化区域更应通过科学立法、民主立法对发展过程中的各方利益进行协调，进而发挥法治的引领作用，带动全面依法治国的进程。例如，在京津冀区域内，京津冀协同发展战略就是研究京津冀立法协同的现实基础。2014 年 2 月 26 日，习近平总书记在北京主持召开座谈会，强调实现京津冀协同发展，是面向未来打造新的首都经济圈、推进区域发展体制机制创新的需要，是探索完善城市群布局和形态、为优化开发区域发展提供示范和样板的需要，是探索生态文明建设有效路径、促进人口经济资源环境相协调的需要，是实现京津冀优势互补、促进环渤海经济区发展、带动北方腹地发展的需要，是一个重大国家战略，要坚持优势互补、互利共赢、扎实推进，加快走出一条科学持续的协同发展路子来。[1] 而在长三角区域，2021 年 7 月 13 日至 14 日，长三角地区人大常委会主任座谈会在安徽合肥召开。会议通报了 2021 年度长三角地区主要领导座谈会精神和长三角一体化发展推进情况，交流了近年来三省一市人大依法护航长江大保护、开展长江流域禁捕联动监督、保障促进长三角科技创新共同体建设和固废污染协同治理等做法和打算，商定

---

[1] 新华社：《习近平主持召开座谈会听取京津冀协同发展工作汇报》，载中央政府门户网站 2014 年 2 月 27 日，http://www.gov.cn/ldhd/2014-02/27/content_2624901.htm，最后访问时间 2021 年 1 月 4 日。

了2021年度人大协作重点工作计划，并签署了会议纪要。[1] 可见，长三角在人大协同立法方面已经走在了各一体化发展区域的前列。为了贯彻区域协同发展战略，本章以区域立法协同为研究对象，旨在为区域协同发展提供法律基础。

第二节　一体化区域内慈善信托立法协同的意义

社会的发展与进步始终离不开“公平与效率”这对永久的议题，经济的繁荣与科技的进步固然是社会发展的目标之一，但社会稳定与民生问题却是治国之根本。因此，作为促进社会公平、缩小贫富差距、帮扶弱势群体的有力手段，公益慈善事业在我国的重要性也日渐提升。而随着《慈善法》及《慈善信托管理办法》等法律法规和相关规章的出台，慈善领域的新兴力量——慈善信托，也逐渐受到各界慈善人士的关注。相比于一般的慈善组织形式，慈善信托具有财产独立性强、运作规模和期限灵活、保值增值方式可自由约定等制度优势。《2018年慈善信托发展报告》显示，2018年新设立的慈善信托为79单，同比增长75.56%，新设立的信托财产达11.01亿元，同比增长84.42%[2]，而从2018年9月1日到2019年8月31日全国成功备案成立了108单慈善信托，慈善信托初始规模达到7.18亿元，显示了慈善信托的更快增速。[3] 可见，慈善信托在我国慈善事业中的比重日渐提高。与此同时，慈善信托给地方公益慈善事业的发展提供了新的思路，对我国区域慈善事业一体化的进程也产生了重大影响。

在长三角地区，2020年10月初，2020长三角民政论坛在浙江省湖州市召开。会上，上海、江苏、浙江、安徽一市三省民政部门共同签署合作交流框架协议，将共组基层治理智库联盟、共建基层治理联动机制、共创基层治理示范

---

[1] 杨铁山：《深化拓展协同协作 增强法治保障实效 长三角地区人大常委会主任座谈会在安徽合肥召开》，载《上海人大月刊》2021年第7期，第38页。

[2] 李济慈：《〈2018年慈善信托发展报告〉发布》，载慈善公益网2019年3月10日，http：//www.csgyb.com.cn/news/quanwei/20190310/22498.html．最后访问时间2021年1月4日。

[3] 中诚信托慈善信托工作办公室：《中诚信托2019年度慈善信托研究报告》，载中诚信托有限责任公司网2019年9月2日，https：//www.cctic.com.cn/zcyj/10316.jhtml，最后访问时间2021年1月2日。慈善信托备案的最新情况，参见慈善中国网站，http：//cishan.chinanpo.gov.cn/biz/ma/csmh/e/csmheindex.html．最后访问时间2021年10月29日。

区、共享基层治理创新成果、共研基层治理智治体系，打造民生共享、治理联动、幸福和谐的长三角。根据协议，沪苏浙皖民政部门将建立智库联盟，开展战略研究、决策咨询及技术协同，为长三角基层治理问题研究和实践探索提供咨询服务。建立基层治理资源共享、政府购买服务项目开放、智慧治理平台对接、社区对口见学（对口见学，意为互动、互学共享）、社区工作者挂职交流、社区社会组织发展联动、社会工作联盟体等系列机制。建设长三角基层治理共同体建设示范区，探讨长三角地区基层治理先进区域发展指数评估，加快打造长三角地区治理创新发展新高地。举办长三角基层治理创新成果研讨和论坛，共享基层治理经典案例和先进治理经验。依托长三角数字经济先发优势，共同探索研究长三角基层治理智治体系，推荐发布智治样本，为长三角共同推动基层治理智治体系建设发挥好导向性、引领性作用。[1] 而在京津冀地区，2014 年，习近平总书记正式提出京津冀协同发展的重要战略，开启了京津冀协同发展的重要进程。在我国慈善事业大力发展的背景之下，京津冀民政部门于 2015 年 11 月签订了《北京市民政局、天津市民政局、河北省民政厅共同推动京津冀民政事业协同发展合作框架协议（2015—2020 年）》，提出在十个方面开展务实合作，其中就包括共同助推公益慈善事业。其中，作为慈善事业新兴力量的慈善信托，对于京津冀慈善事业的协同发展具有不可小觑的意义，京津冀三地政府也就慈善信托协同问题开展了多次座谈、交流、讨论活动。

在京津冀区域内，虽然签署了一些慈善事业合作发展的协议，然而那些都不具有立法和协同立法的性质。加之，由于该一体化区域内无论是从经济发展还是从慈善信托机构建设等方面都有比较大的差距，因此若要实现一体化区域内慈善信托的协同发展，立法协同是根本前提。而在长三角区域，虽然早在 2019 年 7 月初，上海、江苏、浙江、安徽一市三省的人大监察和司法委员会共同签订了《关于深化长三角地区人大监察和司法工作协作机制的协议》（根据该协议，三省一市的人大监察和司法委员会将通过建立定期交流机制、实行联络员制度、完善信息共享渠道等方式开展协作；明确提出，三省一市人大要加强立法工作协同，针对共同关切、需要协同的立法项目，配合在制定立法规划

[1] 汪国梁：《沪苏浙皖民政部门签署合作交流框架协议》，载马鞍山市人民政府网 2020 年 10 月 6 日，http：//www. mas. gov. cn/zxzx/xxzz/szfxx/20295371. html，最后访问时间 2021 年 1 月 4 日。

和计划、法规起草、调研、论证、实施等各环节加强沟通与合作），[1] 但是具体到慈善信托以至于整个慈善事业的立法协作、协同，则尚未见到相关报道。目前，各一体化区域内慈善信托协同的相关立法领域存在着较大的空白，缺乏统一明确的法律规定，这使得各一体化区域内慈善信托协同的具体执行工作难以有序开展，严重阻碍了各一体化区域慈善事业的发展进程。

因此，本章旨在对各一体化区域内慈善信托立法协同的可行性及其路径进行研究，以期为各一体化区域慈善事业的协同发展提供新的思路与对策。

一、慈善信托助力各一体化区域的发展

1. 慈善信托助力一体化区域内的金融扶贫及乡村振兴工作

党的十八大提出，脱贫攻坚是我国全面建成小康社会的标志性指标和底线任务，也是全面建成小康社会最艰巨的任务。党的十九大强调，2020 年是全面建成小康社会的决胜时期，并再次表明打赢脱贫攻坚战、实现脱贫目标的决心。由此可见，脱贫攻坚是我国刚刚过去的那个阶段经济发展的重要议题之一。在京津冀区域，扶贫脱贫对于该区域的协同发展进程同样具有重大意义。在京津冀区域内部，北京、天津两地经济发展态势较好，主要的贫困问题来源于河北省。这些贫困地区交叉从属于燕山—太行山和黑龙港两大特困片区，形成了“环京津贫困带”。环京津贫困带是京津冀区域协同发展的“低洼带”，农民人均纯收入、人均 GDP、县均地方财政收入，分别不足北京周边县（区）的 1/3、1/4 和 1/10。环京津贫困带的存在严重阻碍了京津冀区域的经济增长与协同发展。虽然在 2020 年 2 月 29 日河北最后一批贫困县也顺利“摘帽”，但是不可否认的是，河北省的贫困问题还会在一定时期内困扰着这个经济并不发达的省份，因为官方公布的摘帽标注是综合贫困发生率全部降到 2% 以下。[2] 考虑到人口基数比较大，2% 也不是个小数字；而且，脱贫不但要“授人以鱼”，还要“授人以渔”，这个过程不是一蹴而就的，需要至少一定时期内的长期努力。因此，

---

[1] 巨云鹏：《沪苏浙皖人大深化监察和司法工作协作机制 立法协同助力长三角一体化》，载中国人大网 2019 年 7 月 4 日，http：//www. npc. gov. cn/npc/c30834/201907/78adc96073144ba99d96404f826f0326. shtml，最后访问时间 2021 年 1 月 4 日。

[2] 范世辉：《河北最后一批贫困县“摘帽”》，载新浪网 2020 年 3 月 1 日，https：//news. sina. com. cn/o/2020 – 03 – 01/doc – iimxyqvz6992773. shtml，最后访问时间 2021 年 1 月 4 日。

巩固和拓展扶贫成果仍然是京津冀三地协调发展最为迫切的任务之一，而如何帮助河北省长期、稳定地解决贫困难题就仍然是京津冀协同发展中不可逃避的问题。

在长三角地区，自2012年以来，长三角地区农超对接洽谈会已连续举办8届，取得了较好的成效。此项活动已成为促进长三角农产品市场一体化的重要平台，也是拓宽浙江对口协作帮扶地区农产品流通渠道的重要途径之一。2020年是决胜全面小康、决战脱贫攻坚的收官之年，也是实现“两个一百年”奋斗目标的历史交汇之年。2020年9月，该项活动再次顺利展开。此次活动以“区域共推农商互联　消费齐助脱贫攻坚”为主题，旨在深入贯彻党中央、国务院精准扶贫和长三角一体化发展战略，积极响应2020年9月首届全国消费扶贫月活动，助力消费升级，巩固脱贫攻坚成果。❶

在对各种扶贫方式及乡村振兴的探索过程中，作为金融扶贫新型手段的慈善信托开始逐渐受到各区域的广泛关注。据相关数据显示，截至2021年10月26日，全国备案数量为662单，财产总规模共359 878.13万元；其中，全部或者部分用于扶贫领域的慈善信托（即“扶贫慈善信托”）达到483单，占全部慈善信托数量的73.96%❷。在长三角地区，长三角的一体化发展离不开金融的大力支持。金融支持长三角一体化发展，正在从方案走向落实，从纸上走向具体措施，从金融走向实体，涌现出一批批符合实际、可复制、可推广的好经验好做法。例如，在产融结合方面，光大银行苏州分行与嘉事堂、光大永明人寿联手组成柔性团队，共同研究“光大E健康”与嘉事堂供应链管理融合的协同新模式，探索在长三角生态绿色一体化发展示范区加以推广，为解决就医难的民生问题提供系统性解决方案。光大银行、光大信托、嘉事堂联手，打造慈善信托一体化协同模式，多次向武汉地区开展捐赠，在新冠肺炎疫情防控和巩固扶贫成果中发挥了积极作用。❸

---

❶ 楼纯，钟欢欢：《千余种优质农产品亮相，长三角“赶集”助推脱贫攻坚》，载小时新闻网2020年10月2日，https：//www.thehour.cn/news/402562.html？from=timeline，最后访问时间2021年1月4日。

❷ 见慈善中国网站，http：//cishan.chinanpo.gov.cn/biz/ma/csmh/e/csmheindex.html，最后访问时间2021年10月26日。

❸ 魏敏：《探索可推广可复制服务长三角一体化新模式》，载中国经济网2020年7月20日，http：//district.ce.cn/newarea/roll/202007/20/t20200720_35358480.shtml，最后访问时间2021年1月4日。

相比于其他金融扶贫方式，用慈善信托以巩固、拓展扶贫成果的优势在于：首先，信托公司的客户很多是高净值人群和资金比较宽裕的机构，他们有通过慈善信托进行巩固、拓展扶贫成果及支持乡村振兴的比较强烈的愿望，因此，信托公司可以通过业务拓展和信托财产的运行汇聚到更多用于巩固、拓展扶贫成果的资金；其次，可以灵活运用我国巩固、拓展扶贫成果的机制，促进巩固、拓展扶贫成果的规模化和多样性；再次，慈善信托财产的投入具有长期稳定性，因此可以减小脱贫人口的“返贫”风险；最后，信托管理的专业化促进了巩固、拓展扶贫成果的精准化和高效率。综上所述，慈善信托不失为解决一体化区域内巩固、拓展扶贫成果的有效途径。而慈善信托在助力乡村振兴方面，则有很明显的优势。其一，信托目的的广泛性，可以服务乡村全面振兴目标：通过设立慈善信托，围绕乡村振兴的总要求和任务目标开展慈善活动，支持农村特色产业发展，推进乡村生态建设，繁荣兴盛农村文化、提高农村民生保障水平等，全面服务乡村振兴推进中的帮扶需求。其二，发挥信托持续优势，助力乡村振兴长期推进。实施乡村振兴战略是一项长期而艰巨的任务，需要继续奋斗三十年时间实现农业农村现代化的总目标。因此，实现乡村振兴特别需要长期持续的支持机制。而信托制度正是进行长期财产管理的最佳工具。信托机制下的委托人、受托人、受益人三方当事人的架构安排，使得信托具有稳定性，不受当事人死亡或解散而中断。信托财产也受到《信托法》的特别保护，保障信托财产按照信托文件约定的方式进行管理，防止被不当挪用甚至被恶意处分。信托公司受托人发挥专业投资管理优势，还可进一步促进慈善资金保值增值，扩大慈善财产来源。在信托制度的保障下，慈善信托可助力乡村振兴的长期支持机制的建立。其三，发挥信托平台优势，助力乡村振兴资源汇集。推进乡村振兴，要发动社会各界力量投身乡村建设。信托公司具有广泛的客户资源，可为推进乡村振兴引入大量资金资源。当前，信托业管理着20万亿信托财产，服务着工商企业、基础产业、房地产、金融机构等各领域的机构客户，服务着超过80余万高净值个人客户。慈善信托通过发挥信托平台优势，发动广大客户力量，可汇聚客户财产共同服务乡村振兴事业。其四，发挥信托金融优势，提升乡村振兴的资源整合能力。乡村振兴目标宏大、任务复杂、涉及领域广，需要各类市场主体的广泛参与和各种金融工具的组合运用，对各类实施主体的专业能力和资源整合能力提出了更高要求。慈善信托具有“信托”金融工具优势，可以债权融资、股权投资、投贷联动、产业基金等多种灵活方式运用信托财产，为推进乡村振兴提供多角度金融服务。慈善信托还可与小额信贷、特色产业信贷、农业保险、农产品期货期权等各种金融工具合作，发挥联合优势共同探索服务模式创新，促进乡村振兴资源需求的精准对接，共同助力推进乡村振兴事业发展。[1] 因此，不论是巩固脱贫攻坚战的成果，还是促进乡村振兴事业的发展，慈善信托都可以起到重要的作用。

2. 慈善信托助力一体化区域内解决生态治理问题

在京津冀区域，《京津冀协同发展规划纲要》明确提出，京津冀协同应当率先在生态环境治理方面做出重大突破。京津冀三地联合制定《京津冀区域环境保护率先突破合作框架协议》，力图改善京津冀的生态环境。根据《中共中央、国务院关于全面加强生态环境保护　坚决打好污染防治攻坚战的意见》的指示，京津冀着手建立健全生态环境保护经济政策体系，加大生态环保财政支出。但是，由于目前京津冀生态治理工作的资金投入大部分来自政府财政，所以在现实中面临着很多难题：首先，政府生态治理资金分配有限，不能满足生态环境治理的巨额资金需求。其次，主要依靠政府财政解决生态治理问题，容易出现资金运行效率低的情形。生态治理资金体量大，监督并非易事，极易导致生态治理资金管理不善和污染治理设施上的浪费，出现排污费的积压、挤占、挪用、环境保护设施不能有效运行等情况。最后，政府财政投资容易出现权责不清和缺乏公正的现象，例如，政府可能天然倾向于对城市环境治理加大投入，而忽视广大的农村地区，等等。[2] 而在粤港澳大湾区，2017 年 5 月，由美的控股有限公司发起设立“中信·何享健慈善基金会 2017 顺德社区慈善信托”（下称“顺德社区慈善信托”），由中信信托、广东省和的慈善基金会共同作为双受托人，广东省德胜社区慈善基金会担任执行人。顺德社区慈善信托初始规模 4.92 亿元，期限永续，成为当年资金规模最大的慈善信托。顺德社区慈善信托的“和美社区计划”项目资助以顺德辖区内村居的突出问题为出发点，在重点领域、重点地区、重点问题、重点项目上，精准、集中地投放资源，及时回应

---

[1] 沈苗妙：《慈善信托助力乡村振兴的优势与路径展望》，载用益信托网 2021 年 4 月 15 日，https://www.yanglee.com/research/Details.aspx?i=93980，最后访问时间 2021 年 10 月 4 日。

[2] 程雪莲：《我国环保投资中的投融资模式选择》，载《重庆社会科学》2005 年第 6 期，第 5－6 页。

社区痛点需求，集中解决社区迫切问题。其中就包括在“行业支持”领域，优化顺德公益生态环境，培育本土生态链。未来，期待在顺德社区慈善信托实践的基础上，持续探索创新，优化慈善信托制度下的基层治理和乡村振兴公益模式，不断健全完善社会力量参与基层治理和乡村振兴事业的长效机制，搭建更广泛的平台，带动更多社会力量投身于慈善事业。[1]

综合以上几点，一体化区域内的生态治理需要有新的资金来源提供支持，而慈善信托可以很好地解决这个问题：一方面，通过慈善信托形式筹集环境治理基金，可以在征得政府许可的条件下把特定时段或特定区域的环保赔偿金统一纳入同一项慈善信托中，有利于集中财力、人力、物力以解决生态环境问题；另一方面，受托人的专业性可以显著提高环保基金的利用率，让信托财产真正落实到环保慈善活动中去。在发达国家，慈善信托在环境保护方面的应用已经十分常见，比如美国的油污责任信赖基金、[2] 日本的公海健康损害赔偿基金等。就国内而言，相关领域发展仍处于初步阶段，但也有一定的尝试和突破：2019年5月，国内首单由环境公益诉讼资金设立的慈善信托“长安慈——大气保护慈善信托”成功备案，[3] 作为环境保护慈善信托领域的首创，此单慈善信托的设立也为一体化区域内慈善信托在环保领域的应用提供了借鉴与经验。

3. 慈善信托助力一体化区域解决养老问题

养老问题是一体化区域发展中的又一大核心问题。在京津冀区域，近年来，相关政府以合力破解跨区域养老服务壁垒、推进养老市场融通为目标，并根据《京津冀协同发展规划纲要》《京津冀民政事业协同发展合作框架协议》等政策指引，先后印制了《京津冀养老工作协同发展合作协议》《京津冀养老服务协同发展试点方案》《京津冀区域养老服务协同发展实施方案》等文件，以促进三地养老工作协同规划、资源共享、服务对接、均衡发展。京津冀协同养老服务不仅是京津冀协同发展中的关键一环，也是改善京津冀养老服务不均衡的现

[1] 德胜基金会：《顺德社区慈善信托4年耕耘 构建可持续公益生态体系》，载搜狐网2021年6月9日，https：//www.sohu.com/a/471191368_120817397，最后访问时间2021年7月20日。

[2] 刘玲：《美国石油污染损害赔偿制度对我国的启示——以海洋石油开发为视角》，载《河北法学》2013年第7期，第160页。

[3] 长安信托：《国内首单由环境公益诉讼资金设立的慈善信托“长安慈——大气保护慈善信托”成功备案》，载搜狐网2019年11月23日，https：//www.sohu.com/a/351020489_481769，最后访问时间2021年1月4日。

实需求。随着我国老龄化程度的加剧，养老服务将成为社会的一大支出。因此，京津冀养老协同必须有强大的资金支持才能实现。在长三角区域，2019 年 6 月，江苏、上海、浙江、安徽三省一市民政部门近日签署了推进长三角区域养老一体化合作备忘录，江苏苏州、南通，浙江嘉兴、湖州，安徽芜湖、池州以及上海各相关区将作为开展区域养老一体化首批试点，共同探索建立养老共建对接合作机制。根据合作备忘录，三省一市将建立定期协作协商机制，建立养老服务机构异地处罚及时通报、区域范围内养老机构黑名单制度及养老机构诚信系统，推行养老服务统计制度，试点推广区域内养老服务标准、照护需求评估、养老护理员资格、养老机构院长从业资质互认，建设区域养老服务信息管理统一平台，统筹规划养老产业布局，促进区域养老资源共享，激发养老服务市场活力。[1] 而自 2021 年 3 月 20 日起，由上海市人大常委会表决通过的《上海市养老服务条例》正式施行，“异地养老”等成为此次立法的亮点。该条例首次将“区域养老一体化发展”写入法规，明确“上海基于长三角区域一体化发展战略，按照资源互补、信息互通、市场共享、协同发展的原则，推进区域养老服务一体化发展”。慈善信托通过发挥其公益慈善功能，可以融合更多养老慈善资金以服务养老事业，创新现有的养老慈善形式。相关资料显示，自我国《慈善法》于 2016 年正式实施以来，一些慈善组织和信托公司联手创设了多单养老慈善信托，例如，交银国信公司成立的“交银国信·2019 适老宜居慈善信托计划”、弘毅迁善发展集团设立的“弘毅 1 号”社区养老公益组织扶持慈善信托等。[2] 截至 2021 年 10 月 26 日，我国共有 26 单养老慈善信托成功备案，信托财产规模合计 15.38 亿元。[3] 随着养老工作在区域一体化过程中的展开，养老慈善信托的数量与规模也必将持续增长，成为扶持各区域养老事业的重要力量。

二、立法协同是各区域内慈善信托协同发展的重要保障

在经济全球化的影响之下，区域一体化战略的制定和实施已成为各国普遍

---

[1] 何磊静：《长三角地区推进养老服务一体化合作》，载中国政府网 2019 年 6 月 16 日，http://www.gov.cn/xinwen/2019-06/16/content_5400790.htm，最后访问时间 2021 年 1 月 4 日。

[2] 潘洁：《长三角养老一体化再迈一步》，载《国际金融报》2021 年 3 月 29 日，第 8 版。

[3] 可参见慈善中国网站，http://cishan.chinanpo.gov.cn/biz/ma/csmh/e/csmheindex.html，最后访问时间 2021 年 10 月 26 日。

的趋势。而区域一体化政策在我国最直观的反映便是京津冀、长三角、珠三角等都市圈的建立与发展。在区域一体化的架构中，法治一体化无疑占据着基础地位，而法治一体化的建构离不开立法的协同，因此要探索区域法治一体化的可行路径，就应首先对一体化区域的立法协同开展研究。具体来看，立法协同对于区域一体化的意义在于：

首先，作为区域合作与发展的基本制度构成，立法协同可以推动各一体化区域在制度协同方面的合作与创新。在协同立法的过程中，各区域内诸省市将会突破利益博弈局面与行政体制的限制，逐渐探索出一条协调各方利益以维护整体利益的最佳路径，为各一体化区域政策、章程、协议甚至道德准则等其他类型制度的形成提供有益的经验借鉴；其次，立法协同是区域协同发展的制度保障，它将为区域内一切活动的开展提供法律支持。在区域协同发展过程中，将会面临诸如区域内交通布局规划、省际管理权的协同、环境治理等具有整体性的问题，而这些问题又无法仅凭区域内某一省市的法律法规得到解决，因此需要整体性的立法协同机制进行调和。以日本为例，东京大都市圈的治理就十分突出法治化的特点。日本政府先后制定了《首都圈建设法》《首都圈整治法》《首都整备法》等10部法律法规，形成较完整的大都市圈治理法律体系；同时，在法律法规的框架下建立了完善的大都市圈划分标准。[1] 同理，对于京津冀地区而言，统一法治的作用是“双管齐下”的：它既可以调控区域内各省市的宏观治理，又可以作用于任何一个城市的微观经济活动之中[2]，成为区域一体化中不可或缺的一部分。推进区域协同立法，是解决三地发展过程中“诸侯经济”、地方保护主义等问题的根本措施，也是推进区域一体化、纵深化进程的必要手段。

具体到各一体化区域慈善信托的一体化进程中，其更是需要以立法协同作为区域内各省市慈善信托运行的前提与依据。一方面，慈善信托的管理涉及银保监、民政、税务等多个部门，而且相关管理人员又受到行政区划的思维模式与管理方式的影响，因此要突破区域内各省市的隔阂，解决

---

[1] 赵峥，王炳文：《迈向“治理联盟”：全球大都市圈空间治理的经验与启示》，载《中国发展观察》2020年13期，第115页。

[2] 王宝治，张伟英：《京津冀协同立法的困境与出路》，载《河北师范大学学报》2016年第5期，第133页。

管理部门间的利益博弈问题，需要区域内各省市协同立法才有效；另一方面，随着信托的异地经营现象逐渐增多，慈善信托在各一体化区域内的跨省市经营也逐步实现，这使得各区域慈善信托运行中出现的问题逐渐出现区域化和整体化并存的趋势。尽管区域内已有一些省市目前各自制定了慈善信托领域的相关政策法规，但不同省市的规范之间还存在着很多不统一性，这将会对慈善信托在各一体化区域内的发展造成不良影响。因此，更需要建立统一的立法协同机制对各一体化区域内跨省市经营的慈善信托提供法律上的支持与规制。

综上所述，建立立法的协同机制不仅是区域一体化的先决条件，更是区域内慈善信托协同发展的重要基础。

第三节　各一体化区域慈善信托立法协同的现状与困境

一、有关区域立法协同的现状

1. 京津冀区域立法协同的现状

京津冀区域协同立法发展的实践情况是该地区立法协调机制是否完善的最直观反映。迄今为止，京津冀三地在立法协同工作上进行了许多有益的探索与突破，2015 年 3 月，京津冀三省市的人大常委会在天津市召开了协同立法工作座谈会，会议通过了《关于加强京津冀人大协同立法的若干意见》（以下简称《意见》）。《意见》涵盖内容包括立法规划的协调对接、立法的动态通报、重大项目的联合立法等，其也初步构建了京津冀协同立法的工作机制。2016 年 3 月，三地召开京津冀协同立法会议，三省市人大常委会就未来五年的立法协同规划设计以及需重点落实的立法项目进行讨论，最终达成了在交通、生态环保等重点领域进行优先协同立法的统一意见。河北省人大常委会法工委法规一处处长蒋育良表示，目前京津冀三地已就大气污染防治、水污染防治、湿地保护、科技成果转化、道路运输等十几部法规开展了协同立法[1]。2017年，《京津冀人大立法项目协同办法》正式通过并实行，该办法确定了三地立法项目协同起草的三种模式，即一方起草，其他两方密切配合；联合起草、协同修改；三方商定基本原则，分别起草。由此，京津冀三地在地方协同立法模式上予以了明确，初步形成了中央专门立法、地方协作立法和地方单行立法相结合的“三位一体”立法模式。

尽管京津冀协同发展战略实施以来，三地在立法协同工作中取得了一定的进展，但总体看来，京津冀的立法协同发展仍存在诸多问题。第一，现行协同立法模式规定偏向原则性、笼统性，实践中立法程序的落实难以跟进。第二，总体来看，立法范围较为狭窄。根据《京津冀人大立法项目协同办法》的规定，京津冀三方应当按照《京津冀协同发展规划纲要》要求，围绕有序疏解北京非首都功能这一核心，在交通一体化、生态环保、产业升级转移等重点领域，选择关联度高的重要立法项目进行协同。[2] 然而，京津冀的协同发展并非仅局限于个别领域，而应该是整体系统化的协同发展。第三，三地对整体立法协同工作的重视度还有待提高。

2. 长三角区域立法协同的现状

如前文所述，在长三角区域，早在2019年7月初，上海、江苏、浙江、安徽三省一市的人大监察和司法委员会共同签订了《关于深化长三角地区人大监察和司法工作协作机制的协议》。在2021年7月召开的长三角人大常委会主任座谈会上，相关信息显示，三省一市人大将按照会议确定的2021年度协作重点工作计划，进一步加强立法协同，扎实推进大数据、长江船舶污染防治、大型科学仪器共享、铁路安全管理等协同立法，联合开展传染病防治立法调研；进一步强化联动监督，跟踪监督长江保护法及长江流域禁捕决定的实施情况，推动固体废物污染协同治理、交通基础设施建设互联互通、政务服务跨省通办；进一步深化代表工作互动，联合开展长江“十年禁渔”行动情况专题调研，组

---

[1] 周洁：《推进京津冀协同发展 京津冀三省市五年协同立法十余部》，载河北新闻网2019年8月8日，http：//hebei. hebnews. cn/2019－08/08/content_7446260. htm，最后访问时间2020年12月23日。

[2] 陈林：《〈京津冀人大立法项目协同办法〉开始施行》，载新浪网2017年3月22日，http：//news. sina. com. cn/sf/news/flfg/2017－03－22/doc－ifycnpiu9454296. shtml，最后访问时间2020年12月23日。

织部分全国人大代表联合视察“满意消费长三角”行动情况，协同开展四省市人大代表专题培训。鼓励四省市人大各专委会和工作机构、办事机构继续多渠道协同协作，共同为服务保障长三角一体化发展做出新贡献。❶ 具体到慈善等民政领域，2018 年，即长三角区域一体化发展上升为国家战略的同年，首届长三角民政论坛在上海举行，沪苏浙皖民政部门启动战略合作，达成“上海共识”，通过联动公共政策、衔接发展规划、优化资源配置、共享人力资源，共同提高公共服务、民生保障的水平，并确定“社会养老服务业发展”为首个区域合作项目。2019 年，第二届长三角民政论坛在合肥举行，三省一市签订《合肥备忘录》，将养老服务合作纳入“十四五”时期民政事业发展规划内容之中，健全养老服务规划制定协同机制，提高政策制度统一性、规则一致性和执行协同性，推动实现养老资源均衡分布、合理配置。两年多来，三省一市联手推进“一体化战略下长三角区域的社会养老服务”，实现了高质量养老服务共享发展，为促进长三角地区民政工作一体化发展奠定了坚实基础。在 2020 年 9 月 16 日举行的“2020 长三角民政论坛”上，江苏省民政厅副厅长吕德明建议，要丰富发展跨域协作治理新路径。针对长三角一体化发展实际，积极探索跨省域治理、跨市域（城市群）治理等基层治理体制机制与实现路径。他认为，要加速推进民生服务区域的一体化：三省一市要统筹制定民生服务清单，规范民生服务的内容和标准，打造一体化智能化服务平台，推动跨省合作从“联区域”向“接平台”转变，推动养老、托幼、社保、就业、救助等民生服务互联互通，努力实现跨省民生服务项目“只需跑一次、无须开证明”和“一号申请、一表登记、一书授权、一门受理、一网办理”。探索建立解决相对贫困的长效机制，探索开展跨省办理婚姻登记等，增强群众的获得感、幸福感。❷ 可以看出，在长三角区域，民政部门的协同，还处于初始发展阶段，在慈善信托等慈善领域，尚未实现立法及其他方面的协同。

---

❶ 杨铁山：《深化拓展协同协作 增强法治保障实效 长三角地区人大常委会主任座谈会在安徽合肥召开》，载《上海人大月刊》2021 年第 7 期，第 38 页。

❷ 张斌，陈奕如：《2020 长三角民政论坛：一体化、数字化赋能基层治理》，载新浪网 2020 年 9 月 16 日，http: //news. sina. com. cn/o/2020 - 09 - 16/doc - iivhvpwy7092058. shtml，最后访问时间 2020 年 12 月 23 日。

二、有关区域慈善信托立法协同面临的具体困境

虽然各一体化区域在地理上是毗邻的，但是由于长年受到行政划分、封闭发展等影响，出现了发展不平衡的现象。例如，在京津冀区域，存在着北京患有“大城市病”、河北却“营养不良”的现象。而在长三角领域，沪苏浙皖各自的发展程度不一，长三角地区对主要公共服务的提供存在极大差异，产业结构布局也不平衡，各省份内也有一些发展相对缓慢的地区，如苏北、皖北、浙西南等，这些都不利于要素的优化流动。因此，中共中央、国务院才于2019年12月印发《长江三角洲区域一体化发展规划纲要》，指导长三角地区当前和今后一个时期一体化发展。[1] 慈善信托作为舶来品，传入我国的时间较短，公众接受程度尚低，在发展不平衡的区域内，这种现象尤甚。区域内各地之间严重的利益博弈现象、区域统一法治体系的缺位与慈善信托组织发展不平衡等问题造成了各区域慈善信托协同立法的障碍。

1. 区域内各地利益博弈现象严重

区域的协同立法与地方立法的最本质区别，就是需要区域内各方利益进行平衡与协调。例如，在京津冀区域，由于北京、天津、河北在经济、政治、科技发展、人才培养等诸多方面的长期不均衡发展，致使区域一体化发展的过程中三方利益博弈现象严重，呈现复杂多样化的态势。如何有效缓解三地利益博弈现象，是京津冀协同立法进程中绕不开的难题。京津冀三地资源配置严重不均衡。北京是国家的首都，同时也是我国的政治中心、文化中心、科技创新中心、国际交往中心，因此在资源配置方面具有得天独厚的优势。相比之下，天津虽然略逊于北京，但作为国家认可的“环渤海经济区中心”“北方经济中心”等，其吸引科技创新、人才等资源的能力也不可小觑。相关资料显示，自京津冀协同发展战略实施以来，天津积极与北京专业机构、行业协会、高校科研院所、龙头企业开展形式多样的合作，利用其毗邻首都的良好地理位置吸引首都资源。截至2018年年底，天津共计引进投资方来自北京的企业453家，认缴注

---

[1] 卜羽勤：《长三角发展不平衡不充分，中央定调：给出沪苏浙皖一体化发展方案》，载小柯网2019年12月14日，http：//www. xiaoke101. com/newssubject－108532. html，最后访问时间2020年12月23日。

册资金合计约597亿元[1]。相比之下，河北在经济发展及相关政策扶持和产业竞争等方面都远远落后于京津两地。相关数据显示，2012年至2017年河北省占京津冀地区人均生产总值的比重均不足17%。[2] 在京津冀区域内，河北对京津两地生产资料的供给与基础产业的支持具有重要的作用，但其“付出”相比于“回报”而言却不成正比——首都圈的辐射效应不仅没有促进河北资源配置能力的增强与经济的发展，反而形成北京的“虹吸现象”，并导致了河北“环京津贫困带”的长期存在。

此外，在具体领域合作方面，京津冀区域也存在着诸多都市圈治理过程中面临的普遍问题，即利益分歧现象严重；而且，三地在具体利益的选择与取舍上难以妥协退让。例如，在生态环境治理的过程中，因为环境资源具备公共性，所以三方都不愿意投入过多人力物力，也不愿牺牲本地经济利益而关停本地产业，甚至个别地方执政者还可能刻意纵容本地企业向外部转移污染的行为，加重了区域间利益冲突的现象。综上所述，京津冀三地发展不平衡所带来的利益差异和需求差异，致使三地慈善信托协同立法难以实现，银保监部门在三地的分支机构及民政部门在三地的管理部门间的利益也难以协调，严重妨碍了京津冀地区慈善信托一体化的发展进程。

在珠三角区域，珠三角和港澳深化合作的开展和持续推进，为珠三角地区进一步发展提供了极大推动作用。然而，对比珠三角地区，从粤东、粤西、粤北地区的经济发展情况来看，经济水平差异化现象十分明显。粤东西北地区不仅存在迟缓的经济发展现象，发展活力也较为缺乏，因而有“环珠三角贫困带”之称。区域发展的不协调，导致广东省经济发展不平衡、不充分问题日益严峻。经济发展不平衡不充分表现在区域发展不均衡、城乡发展不协调、居民收入差距大等几个方面。[3] 在长三角地区，类似问题同样存在。例如，在一般工业固体废物处置领域，区域内各省市之间存在着明显的利益冲突问题。总体

---

[1] 天津经济技术开发区微时讯：《京津冀协同发展五周年　天津开发区积极承接非首都功能疏解》，载搜狐网2019年2月26日，http://www.sohu.com/a/297882125_204455，最后访问时间2020年12与23日。

[2] 苏洪琳，杨良，陈玲玲：《河北省在京津冀协同发展中的问题研究》，载《锋绘》2018年第3期，第48页。

[3] 梁诗雯：《基于乡村振兴战略视角探析经济发展中的不平衡不充分问题》，载《广西城镇建设》2021年第5期，第13-14页。

来看，长三角地区一般工业固体废物产生量主要由安徽和江苏两省贡献。这主要是由各省市间产业结构差异所导致的，安徽省淮南、淮北煤矿众多，马鞍山等地非金属矿山较多、铜陵金属矿山较多，随之产生的煤矸石、尾矿等固体废物量较多。江苏省徐州等地煤矿众多，煤矸石等固体废物产量大。上海市和浙江省高新技术产业众多，先进制造业发达，且上海市无采矿业，一般工业固体废物产量则相应较低。因此，区域内经济相对发达地区由于产业结构调整、城市规划布局、土地资源紧缺以及“邻避效应”等原因，一般工业固体废物的利用处置设施难以落地，利用处置能力难以有效提升，逐渐跟不上发展脚步。相较之下，经济欠发达地区的一般工业固体废物市场处置价格低，沿江区位优势明显，处置能力相对充足。但是，由于监管能力较为薄弱，地方主管部门难以应对，壁垒效应严重。[1] 因此，我们可以看到，和京津冀区域一样，在珠三角和长三角区域，同样存在各地利益博弈现象严重的问题。

2. 缺少区域统一法治体系

我国的立法体制可以划分为二元、多层次的结构，立法权被分配给中央与地方两级。具体来看，例如，在京津冀区域，京津冀三地的立法权，可以分为京、津、冀的三个省级立法权和河北省 11 个设区的市的地方立法权。在其他区域内也存在类似的问题。根据目前《中华人民共和国立法法》的规定，若要实现各一体化区域内慈善信托协同立法，立法模式只能从中央立法和地方立法两种模式中选择。但是，无论是中央立法还是地方立法，都不能很好地解决各一体化区域内慈善信托立法协同问题。

首先，中央统一设立基本法无法满足区域内复杂多样的情况，且中央也无法承担所有地区立法之重担。虽然京津冀协同发展战略、长三角一体化发展战略等都是中央领导的国家战略，但是京津冀区域协同发展的主体还是京津冀三地，长三角一体化发展的主体还是区域内的三省一市，中央无法彻底地深入区域内各地，制定符合区域发展的法律。况且，中央在人员调配和精力投入方面要比区域内各地单独调配人员与精力投入更难操作。

其次，在现行立法体制下，地方实现立法协同仍面临着很多阻碍。一方面，

---

[1] 王俊杰，方正，赵震乾等：《长三角区域一体化生态共治机制下的一般工业固体废物废弃矿山协同处置模式探讨》，载《环境污染与防治》2021 年第 6 期，第 796－797 页。

中央并未完全下放立法权，地方不具有完全自主的立法权，“地方立法的自主性主要表现为在地方立法主体的职权范围内，解决地方特有的并需要以立法解决的问题。”❶ 区域特定性问题本应由区域自行协调立法解决，但是由于中央立法权下放程度不足，导致地方法规、规章不得不遵从中央制定的法律，从而抑制了地方自主创新、自主管理的积极性。此外，由于地方立法水平不足、地方政府保护主义色彩浓重、与上位法冲突的情况时有发生，地方立法的效果并不乐观。

根据上述分析得出，在现行立法体制下，无论是中央立法还是地方立法都无法满足区域内协同立法的需求。在这种境况下，区域内协同立法没有可以依照的法律、法规、规章，只能根据政府政策、方针和规划进行立法，这成为区域协同立法道路上的最大绊脚石。在京津冀区域，近年来，京津冀三地政府部门对于立法协同工作的重视度也逐步提高。如前文所述，2017 年 2 月，三地联合出台了《京津冀人大立法项目协同办法》指导京津冀立法协同工作。该办法在京津冀立法协同的原则、目标、程序、内容等方面进行了初步规定❷，旨在对区域立法协同的顶层制度安排设计提供新的思路。尽管该办法所涉及的立法项目主要还是围绕疏解北京非首都功能的目的展开，并未涉及京津冀慈善信托的内容，但其确立的协同立法精神可以作为京津冀慈善信托协同立法的指引，以期三地在慈善信托的协同方面出台更加细致且具有可操作性的文件。

3. 缺乏区域协调机制

区域协同发展中最重要的是机制的构建。与珠三角、长三角等区域其他城市群相比，京津冀区域协同发展的战略起步最早，但发展进程却是最为缓慢的，原因之一就在于京津冀三地区域合作协调机制的缺乏。一方面，三地未能以法律或政策形式确定统一、整体性的区域合作机制；另一方面，尽管京津冀三地之间签订了一些涉及科技、环保、人才交流、公共服务等方面的具体合作协议，但由于政府部门间的交流与沟通渠道的缺乏，导致在实际执行协议过程中程序烦琐，协议的落实进展速度慢，难以实现预定的合作目标。

京津冀协同立法机制的不完善对三地慈善信托立法协同的发展造成了阻碍。

---

❶ 周旺生：《立法学》，法律出版社 2004 年版，第 249 页。

❷ 史自强：《京津冀确立人大立法项目协同机制》，载人民网 2017 年 2 月 21 日，http://npc.people.com.cn/n1/2017/0221/c14576-29096364.html，最后访问时间 2020 年 12 月 24 日。

虽然京津两地已各自出台了关于慈善信托的地方性政策文件，但其内容的规定不尽相同，甚至存在一些冲突之处。例如，在关于慈善信托终止条件的规定上，《北京市慈善信托管理办法》第二十四条与《天津市慈善信托管理办法》第四十条的规定情形就不尽相同[1]，更不要说截止到2021年10月26日，河北省仍然没有颁布慈善信托管理办法等关于慈善信托的地方法规或者对方政府规章。因此，如果没有统一的慈善信托协同立法对各地规定的不一致与冲突进行协调，将会造成慈善信托管理过程中的困难。比如，在慈善信托税收优惠政策问题的规定方面，如果未能形成一套常态化的流程规范，很难解决三地原本就存在的税收优惠不平等、慈善信托发展不平衡的问题。

在长三角地区，2017年12月，《江苏省慈善信托备案管理实施办法》出台，这是长三角地区第一个专门关于慈善信托备案管理的办法，江苏省也是长三角三省一市目前唯一出台专门关于慈善信托备案管理办法的省份。虽然从理论上来说，长三角其他省市可以不出台自己的慈善信托管理办法，而只是实施（原）银监会和民政部颁布的《慈善信托管理办法》，但是如果长三角三省一市想在慈善信托等慈善直至民政领域实现协同发展的话，在慈善信托立法领域实现协同合作仍然具有很大的必要性。在珠三角地区，广州市率先印发实施《广州市慈善信托备案管理指引》，指导开展慈善信托业务；而在2020年11月，广州市率先出台慈善信托评估指引及指标体系，填补了此项制度的国内空白。[2] 而深圳市等珠三角其他市则尚未出台专门关于慈善信托备案管理的办法。与上述长三角区域同样的道理，如果珠三角区域想在慈善信托等慈善直至民政领域实现协同的话，在慈善信托立法领域实现协同仍然具有很大的必要性。

4. 慈善信托事业发展不平衡

在京津冀区域，慈善信托协同立法的前提之一是慈善信托的发展，但是由

---

[1] 《北京市慈善信托管理办法》第二十四条规定："有下列情形之一的，慈善信托终止：（一）信托文件规定的终止事由出现；（二）信托目的已经实现或者不能实现；（三）信托被依法撤销。"而《天津市慈善信托管理办法》第四十条则规定："出现下列情形之一的，慈善信托终止：（一）信托文件规定的终止事由出现；（二）信托的存续违反信托目的；（三）信托目的已经实现或者不能实现；（四）信托当事人协商同意；（五）信托被撤销；（六）信托被解除。"

[2] 郭翔宇，廖培金：《广州率先出台慈善信托评估指引及指标体系》，载央广网2020年11月28日，http://news.cnr.cn/native/city/20201128/t20201128_525345770.shtml，最后访问时间2020年12月24日。

于京津冀三地经济、慈善事业发展的不平衡，京津冀三地慈善信托的发展进程出现明显差异。据《2018 年北京市慈善信托年度报告》显示，2018 年北京市共备案 22 单慈善信托，信托财产总额达 8225.71 万元，较 2017 年增加 3328.01 万元，增幅达 68%，主要用于支持精准扶贫、科教文卫、“一带一路”建设领域[1]。2019 年，北京市共备案 9 单慈善信托，初始金额合计 1914.51 万元。[2] 而天津市截至 2018 年 3 月 31 日共备案了 11 单慈善信托；2019 年天津市共计备案了 9 单慈善信托，初始金额合计 610.87 万元；相比之下，截止到 2020 年 3 月 17 日，河北省未能有一单慈善信托成功备案，发展较为缓慢[3]。令人感到可喜的是，在 2020 年 3 月 18 日，河北省终于出现了第一个备案的慈善信托，即在石家庄市民政局备案的“渤海信托·大爱无疆抗击新冠肺炎慈善信托”。尽管这个慈善信托不是用来扶贫的，而是“委托人基于慈善目的及对受托人的信任，自愿将其合法拥有的资金委托给受托人，由受托人根据委托人的意愿将全部信托资金及收益捐赠予河北省红十字会，专项用于河北省胸科医院、石家庄市第五医院或河北省援鄂抗疫医疗队针对新型冠状病毒肺炎疫情的防控工作”，尽管其信托财产总规模只有 10.47 万元，尽管截止到 2021 年 10 月 26 日，这仍然是河北省仅有的一个备案的慈善信托，但这毕竟是我国《慈善法》颁布实施 4 年多来河北省第一个备案的慈善信托项目，具有里程碑式的意义。

慈善信托发展不平衡的情况在长三角地区同样存在。例如，在 2021 年 1 月 1 日到 2021 年 8 月 30 日的 8 个月间，浙江省民政系统（主要是杭州市民政局）共计备案慈善信托 18 件，总金额 3745.28 万元；江苏省民政系统（主要是南京市民政局）共计备案慈善信托 2 件，总金额 27.69 万元；上海市民政局共计备案慈善信托 2 件，总金额 400 万元；安徽省民政系统估计备案慈善信托 3 件，总金额 1441 万元。[4] 可见，在长三角地区，各省市之间也存在着发展不平衡的

[1] 北京市民政局官网，http：//mzj.beijing.gov.cn/attached/file/20190925/20190925111417_109.pdf，最后访问时间 2020 年 12 月 19 日。

[2] 慈善中国，http：//cishan.chinanpo.gov.cn/biz/ma/csmh/e/csmheindex.html，最后访问时间 2020 年 2 月 19 日。

[3] 慈善中国，http：//cishan.chinanpo.gov.cn/biz/ma/csmh/e/csmheindex.html，最后访问时间 2020 年 12 月 19 日。

[4] 慈善中国，http：//cishan.chinanpo.gov.cn/biz/ma/csmh/e/csmheindex.html，最后访问时间 2021 年 8 月 30 日。

现象。更为重要的问题是，自从我国有慈善信托备案登记以来，所能查到的全国各区域所有慈善信托，均未有出于被一体化区域内协同发展需要而向本区域内其他省市投入慈善信托资金的情况。[1] 可以看到，各区域的协同发展过程中，虽然已经有民政部门在养老等领域的协同，但是由于认识不足等原因，导致慈善信托在区域协同发展方面仍然有极大的想象和发展空间。

《中华人民共和国慈善法》第四十六条规定："慈善信托的受托人，可以由委托人确定其信赖的慈善组织或者信托公司担任。"从《慈善法》对慈善信托的定义来看，慈善信托的受托人为慈善组织或者信托公司。一方面，区域内联合、协同发展慈善信托的主要目的是拓宽区域内民生项目的融资渠道，为各区域的生态治理、扶贫等方面提供资金支持，所以各区域内慈善信托的发展要有赖于信托公司的发展。然而，通过分析各区域信托公司的发展情况可知，区域内信托公司发展仍然存在很不平衡的问题。例如，在京津冀区域内，河北省信托的发展能力与北京市与天津市的信托发展能力相比相差甚远。首先，河北省信托公司的数量远少于北京市信托公司和天津市信托公司的数量。有关数据显示，截至 2021 年 10 月，北京市有 11 家信托公司，天津市有 2 家信托公司，而河北省仅有渤海国际信托股份有限公司 1 家信托公司[2]。其次，从信托资产负债率、信托资产风险率、投资收益率、资本利润率四个方面综合分析，京津冀地区 14 家信托公司中，北京绝大部分北京信托公司发展能力较好，天津两家信托公司发展能力较弱，河北的渤海信托公司发展能力排名第四，发展较好。[3] 虽然河北的渤海信托公司发展能力在 14 家信托公司中排名靠前，但是受限于信托公司的数量以及资金体量，河北的信托公司发展前景与北京、天津两地的信托公司发展前景仍相差甚远。

综上所述，在各区域内部的利益博弈、缺乏法律资源供给、缺乏立法协同经验及慈善信托发展的不平衡等因素影响下，区域法治一体化的进程不同程度

---

[1] 同前注。具体可登录慈善中国，http：//cishan. chinanpo. gov. cn/biz/ma/csmh/e/csmheindex. html。如前所述，据此网站统计，截止到 2021 年 10 月 26 日，全国共计备案慈善信托 662 件，总金额 359 878. 13 万元。

[2] 渤海国际信托股份有限公司官网，https：//www. bohaitrust. com/About/index/cid/28/lid/36. html，最后访问时间 2021 年 10 月 1 日。

[3] 张立华，杨世浩：《京津冀地区信托公司发展能力评价研究》，载《华北理工大学学报（社会科学版）》2018 年第 6 期，第 51 页。

地受阻，在京津冀区域表现尤为明显。因此，为了破除上述各区域协同立法过程中的诸多困境，就需要尽快构建和完善立法协同机制，以协调区域内各地的利益、化解各方利益冲突，营造公平有序的法律环境，为区域一体化的发展提供法律保障。

第四节　国外区域立法协同之借鉴

目前，区域一体化已成为国际范围内的普遍趋势，而许多国家也在区域一体化发展方面取得了诸多成就。就区域一体化的立法协同方面，美国和欧盟的协同模式已经较为成熟，值得我国在未来各区域慈善信托立法协同的完善过程中进行借鉴。

一、美国的区域立法协同模式

美国的区域立法协同机制是其国家结构形式影响下的法律产物。不同于我国单一制的国家结构，美国作为典型的联邦制国家，在法律体系的纵向构成方面，由联邦法律与各州的法律各自构成独立的法律体系；在横向构成上，各州又分别构建了各自的立法体系，因此州际的法律冲突在美国的立法协同过程中是需要解决的核心问题。美国在协调州际立法冲突的进程中，进行了长期的探索与实践，并取得了诸多重要的成就，值得在京津冀立法协同的过程中进行借鉴。综合来看，美国目前的区域协同立法模式主要分为两种，州际契约和国会统一立法。下文将分别就这两种模式进行阐述。

1. 州际契约（interstate compacts）

州际契约即由两个或者多个州之间达成的协议，它是一种促进州与州之间协同发展的地方联合立法机制，能够快速解决州与州之间出现的分歧。经美国司法判例确认，只要州际契约内容非政治性协定且未扩大州权力而损害联邦权力，各州之间均可以根据实际需要签订州际契约。不涉及政治内容的州际契约需要经过立法机关批准，只有获得批准的州际契约才具有法律效力。州际契约本质上是一种契约，类似于民法上的合同，属于协议双方合意的结果。州际契约采取委员会的形式订立，由每个州选出相同人数的代表组成，每个代表拥有相同的表决效力，有时候也吸收联邦政府代表或者联邦政府职能部门的官员参加。[1] 州际契约能够促进州与州之间的协同发展、平衡各州利益、协调与解决冲突，是美国常用的州际之间协同发展的法制调整工具。20 世纪中期是州际契约发展的鼎盛时期，相关数据显示，美国现在有约 200 多个仍在生效期间的州际契约，其涉及的领域十分广泛。[2] 此外，因为州际契约是由各州协商确定且具有法律效力的，所以当州际契约的内容与其成员州内自身所实施的法律规定相冲突时，必须以州际契约为准。任何成员州都不得自行修改或废除州际契约的条款，除非该行为得到所有成员州的一致同意。

此外，由于州际契约的本质是一种契约，那么成员州有权在协定中约定冲突解决条款，即既可以约定司法管辖，也可以约定仲裁条款。例如，美国著名的州际契约——克拉马斯河协议（Klamath River Compact）中就约定了仲裁的纠纷解决方式。该协议第 10 条规定：签订协议的州共同组建协议委员会，当协议委员会两州代表因治理条款执行产生争端时，由两州代表分别选派一名人员，再由这两名选派人员共同选出第三个人员，其争端的最终仲裁结果由这三个人共同形成的协调委员会来解决，仲裁结果各州成员都必须遵从。[3]

总而言之，州际契约作为一种具有针对性的府际协定，可以快速、高效地解决区域协同发展过程中所面临的冲突，不失为一种值得我国借鉴的合作模式。然而，州际契约也存在着一定局限性，即该协议需要取得所有成员州政府的一致同意，所以存在制定过程烦琐，耗费时间长的缺点。

2. 国会统一立法

国会统一立法是美国的另一种区域协同立法模式。美国作为联邦制国家，各州都有制定宪法的权力，并且相互独立。当州与州之间的公共事务发生分歧时，各方利益很难协调，此时制定州际契约不仅效率低下，且在利益的激烈博弈下几乎难以达成，此时，国会统一立法恰好可作为一种高效解决州际争议的方法。在美国，国会统一立法是州级立法协同的常见模式，较为典型的例子包括美国国会在 20 世纪 60 年代通过的《地区再开发法》《阿巴拉契亚地区发展

---

[1] 崔卓兰，于立深，孙波等：《地方立法实证研究》，知识产权出版社 2007 年版，第 497－498 页。

[2] Matthew Pincus, *When Should Interstate Compacts Require Congressional Consent*, Columbia Journal of Law and Social Problems 42, no. 4 (Summer 2009): 511－544.

[3] 白易彬：《京津冀区域政府协作治理模式研究》，中国经济出版社 2017 年版，第 199 页。

法》《田纳西河流域管理局法》等，下文就《田纳西河流域管理局法》的立法模式进行详细阐释。

田纳西河位于美国东南部，地跨 7 个州。曾经由于长期缺乏治理，森林遭到破坏，水土流失严重，经常暴雨成灾，洪水为患，是美国最贫穷落后的地区之一。

1933 年，美国国会针对性地制定了《田纳西河流域管理局法》。通过该法，国会设立了田纳西河流域管理局（Tennessee Valley Authority，TVA），在 TVA 的引领作用下，田纳西河流域的经济、环境情况得到了很大程度的改善。首先，从 TVA 的性质来看，它既是联邦政府的下设机构，同时也作为一个经济实体而存在，故有学者称其为“具有私营企业灵活性的国营公司”。《田纳西河流域管理局法》赋予了 TVA 很大的权力，例如，第 4 条 e 款中规定了 TVA 具有通过、修改、废止地方规章的权力，从而表明了国会对于 TVA 立法权的确认。此外，TVA 还有权力对田纳西河流域内的各种资源进行整体性的规划、开发以及全面利用。作为联邦政府的下设机构，它只对总统及国会负责，并受其监督。其次，TVA 扮演着政府机构与企业、科研和经济实体的“双重角色”，从而在田纳西河流域相关措施的协同及对政府、企业之间的合作起到了重要的作用。在组成机构方面，TVA 也十分重视田纳西河流域各州政府与地方政府间的利益协调，具体体现在其董事会的构成方面：TVA 董事会由 9 名成员构成，其中至少有 7 名成员是由田纳西河流域的合法居民担任；其他董事会成员由总统从下列人员中进行推荐：服务区域的州长、公民、公共组织、服务区域的国会代表。在这样的组织构成模式之下，董事会的决策就能较好地对流域各区域之间的利益进行协商与调和，使最终制定的决策更具有可行性，减少了区域间的冲突和矛盾。[1]

总而言之，《田纳西河流域管理局法》的出台以及 TVA 的设立有效解决了田纳西河流经的七个州之间的协同问题，使得田纳西河流域经济得到迅猛发展，极大地改善了流域人民的生活水平。此外，国会还根据流域开发河管理的变化和需要，不断进行修改和补充，使凡涉及流域开发和管理的重大举措（如发行

---

[1] 刘绪贻：《田纳西河流域管理局的性质、成就及意义》，载《美国研究》1991 年第 4 期，第 38 - 39 页。

债券等）都能得到法律的相应支撑，为流域内相关环境发展协调建设在制度上奠定了基础。[1]《田纳西河流域管理局法》对田纳西河流域管理局的设置对我国的区域治理具有重要的参考价值，我国各一体化区域在其立法协同进程中，可以重点探索建立地方立法协同机构的可行性。

二、欧盟的联合立法模式

欧盟作为世界范围内最大的经济体之一，融合着欧盟各成员国在经济、法律、政治等多方面的协同。欧盟的存在打破了欧洲各国行政区域的限制，通过成员国对本国权力的让渡而实现了欧盟整体利益的发展。欧盟凭借着其高度的协同性在世界范围内的国际组织中占据着重要的地位，其立法协同模式也值得我国在区域协同的过程中进行借鉴。

欧盟法律主要是指欧盟在一体化进程中所制定的具有强制约束力的条约、决议及法院判例等。欧盟法律不同于主权国家的国内法律或国际公法，它作为区域一体化发展的产物，是一个独立的、动态的法律体系，并且随着欧洲的融合过程而不断发展。在效力方面，欧盟法律的效力相比于成员国国内法律的效力具有优先适用性，这是由欧盟法院的两个著名判例所确定的。在欧盟的宪法制定过程中，从《欧盟宪法条约》到《里斯本条约》，欧盟始终在保持宪法本质的前提下，最大限度地对各成员国利益进行协调，促进法律的民主化与透明度的提升。

欧盟的各项立法活动主要针对欧盟内部的经济问题而展开，旨在以法律的形式对经济发展起到促进和规范作用，加强欧盟内部经济一体化的程度，并最终达到政治高度，实现政治层面的一体化。从宏观层面来看，欧盟的立法权由欧盟委员会（European Commission）、欧盟理事会（Council of European Union，又称为 Council of Ministers）和欧洲议会（European Parliaments）共同行使，即欧盟委员会提出法律草案，欧盟理事会进行表决和提出建议，欧盟议会通过或调整。欧盟在具体的立法过程中一方面十分看重成员国的利益诉求，注重成员国在制定法律过程中的参与，如欧盟各成员国在立法协调事项中享有的“一票否决权”；另一方面又强调欧盟各部门相对于各国政府机构行政级别上的优先

---

[1] 景体华：《中国区域经济发展报告 2005—2006 年》，社会科学文献出版社 2006 年版，第 221 页。

性，如欧盟理事会享有欧盟立法的最高决策权，欧洲议会具有立法的监督权和弹劾权，等等。此外，为了避免欧盟过度发展以至于对各成员国的利益产生不恰当的损害，在辅助原则的指导下，欧盟对其与各成员国之间的关系与权限划分进行了明确的规定，通过特别法律补充文件的出台明确了成员国与整个欧盟之间的立法权限分野。1991 年 12 月达成的《马斯特里赫特条约》中正式载入了辅助原则，从而以条约的方式确定了“辅助原则”在欧盟中的法律地位。[1]该条约第 3 条 B 款对辅助原则进行了阐述，“共同体应在本条约赋予的权限的范围内，依照辅助原则采取行动，只有当所建议的目标，基于所建议的行动的规模、效果方面的原因，不能有效地由成员国来实现而由共同体可能更好地实现时，才由共同体来完成”，并且“共同体所采取的任何行动不应超过实现本条约宗旨和目标所需要的范围”[2]。换句话说，只要地方政府与中央的指导方向一致，其余具体事项的执行细节，地方政府有足够的自主权。总而言之，欧盟通过宏观与微观的立法协同制度设计，实现了对欧盟的整体利益与各成员国的个体利益的统筹兼顾。

对于我国各一体化区域的立法协同工作而言，欧盟的立法模式可以带给我们三点重要的启示：第一，欧盟在立法协同的过程中强调平等自愿原则，通过保障每个成员国充分的话语权而对组织内部的个体利益给予最大程度的尊重，体现了其对民主与平等原则的遵守，因此我国各一体化区域在立法协同工作的进程中也应当遵守民主原则，使区域内各地的法律地位保持平等，平等地行使权利与承担义务。第二，在欧盟的立法过程中，欧盟作为超国家主体承接各成员国让渡的权力，统一对各国的合作进行协调与规划，具备高度整体性与统一性。对于我国各一体化区域而言，尽管各地立法部门之间初步建立了多元化的合作形式，但出于长远角度考虑，建立一个固定的立法机构之间的协调机制对于我国各一体化区域立法协同的高效性、专业性的提升是大有裨益的。第三，欧盟通过出台专门的法律补充文件明确划分了各成员国与共同体间权力的界限。对于我国各一体化区域的区域立法协同工作而言，也应当贯彻该理念，在建立整体性的立法协同机构的同时也要兼顾区域内各省市的利益，防止该机构沦为

---

[1] Neil Mac Cormick, Constructing legal Systems “European Union” in Legal Theory, Kluwer Academic Publishers, 1997, pp. 22 – 26.

[2] ［英］弗兰斯西·斯奈德：《欧洲联盟法概述》，宋英编译，北京大学出版社 1996 年版，第 75 页。

变相剥夺地方利益的工具，提升协同体系的科学性与合理性。

第五节 区域内慈善信托协同立法之完善建议

一、完善中央对我国各一体化区域慈善信托立法协同的引领

我国各一体化区域协同发展离不开顶层设计的保驾护航。例如，在京津冀区域，2015 年 4 月 30 日，中共中央政治局审议通过《京津冀协同发展规划纲要》，对京津冀协同发展进行了全局性和整体性的规划；而在 2019 年 12 月，中共中央、国务院印发了《长江三角洲区域一体化发展规划纲要》，标志着京津冀协同发展、长三角区域一体化发展的顶层设计基本完成。同理，慈善信托立法协同作为各区域协同发展的组成部分，也需要顶层设计，即中央立法的支持。

一方面，如上文所提及的，我国各一体化区域内部省市存在着资源配置、政策支持等方面的诸多不平衡问题，各地慈善信托业务、慈善组织、信托公司的数量也不均衡，而发展的不平衡又会加剧各地利益博弈的现象。对此，只有通过中央的统一立法才能有效地对各地协同工作的原则进行规范、并对各地利益进行协调。另一方面，现有的各区域内立法协同实践为相关立法的出台提供了良好的基础。例如，在京津冀区域，自 2015 年 3 月首次京津冀协同立法工作会议召开以来，京津冀先后出台了《关于加强京津冀人大协同立法的若干意见》《京津冀人大立法项目协同办法》《京津冀人大法制工作机构联席办法》《京津冀人大立法项目协同实施细则》等多个文件，并于每年召开联席会议，研究协同立法有关专门问题❶。这些现实情况为京津冀顶层立法的制定打下了良好基础，提供了丰富的素材。而在长三角区域，早在中共中央、国务院《长江三角洲区域一体化发展规划纲要》印发的前一年，即 2018 年的 12 月，据媒体报道，长三角区域内的上海、江苏、浙江、安徽三省一市就表示将建立起互信机制，共同推进长三角一体化；三省一市的人大常委会将实现立法对接，使

---

❶ 郭甜肖：《这五年，看京津冀协同立法如何实现新突破》，载网易网 2019 年 8 月 21 日，https://www.163.com/dy/article/EN0SO61I0517F27L.html，最后访问时间 2021 年 8 月 30 日。

得长三角一体化有了法律的保障，三省一市将实现规划和法规的对接、市场统一及民生共享。苏浙皖三省均在各自的决定中肯定了上海的龙头地位。[1] 因此，尽管目前中央尚未出台一部关于各一体化区域内立法协同的法律，但国外区域立法的先例已不胜枚举，例如，上文提及的美国《阿巴拉契亚地区发展法》《田纳西河流域管理局法》等，都是美国国会以区域立法协同为目的而制定的顶层立法；除此之外，日本的《过疏地区振兴特别措施法》《孤岛振兴法》等法律也是通过中央立法对区域发展进行指引。因此，我国可以借鉴其他国家在立法设计上的经验，对京津冀区域的慈善信托协同问题提供中央立法的支持。

笔者认为，未来应由全国人大及其常委会、国务院制定相关法律、行政法规，形成区域协同发展的基本法，由区域内部成员在基本法律规范下对慈善信托进行管理。首先，全国人大应完善《立法法》等相关法律，补充区域立法的相关规定，比如，区域内立法主体的资格、权限、立法审批程序等，从而为慈善信托的区域立法提供效力来源和法律依据；其次，由于人大立法周期较长，笔者同意这样的做法，即可以先由国务院制定区域慈善信托立法协同相关的行政法规，给各一体化区域内相关慈善信托活动提供一个行为准则和制度框架[2]，比如，制定《慈善信托区域协同管理条例》等；最后，基于未来我国慈善信托与区域一体化融合发展的趋势，银保监会与民政部门可以在《慈善法》《慈善信托管理办法》以及即将颁布的《慈善信托信息公开管理办法》等慈善信托相关法律法规中补充区域慈善信托立法、管理的相关内容，对区域慈善信托立法和管理的主体、方式、程序、保障措施等进行细化规定。除了基本内容的构架外，中央立法还应注重其现实性，紧跟慈善信托与区域一体化的发展趋势，这就要求各立法机关不断对法律进行完善、修改，并在必要的时候出台相关的法律解释，以应对区域慈善信托协同进程中出现的新问题。

二、设立各区域内慈善信托协同立法工作机构

区域协同立法机制的建设必须坚持法制统一的原则，在现行法律制度的框

---

[1] 陈静：《三省一市实现协同立法　共同推进长三角一体化》，载中国新闻网2018年12月3日，https：//www. chinanews. com/gn/2018/12 -03/8691444. shtml，最后访问时间2021年8月30日。

[2] 张庆杰，申兵，汪阳红等：《推动区域协调发展的管理体制及机制研究》，载《宏观经济研究》2009年第7期，第13页。

架内进行探索和创新[1]。鉴于区域内各地区各省市出台的慈善信托相关法律规定上存在许多冲突与不一致之处，且缺少深层次的利益协调机制去平衡区域内各地在立法冲突背后存在的利益博弈问题，因此我国可效仿美国的TVA与欧盟的立法模式，在各一体化区域内建立一个信托协同立法工作机构，负责对接区域内各地包括慈善信托立法在内的各项协同立法工作，建立区域整体性的慈善信托立法体系。在京津冀区域，从京津冀慈善信托发展的历程来看，三地政府机构已经通过定期会议的模式为慈善信托协商的合作交流渠道奠定了基础，2018年11月1日，京津冀三地召开京津冀慈善信托发展研讨会，参会人员包括三地有关政府部门及信托公司和慈善组织机构等15家单位的代表[2]。2020年1月18日，《天津市机动车和非道路移动机械排放污染防治条例》经天津市十七届人大三次会议审议通过。在此之前，河北版、北京版的这一同文本条例已分别于2020年1月11日、17日经两地人大会议通过，3部条例于2020年5月1日起同步施行。这标志着京津冀首部区域协同立法，同时也是全国首部区域全面协同立法项目的完成。据报道，自2014年以来，京津冀地区共进行协同立法10多部，为三地协同发展提供了坚强的法治保障。如今，京津冀协同立法实现了由松散型协同向紧密型协同、由机制建设协同向具体项目协同、由单一的立法项目协同向全方位协同的转变，进入了一个新的发展阶段。[3] 而在长三角区域，如前文所述，2018年11月下旬以来，区域内各省市人大常委会都通过了各自省市的《关于支持和保障长三角地区更高质量一体化发展的决定》，一个区域内各省级人大同步作出支持和保障国家战略发展的重大事项决定，在人大历史上尚属首次。区域内各省市均表示，将凝心聚力支持和保障长三角区域一体化发展。[4] 笔者认为，为了未来的慈善信托协同立法，各区域的立法协同工作机构的建设可以从以下角度考虑：

---

[1] 孟庆瑜：《论京津冀环境治理的协同立法保障机制》，载《政法论丛》2016年第1期，第126页。

[2] 天津信托有限责任公司：《天津信托成功协办京津冀慈善信托发展研讨会》，载天津信托有限责任公司网2018年11月9日，https：//www. tjtrust. com/news/news1/5751. html，最后访问时间2021年12月25日。

[3] 周宵鹏：《京津冀打造地方协同立法新样本》，载中国环境网2020年3月23日，https：//www. cenews. com. cn/legal/fzyw/202003/t20200323_934686. html，最后访问时间2021年8月30日。

[4] 陈静：《三省一市实现协同立法　共同推进长三角一体化》，载中国新闻网2018年12月3日，https：//www. chinanews. com/gn/2018/12－03/8691444. shtml，最后访问时间2021年8月30日。

首先，从设立方式上来看，该立法协同工作机构可通过区域内各地人大常委会牵头，共同签署设立协议的方式设立，并在设立协议中明确该立法协同工作机构的地位、工作原则、职能范围、工作程序、人员构成及活动方式等。其次，从组成人员来看，该机构可内设慈善信托协同立法工作小组，该小组人员一般为兼职，可由三部分人员组成：第一部分为区域内各地立法机构的工作人员，包括区域内各地人大常委会、司法局的工作人员；第二部分由区域内各地慈善信托管理部门人员构成，根据《慈善信托管理办法》，目前应主要从区域内各地民政部门、银保监局中选取相关人员，然而随着慈善信托涉及的领域日渐广泛，慈善信托的管理部门也有扩张的可能性，因此日后在区域慈善信托协同立法机构中也可能加入如税务部门、公益事业管理部门的相关人员；第三部分可由区域内各地从事慈善事业的相关企业、民间组织以及权威的学者、专家构成，以代表区域内地从事慈善信托行业的受托人、委托人、受益人等主体的利益。通过这三部分的人员构成，区域慈善信托协同立法工作机构就可以为三地立法部门、管理部门与被管理者提供一个对话、协商的平台。最后，在该立法协同工作机构日常工作的过程中，应借鉴美国、欧盟的立法协同经验，遵循平等、民主的原则，保障各省市在机构中平等的话语权，尤其是注意保护区域内发展程度较低的省市的相关权益。该立法协同工作机构下设的慈善信托立法协同工作小组可就慈善信托相关法律法规的不一致性进行协商、讨论，加强区域内各地立法的对接工作，探索细化慈善信托协同事项中的具体立法规范，并可以考虑拟定立法事项建议稿，分别向区域内各地立法机构提出建议。

通过各区域立法协同工作机构及其下设慈善信托立法协同工作小组的建立，可以使区域内各地的利益得到较为充分的协商与调和，从而使区域内各地慈善信托管理更具有可行性，减少区域间的慈善信托运行的冲突和矛盾。

三、建立区域慈善信托协同立法的常态保障机制

1. 搭建协同立法信息交流平台

信息的交流对于区域内各地的慈善信托立法协同而言至关重要。目前区域立法协同进展缓慢的原因之一就是区域内各地都为了保护自己的利益、减轻责任而不愿将自己持有的信息对外交流共享，致使区域信息交流的阻塞。此外，

由于区域内的立法主体不仅包括省级立法机构，甚至省内多个市都具有立法主体资格，因此立法协同所需信息更加繁多、复杂。综合以上原因，有必要建立一个统一的信息交流平台，打破区域内各地行政壁垒，给区域内信息沟通提供一个规范的渠道。有学者在研究长三角区域立法协作时指出，长三角地区的立法信息交流的形式可以是多渠道的，主要有通报（每个季度书面通报一次，不定期电邮）、工作例会（每年开展一到两次）、联席会议（每年一次）、学习考察（视具体立法项目而定）等形式[1]，根据对其构想的借鉴，笔者认为，京津冀区域可对长三角区域的经验予以借鉴。具体来说，在京津冀慈善信托立法协同信息平台的搭建上，可以从以下方式着手进行：首先，可考虑建立京津冀三地信息资源交流网络数据库，由京津冀三地相关部门将京津冀战略实施几年以来所有立法规划、立法文件及实施情况上传到数据库中，并总结立法成果与经验以进行交流、共享；其次，可以定期开展信息交流的相关座谈会，比如，上文提到的慈善信托发展研讨会等，京津冀三地通过座谈会的形式，进行有关立法信息与立法动态的面对面交流，效率更高、沟通更便捷；最后，可以开展常态化的信息通报制度，区域内相关部门应将法规与政策制定、修改、废止的动向及时发布，以促进立法信息的实时交流。从6年多的京津冀区域立法协同实践来看，京津冀区域把协同发展中的问题作为协同立法的重点，加强联合攻关；加强立法沟通协商，实现立法成果共享，降低立法成本，提高立法质量与效率；贯彻优势互补、互利共赢、区域一体原则，整合立法资源，最大限度发挥协同推进优势。6年多来，联席会议已经成为京津冀商讨立法工作的重要机制。联席会议每年至少召开一次，采取三地轮流负责的方式，交流年度立法计划和三地重要法规的立法工作，研究讨论协同立法相关文件，研究协同立法有关专门问题。通过这一机制，河北省人大常委会法工委副主任郭红介绍，河北省在制定国土保护和治理、地下水管理、水土保持等条例过程中，与京津进行了全程沟通和完整对接，在立法宗旨、规范内容、法律责任方面谋求共识、相互补益、实施联动，立法质量和效率明显提高。北京市、天津市在制定大气污染防治、水污染防治等法规时，也主动征求其他两地人大的意见和建议。2017年第三次

---

[1] 王腊生：《地方立法协作重大问题探讨》，载《法治论丛（上海政法学院学报）》2008年第3期，第74－75页。

京津冀协同立法工作会议通过了《京津冀人大立法项目协同办法》，规定涉及三地的重要立法将由三方共同商定，这标志着京津冀人大立法项目协同机制正式确立。2018 年第五次京津冀协同立法工作会议通过《京津冀人大立法项目协同实施细则》，进一步完善了协同立法制度体系，标志着三地协同立法走向深入。[1]

在长三角，2020 年 12 月 24 日至 25 日，长江“十年禁渔”长三角地区三省一市人大联动监督、协同立法座谈会在上海召开，沪苏浙皖三省一市人大共同商定，由上海市人大常委会牵头，长三角地区长江流域禁捕采用法规性决定的方式，争取在 2021 年第一季度同步出台决定。结果，2021 年 3 月下旬，浙江省人大常委会、安徽省人大常委会近日分别通过促进和保障长江流域禁捕工作的相关决定。为了体现长三角三省一市立法的协同性，决定实施时间统一为 2021 年 4 月 1 日。为了禁捕工作形成合力，共同查处违法行为，结合浙江省多年实践，《浙江省人民代表大会常务委员会关于促进和保障长江流域禁捕工作若干问题的决定》指出，推进渔业执法领域数字化改革，加快渔船精密智控等数字化应用体系建设，探索推进水陆联动和多部门联合执法、联动执法、协同执法，加强禁捕区域垂钓管理。长江流域禁捕，特别是长江口禁捕，需要三省一市在长三角一体化发展国家战略基础上，探索长江流域禁捕跨省联动监督、协同立法、联合执法。三省一市在决定中提出，要探索建设覆盖三省一市的船舶登记信息共享平台、渔船动态监管平台、水产品市场流通追溯监管平台和执法信息互通共享平台，共同查处破坏禁捕的违法犯罪行为。[2]

2. 创新交叉备案审查制度

交叉备案审查制度是监督区域协同立法、化解立法矛盾冲突的必要手段。在区域慈善信托立法中，交叉备案审查制度应从以下两方面进行落实：一方面，区域内各省市立法主体的慈善信托相关立法应按照我国《立法法》规定向上级国家机关进行备案，区域内各地境内的（区）市级立法机关亦应向其上级立法机关备案；另一方面，区域内各立法机关还要在出台慈善信托相关的地方性法

---

[1] 周宵鹏：《京津冀打造地方协同立法新样本》，载中国环境网 2020 年 3 月 23 日，https://www.cenews.com.cn/legal/fzyw/202003/t20200323_934686.html，最后访问时间 2021 年 8 月 30 日。

[2] 岳德亮：《长三角协同立法促进保障长江流域禁捕》，载新浪网 2021 年 3 月 28 日，https://news.sina.com.cn/c/2021-03-28/doc-ikkntiam9545343.shtml，最后访问时间 2021 年 8 月 31 日。

规、政府规章之前，向其他地区提交立法文件，由其他成员方对该文件进行研究[1]，若发现该立法文件有悖于上位法或是损害了本地在慈善信托发展中的合法利益时，应尽快通知发件成员方要求修改或与其进行协商。交叉备案制度有助于及时地审查立法内容，从而兼顾区域内各方的利益。此外，为了交叉备案的高效进行，日后可以考虑建立区域的交叉记录系统，由区域内各地立法机关、政府部门进行维护和运转。

3. 建立区域法规清理制度

及时清理与实际情况不符的法律法规也是区域内各地慈善信托立法协同的必要内容之一。法律的制定过程是动态的、不断演进的。随着慈善信托日新月异的发展变化，区域内各地也会随之颁布大量相关的新法规；与此同时，也必须废除和清理一部分过时的障碍性法规，以确保现行法律制度的有效运行。具体而言，有必要从以下几点着手进行法律法规的清理：第一，应及时清理与上位法律相抵触的法律法规，避免区域内各地立法协同项目与上位法的法律原则与法律精神相抵触，同时在清理的过程中也要保持区域内各地的同步联动，以保持区域内各地法律一致的时效性；第二，清理法规的同时也应当兼顾现实情况，在某些具有地方性、不宜协同立法的领域的法律法规出现滞后性、过时性的情况下，相关部门不应盲目清理，而应注意防止清理后相关法律空白的出现，重点考虑法律整体的可操作性与衔接性。在京津冀区域，自京津冀协同发展战略实施以来，京津冀三地在法规清理方面取得了一定进展，对区域法制一体化做出了重要贡献。以河北省为例，2014 年至2019 年8 月，河北省对现行有效的地方性法规进行了全面审视和清理，废止 24 部，打包修改 68 部，为加速推进京津冀协同发展扫除障碍，提供了法治支撑[2]。随着京津冀慈善信托协同立法的深入发展，区域内各地仍然需要不断发展和完善区域的动态法规清理制度，促使区域内各地慈善信托立法的步伐更加统一、与时俱进。

---

[1] 赵如松：《长三角两省一市立法协调问题研究》，载《法治论丛（上海政法学院学报）》2007 年第 6 期，第 68 页。

[2] 周洁：《推进京津冀协同发展　京津冀三省市五年协同立法十余部》，载河北新闻网 2019 年 8 月 3 日，http：//hebei. hebnews. cn/2019 – 08/08/content_7446260. htm，最后访问时间 2020 年 12 月 27 日。

四、完善区域慈善信托协同立法的公众参与机制

基于慈善信托的公益性，为保障其涉及的公共利益，有必要在区域慈善信托协同立法中吸收公众的意见，集中多元利益诉求，保障慈善信托立法协同的科学性与民主性。目前，我国立法的公众参与机制发展不甚完备，不少法律制度的内容都存在脱离群众利益、实际情况的弊病，在区域慈善信托协同立法的过程中，有必要对这一问题进行完善：一方面，应当确立公众参与的核心理念，在区域立法协同的过程中，将区域内公民的利益诉求放在首位，并保障其表达利益诉求的权利；另一方面，应建立公众参与立法协同的多元化渠道。除了传统的听证会、座谈会、讨论会等模式，还可以将公众参与融合到区域慈善信托协同立法工作机构的组成与信息平台的构建之中。比如上文所述，在立法协同机构的组成人员中加入区域内各地慈善信托行业的相关人员以及专家学者，以代表公众的利益；或是在网络信息共享平台中增设公众参与板块，使公民参与立法更加便捷高效。此外，应当在区域慈善信托的协同立法中专门规定公众参与的要求、程序以及效力等具体内容，使公众参与有法可依。

主要参考文献

（一）著作类参考文献

1. 周小明．信托制度：法理与实务［M］．北京：中国法制出版社，2012：40－43.

2. 周小明．信托制度比较研究［M］．北京：法律出版社，1996.

3. 何宝玉．信托法原理研究［M］．北京：中国政法大学出版社，2005.

4. 王志诚，赖昌河．现代信托法论［M］．北京：中国政法大学出版社，2002：71.

5. 解锟．英国慈善信托制度研究［M］．北京：法律出版社，2011：124.

6. 王振耀．日本公益法律制度概览［M］．北京：法律出版社，2016.

7. 徐卫．慈善宣言信托制度构建研究［M］．北京：法律出版社，2012.

8. 中国信托业协会．慈善信托研究［M］．北京：中国金融出版社，2016.

9. 郑功成．慈善事业立法研究［M］．北京：人民出版社，2015.

10. 连玉明．面向未来的京津冀世界级城市群［M］．北京：当代中国出版社，2016.

11. 连玉明．京津冀协同发展：新理念　新战略　新模式［M］．北京：当代中国出版社，2017.

12. 白易彬．京津冀区域政府协作治理模式研究［M］．北京：中国经济出版社，

2017：199.

13. 景体华.2005—2006 年：中国区域经济发展报告［M］. 北京：社会科学文献出版社，2006：221.

14. 周旺生. 立法学［M］. 北京：法律出版社，2004：249.

15. 刘文忠，李文华. 地方立法的民主性与科学性研究专论［M］. 北京：法律出版社，2009.

16. 崔卓兰，于立深，孙波等. 地方立法实证研究［M］. 北京：知识产权出版社，2007：497－498.

17. 李国平.2019 京津冀协同发展报告［M］. 北京：科学出版社，2019.

18. 赵廉慧. 中国慈善信托法基本原理［M］. 北京：中国社会科学出版社，2020.

19. 佚名. 历史的经典与现代的典范：英国信托成文法编译［M］. 葛伟军，等，译. 北京：法律出版社，2017.

20. D. J. 海顿. 信托法［M］. 北京：法律出版社，2004.

21. 能见善久. 现代信托法［M］. 赵廉慧，译. 北京：中国法制出版社，2011：27.

22. 樋口范雄. 信托与信托法［M］. 朱大明，译. 北京：法律出版社，2017.

23. 新井诚. 信托法. 第 4 版［M］. 刘华，译. 北京：中国政法大学出版社，2017.

24. 加雷思·琼斯. 慈善法史 1532～1827［M］. 吕鑫，译. 北京：社会科学文献出版社，2017.

25. 彼得·哈伊. 美国法律概论［M］. 沈宗灵，译. 北京：北京大学出版社，1998.

26. 斯蒂格利茨. 政府经济学［M］. 韩立华，译. 太原：春秋出版社，1988.

27. 哈罗德·J. 伯尔曼. 法律与革命：西方法律传统的形成［M］. 贺卫方，高鸿钧，等，译. 北京：中国大百科全书出版社，1993.

28. 弗兰斯西·斯奈德. 欧洲联盟法概述［M］. 宋英编，译. 北京：北京大学出版社，1996：75.

29. F. W. 梅特兰，大卫·朗西曼，马格纳斯·瑞安. 国家、信托与法人［M］. 北京：北京大学出版社，2008.

30. 爱德华·C. 哈尔巴赫. 吉尔伯特信托法［M］. 张雪楳，译. 北京：法律出版社，2017.

31. David B. Parker &Anthony R. Mellows. The Modern Law of Trust［M］. 5th ed. London：Sweet & Maxwell，1983.

32. Elizabeth Cairns. Charities：Law and Practice［M］. London：Sweet & Maxwell，1998.

33. Gary Watt. Briefcase on Equity & Trusts 3rd ed［M］. London：Taylor & Francis

Ltd, 2001.

34. D. J. Hayton. Commentary and Case on the Law of Trusts and Equitable Remedies [M]. London: Sweet & Maxwell, 1996.

35. Richard Tompson. The Charity Commission and the Age of Reform [M]. London: Routledge & K. Paul, 1979.

36. Neil Mac Cormick. Constructing legal Systems "European Union" in Legal Theory [M]. [S. l.] Kluwer Academic Publishers, 1997.

37. Michael Chesterman, Charities. Trusts and Welfare [M]. London: Weidenfeld & Nicolson, 1979.

（二）非著作类参考文献

1. 张立华，杨世浩. 京津冀地区信托公司发展能力评价研究 [J]. 华北理工大学学报（社会科学版），2018 (6): 46 – 52, 66.

2. 李文华. 完善我国慈善信托制度若干问题的思考 [J]. 法学杂志，2017 (7): 89 – 97.

3. 程雪莲. 我国环保投资中的投融资模式选择 [J]. 重庆社会科学，2005 (6): 5 – 8.

4. 刘绪贻. 田纳西河流域管理局的性质、成就及其意义 [J]. 美国研究，1991 (4): 36 – 43.

5. 张庆杰，申兵，汪阳红，等. 推动区域协调发展的管理体制及机制研究 [J]. 宏观经济研究，2009 (7): 9 – 19.

6. 孟庆瑜. 论京津冀环境治理的协同立法保障机制 [J]. 政法论丛（上海政法学院学报），2016 (1): 121 – 128.

7. 王腊生. 地方立法协作重大问题探讨 [J]. 政法论丛（上海政法学院学报），2008 (3): 69 – 75.

8. 赵如松. 长三角两省一市立法协调问题研究 [J]. 法治论丛（上海政法学院学报），2007 (6): 65 – 69.

9. 王宝治，张伟英. 京津冀协同立法的困境与出路 [J]. 河北师范大学学报（哲学社会科学版），2016 (5): 133 – 138.

10. 梁诗雯. 基于乡村振兴战略视角探析经济发展中的不平衡不充分问题 [J]. 广西城镇建设，2021 (5): 13 – 14, 19.

11. 王俊杰，方正，赵震乾，等. 长三角区域一体化生态共治机制下的一般工业固体废物废弃矿山协同处置模式探讨 [J]. 环境污染与防治，2021 (6): 796 – 797.

12. 杨铁山．深化拓展协同协作 增强法治保障实效 长三角地区人大常委会主任座谈会在安徽合肥召开［J］. 上海人大月刊，2021（7）：38.

13. 赵峥，王炳文．迈向“治理联盟”：全球大都市圈空间治理的经验与启示［J］. 中国发展观察，2020（13）：114－117.

14. 苏洪琳，杨良，陈玲玲．河北省在京津冀协同发展中的问题研究［J］. 锋绘，2018（3）：48.

15. 北京市民政局．京津冀民政事业协同发展合作协议在京签署［EB/OL］.（2015－11－06）［2020－12－04］. http：//www. beijing. gov. cn/zfxxgk/110009/mrmz52/2015－11/06/content_640252. shtml.

16. 河北省民政厅．2016 年京津冀灾后社会工作与志愿服务培训交流会在邢台召开［EB/OL］.（2016－09－03）［2020－12－04］. http：//info. hebei. gov. cn/ hbszfxxgk/329975/329988/330075/6659579/index. html.

17. 力高集团．力高慈善基金会助力京津冀社会公益组织协同发展［EB/OL］.（2018－12－08）［2020－12－04］. https：//www. redco. cn/about/NewsDetail. aspx？ nid＝10001592.

18. 浙江省慈善联合总会．【对话】王振耀：战略构建长三角慈善一体化［EB/OL］.（2019－11－19）［2020－12－16］. http：//www. chinadevelopmentbrief. org. cn/customer/details. html？ id＝23510&type＝.

19. 新华社．习近平主持召开座谈会听取京津冀协同发展工作汇报［EB/OL］.（2014－02－27）［2021－01－04］. http：//www. gov. cn/ldhd/2014－02/27/content_2624901. htm.

20. 李济慈．2018 年慈善信托发展报告［EB/OL］.（2019－03－10）［2021－01－04］. http：//www. csgyb. com. cn/news/quanwei/20190310/22498. html.

21. 中诚信托慈善信托工作办公室．中诚信托 2019 年度慈善信托研究报告［EB/OL］.（2019－09－02）［2021－01－02］. https：//www. cctic. com. cn/zcyj/10316. jhtml.

22. 汪国梁．沪苏浙皖民政部门签署合作交流框架协议［EB/OL］.（2020－10－06）［2021－01－04］. http：//www. mas. gov. cn/zxzx/xxzz/szfxx/20295371. html.

23. 巨云鹏．沪苏浙皖人大深化监察和司法工作协作机制 立法协同助力长三角一体化［EB/OL］.（2019－07－04）［2021－01－04］. http：//www. npc. gov. cn/npc/c30834/201907/78adc96073144ba99d96404f826f0326. shtml.

24. 范世辉．最后一批贫困县“摘帽”［EB/OL］.（2020－03－03）［2021－01－04］. https：//baijiahao. baidu. com/s？ id＝1660149854407162872&wfr＝spider&for＝pc.

25. 楼纯，钟欢欢．千余种优质农产品亮相，长三角“赶集”助推脱贫攻坚［EB/OL］.（2020－09－30）［2021－01－04］. https：//k. sina. com. cn/article_5675440730_

152485a5a02000xdsz. html.

26. 魏敏．探索可推广可复制服务长三角一体化新模式［EB/OL］．（2020－07－20）［2021－01－04］．https：//baijiahao. baidu. com/s？id＝1672684469147554129.

27. 沈苗妙．慈善信托助力乡村振兴的优势与路径展望［EB/OL］．（2021－04－16）［2021－10－04］．http：//trust. jrj. com. cn/2021/04/16115032385458. shtml.

28. 德胜基金会．顺德社区慈善信托4年耕耘 构建可持续公益生态体系［EB/OL］．（2021－06－09）［2021－07－20］．https：//www. sohu. com/a/471191368_120817397.

29. 长安信托．国内首单基于环境公益诉讼资金设立的“长安慈——大气保护慈善信托”成功备案［EB/OL］．（2019－10－23）［2021－1－04］．http：//www. rmzxb. com. cn/c/2019－10－23/2449330. shtml.

30. 何磊静．长三角地区推进养老服务一体化合作［EB/OL］．（2019－06－17）［2021－01－04］．http：//js. ifeng. com/a/20190617/7498223_0. shtml.

31. 潘洁．长三角养老一体化再迈一步［EB/OL］．（2021－03－23）［2021－10－04］．https：//www. 360kuai. com/pc/935bf810919a80cba？cota＝4&kuai_so＝1&tj_url＝so_rec&sign＝360_57c3bbd1&refer_scene＝so_1.

32. 中诚信托有限责任公司．发挥信托在老龄化社会中的五大功能［EB/OL］．（2019－07－15）［2021－09－25］．http：//www. sohu. com/a/326946340_481769.

33. 周洁．推进京津冀协同发展 京津冀三省市五年协同立法十余部［EB/OL］．（2019－08－03）［2020－12－27］．https：//baijiahao. baidu. com/s？id＝1641248373682133655&wfr＝spider&for＝pc.

34. 陈林．《京津冀人大立法项目协同办》出台［EB/OL］．（2017－03－22）［2020－12－23］．http：//www. cankaoxiaoxi. com/china/20170322/1796419. shtml.

35. 张斌，陈奕如．2020长三角民政论坛：一体化、数字化赋能基层治理［EB/OL］．（2020－09－16）［2020－12－23］．http：//news. sina. com. cn/o/2020－09－16/doc－iivhvpwy7092058. shtml.

36. 卜羽勤．长三角发展不平衡不充分，中央定调：给出沪苏浙皖一体化发展方案［EB/OL］．（2019－12－03）［2020－12－23］．http：//www. oeeee. com/mp/a/BAAFRD000020191203234536. html.

37. 郭翔宇，廖培金．广州率先出台慈善信托评估指引及指标体系［EB/OL］．（2020－11－30）［2020－12－24］．http：//www. charityalliance. org. cn/org/14089. jhtml.

38. 郭甜肖．这五年，看京津冀协同立法如何实现新突破［EB/OL］．（2019－08－30）［2020－08－30］．http：//he. people. com. cn/n2/2019/0821/c192235－33274081. html.

39. 陈静. 三省一市实现协同立法　共同推进长三角一体化 [EB/OL]. (2018 - 12 - 03) [2021 - 08 - 30]. https: //www. chinanews. com/gn/2018/12 - 03/8691444. shtml.

40. 周宵鹏. 京津冀打造地方协同立法新样本 [EB/OL]. (2020 - 03 - 23) [2020 - 08 - 30]. https: //www. cenews. com. cn/legal/fzyw/202003/t20200323_934686. html.

41. 岳德亮. 长三角协同立法促进保障长江流域禁捕 [EB/OL]. (2021 - 03 - 28) [2021 - 08 - 31]. https: //news. sina. com. cn/c/2021 - 03 - 28/doc - ikkntiam 9545343. shtml .

42. Matthew Pincus, When Should Interstate Compacts Require Congressional Consent, 42COLUM. J. L. & Soc. Probs. 511 (2009) .

43. GOV. UK, Public benefit: the public benefit requirement (PB1) [EB/OL]. (2013 - 9 - 16) [2021 - 09 - 10]. https: //www. gov. uk/government/publications/public - benefit - the - public - benefit - requirement - pb1.

第二章

区域一体化背景下慈善信托协同管理法律问题研究

第一节 绪 论

一、研究背景

本章研究的是区域慈善信托协同管理的法律问题，前面报告已经对区域协同发展的整体研究背景进行了介绍。此处需要强调的是，2016 年印发的《“十三五”时期京津冀国民经济和社会发展规划》是全国第一个跨省市的区域“十三五”规划，明确了京津冀地区未来五年的发展目标。该规划为“十三五”期间京津冀地区的发展提出九大任务，其中就包括打赢河北脱贫攻坚战，依法行政、加强和创新社会管理等内容，[1] 以上几大任务都与慈善信托及其管理有着千丝万缕的关系。而在长三角区域，《长江三角洲区域一体化发展规划纲要》中提到的加快都市圈一体化发展、强化生态环境共保联治、加快公共服务便利共享、共建公平包容的社会环境、促进城乡融合发展、建立规则统一的制度体系、强化组织协调、建立“1 + N”规划政策体系等方面，都与慈善信托及其管理有着各种各样的联系。因此，区域慈善信托管理的协同发展将有助于上述任务的实现，从而进一步促进区域的协同发展。

---

[1] 赵展慧：《京津冀“十三五”规划印发》，载新华网 2016 年 2 月 16 日，http：//www. xinhuanet. com/politics/2016 - 02/16/c_128721274. htm，最后访问时间 2020 年 12 月 27 日。

二、研究现状

鉴于本章内容是聚焦在区域协同发展视角下的慈善信托协同管理问题，故仅对这方面的研究现状进行简要介绍。

在协同发展的困境方面，姚鹏对京津冀区域发展历程进行了梳理：从萌芽阶段、合作阶段到目前的协同阶段，并指出京津冀区域创新、协调发展、绿色发展、共享发展、开放发展都取得了较大程度的进展，但地区差距呈逐渐扩大的态势（姚鹏，2019）。马海龙博士则认为京津冀协同发展进程缓慢的原因在于京津冀区域总体竞争力不强、产业同构严重、发展失衡，而观念及现行体制的制约、缺乏有效的协调机制以及非政府力量的薄弱，使得区域协调发展举步维艰（马海龙，2013）。

在京津冀协同发展中政府与市场的关系方面，张军扩强调要正确把握北京功能疏解及京津冀协同发展中政府与市场的关系，市场应发挥主导性、基础性作用，而政府的作用是引导性的，关键是着力构建有利于协同发展的体制机制（张军扩，2015）。对此，也有学者认为京津冀地区有关系紧密的区域市场和得天独厚的资源政策优势，京津冀的发展需要充分调动起市场的作用，而政府应通过更高层次的行政机构形式来制定指导政策，进行外部监督和解决三地政策、资源和人才等不平等现状（李绪稳，2015）。

从法律角度出发，京津冀的协同发展是多方位、深层次的，需要一个健康稳定的法律环境来保障共同发展目标的实现。张友梅认为京津冀区域协同发展的不平衡性特征要求区域法治的一体化，提出通过签订政府合作协议，赋予行政协议以法律效力；区域协同立法，统一法规冲突协调原则；梳理区域法治一体化理念，扩大公众参与等建议来完善京津冀内区域经济一体化法律治理（张友梅，2019）。区域法治的一体化，表现在立法、执法和司法三个方面，即立法要坚持从三地协作立法原则，统一立法标准；行政执法要严格执法、文明执法和统一执法；司法要坚持司法公正，真正为京津冀三地协同发展提供法制保障（冯磊，张楠，2017）。

在慈善信托的监管方面。因为慈善信托关涉社会公共利益，其经济合同的本质属性，决定了政府作为社会公共利益的天然代表者必然对慈善信托有所监管（刘佳，2018）。解琨博士的《英国慈善信托制度研究》详细论述了英国慈善信托制度的发展过程，其中慈善信托监管制度如何针对受托人挪用财产等事件而进行针对性改变的部分对我国慈善信托监管有重要的借鉴意义（解琨，2011）。《慈善法》明确了慈善信托的监管机构，并且改批准制为备案制，是一种“简政放权”的体现。就前者而言，魏艳认为银监会对慈善信托的业务监管是政府监管权的错配，应由民政部门统一负责慈善信托的监管（魏艳，2018）。就后者而言，赵廉慧博士指出从批准制直接进入备案制跨度似乎较大，为避免委托人以慈善之名行私益之实，对其设立信托的目的有进行审查的必要，建议引入中立、专业的委员会对慈善信托申请进行审查（赵廉慧，2017）。

以上关于京津冀协同发展和慈善信托制度的研究文献和资料，对于我国其他区域的一体化发展同样具有重要意义。上述相关资料也对本章的形成提供了很大的帮助。

三、研究意义

本章是对区域协同发展背景下区域内各地的慈善信托协同管理的法律问题进行研究，具有以下研究意义：

第一，在学术价值方面，完善对区域协同发展和慈善信托制度的研究体系。京津冀协同发展、长三角一体化发展上升为国家重要战略后，成为大家关注的焦点，各领域的学者都基于各自视角对京津冀协同发展、长三角一体化发展进行研究，包括经济、金融、交通、生态环境、高等教育等各种领域，可以说对京津冀协同发展、长三角一体化发展的研究已经有了一个大致的研究体系。但是，目前从慈善信托协同管理的角度研究京津冀、长三角等区域在慈善信托领域的协同研究几乎没有，所以本章能填补区域协同发展研究体系在这方面的空白。同样，虽然我国关于慈善信托管理（监管）制度的研究已有不少，但是从区域协同化的视角对此进行研究的内容也几乎是空白，因此本书在学术方面丰富了区域协同发展和慈善信托管理制度的研究。

第二，在应用价值方面，有以下研究意义：首先，将有利于我国慈善信托管理（包括但不限于监管）制度的完善。慈善信托制度在我国的发展时间较短，而慈善信托又涉及社会公益，必须有完善的监管制度来确保慈善信托的规范化发展，本章将指出目前我国慈善信托管理制度方面存在的问题，并提出相应的完善建议，为慈善信托的发展提供完备的法律制度环境，从而进一步促进和完善我国的慈善事业，造福全社会。其次，将有助于促进京津冀地区在民政事业发展方面的协同化。由于经济、环境、资源等的差距，一体化区域、协同发展区域内各地在民政领域的发展呈现不平衡的特征，比如，在养老服务、社会组织、社会保障、扶贫救灾等方面，各区域的慈善信托协同发展能够调动区域内发达地区相对丰富的社会资源，促进资源的流动，减轻相对欠发达地区政府的社会治理压力，给相对欠发达地区提供更多资源以支持其社会基础设施的建设，从而提高相对欠发达地区自身的竞争力，吸引更多人才流向相对欠发达地区。最后，有助于各区域在金融领域的协同发展。慈善信托本质上是一种以信托方式做慈善的行为，相比于传统的慈善捐助而言，能够使慈善财产保值增值，实现可持续的慈善。信托又属于金融的重要领域之一，区域慈善信托的协同发展将带动三地在信托业方面的合作，加强区域内各地银保监部门的监管经验分享与沟通，尤其是促进相对欠发达地区信托业的发展，使协同发展区域内各地的金融发展趋于平衡化。

四、本书研究者的出发点

京津冀协同发展、长三角一体化发展进入发展关键期，重点领域的困境需要着力攻克，而慈善信托制度在我国的发展时间较短，在各方面都有待实践去逐步完善。在这样的背景下探索各区域慈善信托管理协同的路径，对于区域的协同发展而言，既有新机遇，也有新挑战。因此，笔者对区域慈善信托的协同管理制度的研究坚持以下几点：

第一，坚持从中国国情出发。各区域发展经历了萌芽期、合作期到目前的协同期/一体化期，区域内各地的协调层次逐步加深，效果显著。但是从整体上来说，区域协同发展/一体化发展还有需要重点克服的障碍，尤其是由于行政区划带来的区块分割、利益分配不均、地方保护主义等问题，阻碍了区域内的协同发展/一体化发展，这是历史发展决定的，是必然存在的问题。具体到区域慈善信托的协同管理制度上，在进行问题研究和制度设计时，也必须考虑区域内各地民政部门、银保监部门（财税部门）之间的行政壁垒，应以区域的整体利益为主，用中国智慧解决中国问题。

第二，坚持市场主导，政府引导。慈善信托本质上是一种具有慈善性的市场活动。我国早期采取的是计划经济体制，经济的发展方向和节奏都由政府预先计划好，市场自治被压抑，实践证明这种体制并不能维持经济的可持续发展。目前我国正处于市场经济体制建设不断完善时期，倡导"简政放权""放管服"，从公益信托的批准制到慈善信托的备案制，就是一种很好的体现。对于区域慈善信托协同管理的制度设计，必须坚持市场主导，激发慈善信托的市场活力；而政府应该为市场作用的充分发挥创造条件，主要负责协调区域内各地的利益冲突和矛盾，构建彼此协同、交流的机制和平台，以及对慈善信托的事中和事后提供监管，加强信息公开程度。

第三，坚持比较法的研究方法。比较法是法学领域常用的研究方法，通过比较不同法系国家或地区的制度进行学习和借鉴，以完善本国的法律制度。对于我国而言，慈善信托制度本来就是舶来品，再加上在中国的发展历程较短，可以通过比较法的方式对英美法系和大陆法系的慈善信托制度的理论基础进行学习和研究。但是，制度的移植同样需要注意本土化的构建，不能也不可能完全照搬英美法系国家的做法，需要对相关制度背后的法治理念有清晰的认识，通过法治理念与我国的法律制度环境的结合才能实现慈善信托制度的本土化构建。此外，要以辩证的态度对待外国的相关制度，既要发现它们的优势也要看到其弊端，取其精华，去其糟粕。

第二节　慈善信托管理的基础理论

一、慈善信托管理的必要性

1. 实现慈善目的，发展慈善事业

一方面，和普通信托相比，慈善信托的一大特殊性在于：设立信托必须是出于慈善目的，即具备绝对的公益性。[1] 在慈善信托中，受托人对信托财产的管理和运营会直接影响到不特定公众的利益。因此，如果管理缺位，导致慈善信托

---

[1] 何宝玉：《信托法原理研究》，中国法制出版社2015年12月第2版，第483－486页；周小明：《信托制度：法理与实务》，中国法制出版社2012年版，第352－355页；赵廉慧：《中国慈善信托法基本原理》，中国社会科学出版社2020年版，第53－55页；解锟：《英国慈善信托制度研究》，法律出版社2011年版，第74－79页。

受托人未能恪尽职守，造成的财产损失与其他不良影响恐怕是难以预测的。因此，为了实现慈善信托的慈善目的，保证其公益性，对慈善信托的管理是必不可少的。

另一方面，慈善信托不仅是一种信托类型，更是慈善事业的重要组成部分。因此加强对慈善信托的管理，也有助于推动我国慈善事业的大力发展。当前，我国慈善信托的委托人逐步呈现多样化的态势，包括自然人、企业、慈善组织及社会团体、政府部门等。这其中，除了国家级慈善组织的投资和政府的专项基金外，慈善信托财产很大一部分是来自自然人、企业的自发性捐助。因此，为了使捐助者保持对慈善信托的热情和投身慈善事业的积极性，对慈善信托的管理也是不可或缺的。

2. 防止慈善信托受托人的权利滥用

设立信托需要满足一定的条件，各国法律对此规定相差无几。根据英国衡平法院 1840 年在 Knight v. Knight 一案中确立的“三个确定”原则❶，英美法学者将信托设立条件归纳为三点：设立信托的意图的确定、信托资产范围的确定以及信托受益人的确定。在这三点之中，受益人确定是区分普通信托与慈善信托最为显著的标志。对于普通信托而言，受益人必须确定。由此，受托人在管理与处分信托财产时就会充分考虑到特定受益人的利益，并且明确由特定的受益人对受托人义务的履行进行监督；与此相对，慈善信托无特定的受益人，这也是上文中所提及的慈善信托的公益性的体现。一方面，很多慈善信托的受益人难以确定，甚至根本不存在受益人，例如环保公益信托、动物保护信托等。而另一方面，有学者认为，即便存在能够从慈善信托财产中实际获得利益的人，也并非信托法意义上的“受益人”，从学理上只能被称为“受领人”，是慈善信托“公益性”的反射效果。❷ 当然，现在广为接受的观点是，慈善信托中不是不能有受益人，而是“不能有特定的受益人”而已，这是目前信托法和慈善法研究者的主流观点。❸ 因此，需要提请注意的是，我国关于慈善信托的规定中

---

❶ Knight v. Knight (1840) 49 ER 58，转引自陈雪萍：《论我国〈信托法〉对信托有效要件规定之完善——以英美信托法信托有效设立的“三个确定性”要件为借鉴》，载《政治与法律》2018 年版第 8 期，第 134 页。

❷ 赵廉慧：《慈善信托的误解与未来》，载和讯网 2016 年 10 月 28 日，http://bank.hexun.com/2016-10-28/186638732.html，最后访问时间 2021 年 8 月 31 日。

❸ 何宝玉：《信托法原理研究》，中国法制出版社 2015 年 12 月第 2 版，第 473 页；周小明：《信托制度：法理与实务》，中国法制出版社 2012 年版，第 354 页；赵廉慧：《中国慈善信托法基本原理》，中国社会科学出版社 2020 年版，第 164 页。

虽然使用了“受益人”的术语，这里的受益人和普通信托中的受益人也存在着较大差异。

在慈善信托中，因受益人的不特定性，导致对信托财产监督、强制执行主体的缺位以及受托人自由裁量权的进一步扩大，从而更容易诱发道德风险，使其可能利用自己的自由裁量权非法侵吞、挪用慈善信托财产。因此，需要慈善信托关系之外的第三方对受托人是否合法履行义务进行管理。除此之外，我国未来可能为鼓励慈善信托发展而针对其制定一系列税收优惠政策，如果对受托人履行义务的管理不到位，这些税收优惠政策就极易被某些怀有不法目的的受托人加以利用，为其规避税款提供可乘之机，从而违背制定税收优惠政策的初衷。综上所述，为了使慈善信托受托人恪尽职守，积极履行义务，保障慈善信托财产始终按照委托人的意愿运作，对慈善信托的管理是不可或缺的。只有设立慈善信托的管理机构，才能保障慈善信托的慈善目的，实现其公益性，促进慈善事业的蓬勃发展。

二、慈善信托管理的定义

所谓“管理”，根据《辞海》“社会学政治学”卷的定义，是指社会组织中为实现预期目标进行的以人为中心的协调活动。传统意义上的“管理”，是运用政府的政治权威，通过发号施令，制定政策和施行政策，对社会经济事务实行单一限度的管理。[1] 而慈善信托的管理，指的是慈善信托成立后，有关主管部门和备案登记机构对慈善信托的整个流程进行管理的行为，包括但不限于对募集、使用、处分慈善基金的行为进行审计、监督和调查，确保受托人对慈善财产的经营始终符合法律规定，不偏离其慈善目的，以维护委托人的利益及不特定的公共利益。从慈善信托管理的内容来看，其以信托财产的运转为核心，主要针对信托财产的来源、使用、处分行为进行监督，并且这种监督是内外同时进行的：外部监督主要指的是政府部门和社会的监督，具体包括：有关政府主管部门的行政手段、社会舆论的信息披露、第三方评估机构和其他慈善信托利益相关者的监督与质询等。外部监督的优点在于，作为重要监督主体的监督机关的权威性强、委托人可以依据法律法规和慈善信托合同进行直接监督，以

---

[1] 高鸿钧等：《法治：理念与制度》，中国政法大学出版社2002年版，第505页。

及社会监督的主体广泛，监督的灵活性高，等等。与外部监督相对，内部监督指的是慈善信托受托人内部自我监督，包括在慈善组织和信托公司内部设立常设机构以及制定相关规章制度等。内部监督的优势是可以充分调动受托人内部监督的积极性和主动性、成本较低、及时性强。如果能实现通过内部和外部两种方式进行慈善信托管理，就可以形成多维度的慈善信托管理体系，确保受慈善信托受托人在信托项目的实施过程中保有更高的透明度和效率，保障慈善信托的公益性。鉴于篇幅和研究范围之限制，本章所说的慈善信托管理，主要指的是行政管理，即外部监督中的政府部门的管理，即前述传统意义上的管理行为，包括但不限于监督、协调等活动。

三、慈善信托管理的主体

由于慈善信托与公众利益息息相关，因此相比于商事信托（本书中，商事信托与营业信托、商业信托具有相同含义，下同），慈善信托的管理中公共权力的参与度更高。管理主体是慈善信托管理制度的核心内容之一，这在各国的慈善信托相关法律规定中都有所体现：英国就为慈善信托的管理设立了独立的管理机构——慈善委员会，它的职能包括提供注册服务、确保信托财产运作的合法性和为慈善组织提供相关指导和服务等。[1] 除了慈善委员会外，司法部门、税务部门等其他国家权力机关也有权对慈善信托进行管理，使英国的慈善信托管理体系具备了多元协同的优势。[2] 而对于美国而言，受制于其联邦体制，建立全国性、自上而下的独立慈善信托管理机构是无法实现的。因此由各州的检察官行使管理慈善信托的职责；此外，税务机关对慈善信托也有一定的管理权，这是由于美国对慈善信托给予税收优惠的政策所决定的[3]；日本在吸取英美国家经验的基础上，结合本国国情建立了慈善信托管理制度，然而其慈善信托管理机构却不同于英美两国。根据日本《关于公益信托的法律》第 3 条的规定，

---

[1] Charity Commission for England and Wales, About Us, https://www.gov.uk/government/organisations/charity-commission/about, last accessed Aug. 31, 2021.

[2] 根据 2011 年英国《慈善法》第 1 条"'慈善'的定义"下 1（1）b 的规定，慈善组织（包括但不限于慈善信托，下同）必须遵守高等法院（the High Court）关于慈善的有关规定。而根据 2011 年英国《慈善法》第 55 条等条款的规定，慈善组织必须向慈善信托报告收入情况，并接受税务部门的管理。

[3] 王金东：《英美慈善信托法律制度研究》，大连海事大学 2012 年博士论文，第 54 页。

公益信托的监督权限属于主管政府机关，根据信托目的的不同，具体的主管政府机关亦不同。因此在实践中，通过对具体信托目的如抗震救灾、文物保护、设立奖助学金等进行划分，由相关主管部门进行管理。在我国，慈善信托管理目前基本形成了以民政部门与银保监部门协同管理的模式。根据民政部与原银监会联合发布的《慈善信托管理办法》中的规定，银（保）监会负责信托公司慈善信托业务和商业银行慈善信托账户资金保管业务的监督管理工作，县级以上人民政府民政部门负责慈善信托备案和相关监督管理工作。同时，民政部门与银保监会在各自职权范围内管理慈善信托财产的运行。进而，我国慈善信托的双主体管理模式也最终得以确立。而在民政部与中国银保监会联合起草的《慈善信托信息公开管理办法（征求意见稿)》中也再次明确了民政部与银保监会对慈善信托进行共同管理的模式。例如，《慈善信托信息公开管理办法（征求意见稿)》第三条规定："国务院民政部门及县级以上地方各级人民政府民政部门（以下统称民政部门)、国务院银行保险监督管理机构及其派出机构（以下统称银行保险监督管理机构）应当根据法定管理职责，依法公开慈善信托相关信息。"

四、慈善信托管理的内容

信托财产是信托管理的核心。慈善信托财产因基于慈善目的而设立，并关系着不特定公众的利益因而具有公益性的色彩，因此，慈善信托管理也同样围绕着慈善信托财产而展开。

1. 慈善信托财产来源合法性的管理——对委托人的管理

委托人即信托财产的设立主体。信托关系设立后，委托人即部分脱离信托关系，由受托人代为执行信托并就违反信托之行为主张救济，根据我国《信托法》第十五条的规定[1]，信托财产与委托人未设立信托的其他财产相区别而成为独立的财产整体，委托人不能再处分信托财产。这一规则在英国 1936 年的

[1] 《中华人民共和国信托法》第十五条："信托财产与委托人未设立信托的其他财产相区别。设立信托后，委托人死亡或者依法解散、被依法撤销、被宣告破产时，委托人是唯一受益人的，信托终止，信托财产作为其遗产或者清算财产；委托人不是唯一受益人的，信托存续，信托财产不作为其遗产或者清算财产；但作为共同受益人的委托人死亡或者依法解散、被依法撤销、被宣告破产时，其信托受益权作为其遗产或者清算财产。"

Re Bowden 判例中已有所体现：该案例中，委托人立誓成为修女，为此她将全部财产转移给受托人，并且指定了受益人。然而过了一段时间后，她又改变了主意，企图将信托财产用于自己的利益。后法院判决，既然信托已经设立，原告作为委托人已经失去了在信托财产上的全部利益，无法再从信托财产中受益。[1] 因此，信托财产的独立性是信托的主要特征之一，[2] 那么信托财产的独立性也就成为慈善信托管理的重点之一。然而，慈善信托财产虽然独立于委托人，委托人作为其设立者，又与信托财产有着密切的联系。基于慈善信托的公益性，信托财产的"入口安检"就显得尤为重要：信托财产来源是否合法、委托人是为了慈善目的设立信托还是借慈善信托之名将不法财产合法化，直接关系着信托的公益性是否能得到实现、公共利益是否能得到维护。因此，对委托人的管理（主要是指对委托人设立慈善信托的财产的来源合法性的管理）是慈善信托管理的首要任务。

2. 慈善信托财产运行过程中的管理——对受托人的管理

一项信托关系成立后，受托人即根据信托合同接受委托人的指示，并根据信托合同和委托人的意愿管理信托财产，以使受益人受益。而信托关系之所以能够成立，是与委托人、受托人之间建立的信任关系分不开的。基于这一信任关系，信托受托人的"信赖义务"（或称信义义务）也随之诞生。信赖义务要求受托人在管理信托财产的过程中保持忠诚和谨慎，将受益人的利益置于自己利益之上。[3] 然而，由于信赖义务的履行太过依赖于受托人本身的自觉，而在制度层面上的规制尚且不足，所以受托人违反委托人和受益人的信赖义务这种现象从信托设立之初就存在，受托人的道德隐患始终无法得到有效遏制。以英国为例，从 18 世纪开始，受托人不遵守信赖义务的现象便屡有发生，信托财产被滥用的频率很高；工业革命后，社会利己风气更盛，受托人为自己谋利而忽视对委托人和受益人的信赖义务的现象更加普遍。因此，19 世纪，英国就开始着手建立对受托人信赖义务的规制体系，最终建立起对慈善信托受托人欺诈行

---

[1] 何宝玉：《信托法原理与判例》，中国法制出版社 2013 年版，第 192 页。

[2] 徐孟洲主编：《信托法》，法律出版社 2006 年版，第 138－145 页；周小明：《信托制度：法理与实务》，中国法制出版社 2012 年版，第 211－219 页；赵廉慧：《信托法解释论》，中国法制出版社 2015 年版，第 217－243 页。

[3] 周小明：《信托制度：法理与实务》，中国法制出版社 2012 年版，第 275 页；赵廉慧：《信托法解释论》，中国法制出版社 2015 年版，第 304 页。

为的揭露机制，并将设立专门管理机构提上了日程。[1] 目前，在各国的法律规定中，主要通过对慈善信托受托人的以下各方面义务进行规制，以实现信托财产的合法运行。

第一，忠诚义务，即受托人需始终遵守委托人设立信托财产的慈善目的。该义务主要体现在以下几方面：首先，慈善信托的受托人不得利用信托财产或受托人地位从信托中获利，除非获得法院授权；其次，慈善信托的受托人履行职责不能获得报酬（有特殊情况除外）；最后，受托人不得进行自我交易，即将信托财产与自己所有的财产进行交易。[2] 我国《信托法》第二十五条规定："受托人应当遵守信托文件的规定，为受益人的最大利益处理信托事务。受托人管理信托财产，必须恪尽职守，履行诚实、信用、谨慎、有效管理的义务。"我国《信托法》第二十六条规定："受托人除依照本法规定取得报酬外，不得利用信托财产为自己谋取利益。受托人违反前款规定，利用信托财产为自己谋取利益的，所得利益归入信托财产。"这些都是对受托人忠实义务的规定。

另外，关于受托人在慈善信托运营中取得报酬的问题，需要单独说明一下。根据我国《信托法》第三十五条的规定，除经信托文件约定或者补充约定外，受托人原则上不得取得报酬。在英国法中，只有相关文件中有约定的、慈善委员会或者法院同意的场合，受托人才能请求适当的费用和报酬，此即所谓"志愿者原则"。在英国法中，无论是在慈善信托还是私益信托中，受托人报酬都会和忠实义务的问题联系起来，如果允许受托人未经约定取得信托报酬，则有可能产生利益冲突。如果一个已经设立的慈善信托的信托文件中不存在报酬条款，则信托的受托人即无权取得报酬。[3]

第二，谨慎义务，即注意义务、勤勉义务。受托人的谨慎义务具体含义涵盖方面较多，从普遍意义来看，就是将委托人托付的任务当作自己的事务一样处理，在管理慈善信托时，应当小心、谨慎地履行义务，行使权利。并且，如果受托人是具备专业性的信托机构或人士，其义务还需高于一般程度，即尽到

---

[1] James J. Fishman, The Faithless Fiduciary and the Quest for Charitable Accountability 1200 - 2005, Durham: Carolina Academic Press, 2007. p. 137.

[2] ［英］D. J. 海顿：《信托法》（第 4 版 · 中英文版），周翼，王昊译，法律出版社 2004 年版，第 144 页。

[3] Peter Luxton, The Law of Charities, The Oxford University Press, 2001, p. 370. 转引自赵廉慧：《中国慈善信托法基本原理》，中国社会科学出版社 2020 年版，第 157 页。

符合其专业性的注意义务。这种义务主要体现在谨慎管理慈善信托财产，并提出报告、建议和谨慎保存账目和相关数据两个方面。[1] 如前所述，我国《信托法》第二十五条第二款规定："受托人管理信托财产，必须恪尽职守，履行诚实、信用、谨慎、有效管理的义务。"

第三，分别管理业务的义务，受托人有将信托财产与受托人自己的固有财产进行分别管理的义务，如果受托人同时接受两项以上委托的，还应该将不同信托的信托财产、同一信托的不同委托人委托形成的信托财产分别记账，准确记录信托财产的账目而进行分别管理的义务。我国《信托法》第二十九条规定："受托人必须将信托财产与其固有财产分别管理、分别记帐，并将不同委托人的信托财产分别管理、分别记帐。"我国《信托法》第二十七条还规定："受托人不得将信托财产转为其固有财产。受托人将信托财产转为其固有财产的，必须恢复该信托财产的原状；造成信托财产损失的，应当承担赔偿责任。"

第四，自己管理义务，即受托人原则上应该亲自处理信托事务的义务。我国《信托法》第三十条规定："受托人应当自己处理信托事务，但信托文件另有规定或者有不得已事由的，可以委托他人代为处理。受托人依法将信托事务委托他人代理的，应当对他人处理信托事务的行为承担责任。"

第五，保护义务，即受托人在信托关系存续期间，应该妥善保护信托财产的义务。我国《信托法》第二十二条第一款规定："受托人违反信托目的处分信托财产或者因违背管理职责、处理信托事务不当致使信托财产受到损失的，委托人有权申请人民法院撤销该处分行为，并有权要求受托人恢复信托财产的原状或者予以赔偿；该信托财产的受让人明知是违反信托目的而接受该财产的，应当予以返还或者予以赔偿。"我国《信托法》第二十六条规定："受托人除依照本法规定取得报酬外，不得利用信托财产为自己谋取利益。受托人违反前款规定，利用信托财产为自己谋取利益的，所得利益归入信托财产。"这些都是对受托人保护义务的规定。

第六，记录和说明义务，即受托人向受益人及一些情况下并向委托人说明信托财产的管理运用和处分情况的义务。我国《信托法》第二十条规定："委

---

[1] Philip H. Pettit, Equity and the Law of Trust, 5th ed., London: Butterworths, 1984. p. 244.

托人有权了解其信托财产的管理运用、处分及收支情况，并有权要求受托人作出说明。委托人有权查阅、抄录或者复制与其信托财产有关的信托帐目以及处理信托事务的其他文件。”我国《信托法》第三十三条则规定：“受托人必须保存处理信托事务的完整记录。受托人应当每年定期将信托财产的管理运用、处分及收支情况，报告委托人和受益人。受托人对委托人、受益人以及处理信托事务的情况和资料负有依法保密的义务。”

第七，公平对待不同受益人的义务。该义务有两种含义：一是在信托有不同类型的受益人时（例如，同时有本金受益人与收益受益人时），受托人管理信托财产特别是进行投资时，必须在他们的利益之间保持公正的平衡，不得偏向一方；二是同一类型的受益人（例如，收益受益人时）有数位时，受托人必须充分考虑每一位受益人的情况，做出公正的决定，不能偏袒或者忽视任何一位受益人。❶ 我国《信托法》第五条规定：“信托当事人进行信托活动，必须遵守法律、行政法规，遵循自愿、公平和诚实信用原则，不得损害国家利益和社会公共利益。”

除上述义务外，受托人还需承担支付信托利益的义务、清算义务等，此处不再赘述。

综上所述，信托财产是慈善信托的基础和核心，慈善信托的管理也是围绕着信托财产而展开的。在实践中，主要针对慈善信托财产的来源（对委托人的管理）、财产运作中的独立性和保障收益的合理使用（对受托人的管理）等方面进行重点管理。在慈善信托管理的过程中，核心是对受托人的管理及对其信赖义务的规制。

第三节 我国慈善信托管理的立法现状及问题

一、我国慈善信托管理制度的立法现状

慈善信托最早起源于中世纪的英国，慈善信托制度也是英国法的独创之制。

❶ 何宝玉：《信托法原理研究》，中国法制出版社 2015 年 12 月第 2 版，第 323－324 页。

我国的慈善信托制度大多来自对于英美法系丰富法律实践的移植和借鉴，并结合我国具体国情进行了适度改革与完善。目前，我国慈善信托管理立法体系主要囊括了《信托法》及《慈善法》两部基础法律及《慈善信托管理办法》等部门规章［2020年1月9日，民政部发布《慈善信托信息公开管理办法（征求意见稿）》，如前所述，截止到2021年10月29日，《慈善信托信息公开管理办法》尚未正式公布］，加上已经陆续出台的一些地方性政府规章（如前面提到的北京市、天津市、江苏省等省市的慈善信托管理办法），应该说，我国慈善信托管理的立法体系也已初步形成。

1.《信托法》与信托管理体系

我国《信托法》于2001年通过，作为信托法律关系的基础性法律，其主要规定了信托的设立、信托财产、信托当事人的权利和义务、信托的变更和终止以及公益信托等内容。慈善信托作为信托的下位概念，当然也属于《信托法》的规制范围。《信托法》与慈善信托管理的联系主要包括两方面：其一，《信托法》中对于信托主体的权利义务及信托设立、变更、终止过程中的程序规范进行了规定，为慈善信托的管理提供了法律基础；其二，《信托法》以专章规定了公益信托，尽管规定较为笼统，但为慈善信托在后续立法中的确立提供了基础和先鉴。

除《信托法》外，2006年修正的《中华人民共和国银行业监督管理法》也与慈善信托有着密切的联系。该法以管理银行业金融机构（包括银行、信托公司等）为目的，对于慈善信托的管理同样具有重要意义。除上述两部法律外，原银监会还制定了一些相关信托管理法规，例如，《信托公司集合资金信托计划管理办法》《信托公司管理办法》《信托登记管理办法》等，对信托管理制度进行了一定的完善。信托管理体系的形成为慈善信托管理的专门立法奠定了基础，是慈善信托管理的重要组成部分。

2.《慈善法》及《慈善信托管理办法》

前文已述及，2016年3月16日，《中华人民共和国慈善法》正式通过，这标志着我国第一部慈善事业基本法的确立。《慈善法》在慈善事业运行机制方面有诸多创新，其中更是专章规定了慈善信托制度，这对于慈善信托发展的意义不言而喻。2017年7月26日，原银监会、民政部联合颁布的《慈善信托管理办法》随后出台，进一步明确、细化了慈善信托业务流程，提高了其可操作性。《慈善信托管理办法》的颁布标志着我国慈善信托规制体系的基本建立。上述法律规章对于慈善信托管理也进行了较为明确的规定，主要包括以下几个方面：

（1）慈善信托管理部门的规定

在慈善信托管理中，首先要明确的是“谁”有权来管，即慈善信托管理由何部门负责的问题。《慈善法》出台前，我国始终没有以法律形式明确慈善信托的主管部门。《信托法》第六十二条第一款规定，公益信托的设立和确定其受托人，应当经有关公益事业的管理机构批准。但“有关公益事业的管理机构”这一用词较为模糊，依据慈善信托的目的，有可能涉及教育、环保、卫生、体育等多部门，这就带来了实际上审批的难题，给公益信托的设立造成阻碍。[1]《慈善法》出台后，明确了慈善信托管理由民政部门和银监部门（现在的银保监部门）负责，县级以上民政部门为慈善信托的备案机关，是对慈善信托管理的一大贡献。

为了进一步细化慈善信托的管理职责划分问题，在2017年出台的《慈善信托管理办法》中进一步明确了慈善信托管理部门的相关问题。《慈善信托管理办法》第六条明确规定：“国务院银行业监督管理机构及其派出机构、国务院民政部门及县级以上地方各级人民政府民政部门根据各自法定职责对慈善信托实施监督管理。”同时，《慈善信托管理办法》第四十七条规定：“银行业监督管理机构负责信托公司慈善信托业务和商业银行慈善信托账户资金保管业务的监督管理工作。县级以上人民政府民政部门负责慈善信托备案和相关监督管理工作。”据此，我国基本建立起了银（保）监部门与民政部门对慈善信托的“双主体”管理架构，实现了银（保）监部门与民政部门各司其职，形成合力、共同发挥监督作用的管理模式。

（2）慈善信托设立的管理规定

在慈善信托设立要件方面，《慈善法》综合了国外的法律实践经验，相对于《信托法》做出了一定改善：根据《慈善法》第四十五条的规定，设立慈善信托，受托人应当在慈善信托文件签订之日起七日内，将相关文件向受托人所在地县级以上人民政府民政部门备案。与此前相比，慈善信托设立的准入门槛

---

[1] 刘光祥：《慈善信托或将迎来华丽转身》，载《金融博览》2016年第4期，第63页。

有所放宽，体现了国家对设立慈善信托的鼓励与支持。

尽管设立慈善信托无须再经过审批程序，但《慈善法》和《慈善信托管理办法》对慈善信托设立的主管部门和受托人做出了进一步的明确规定。首先，民政部门在信托管理中，应当承担登记管理和信息披露的管理职责。其次，只有依法注册成立的信托公司和慈善组织可以承担信托项目受托人的职能，且受托人应当至少每年就信托财产以及信托项目的使用、实施情况向其设立时备案登记的民政部门进行报告。除此之外，《慈善法》也改变了慈善信托监察人的规定。设立慈善信托时，委托人可以根据自己的意愿选择是否设立信托监察人，改变了过去信托设立必须设立第三方管理者（监察人）的强制性要求，赋予委托人更大空间的自主权。最后，《慈善法》还明确了慈善信托监察人的监督权：慈善信托监察人对委托人和受益人负责，在发现有害于信托资产安全和其他主体的利益的行为时，信托监察人有权以自己的名义提起诉讼或者实施其他法律行为。

（3）慈善信托运行过程中的管理规定

运行阶段作为慈善信托存续过程中时间最长的阶段，对其的管理也尤为重要。慈善信托运行中管理的核心是保证信托财产的独立性，即对慈善信托受托人的监督。《慈善法》对此进行了明确的规定，除上文中所提及的向民政部门就信托运行情况进行年度报告外，《慈善信托管理办法》还补充了一些规定：资金信托委托人应委托商业银行担任保管人，非资金信托可委托第三方进行保管；受托人不得利用关联关系损害慈善信托利益和社会公共利益，应当将有关交易情况向社会公开；当受托人违反信托义务时，委托人可以变更受托人；受托人应根据信托文件和委托人要求向委托人报告慈善信托事务处理情况和信托财产管理使用情况。此外，慈善信托监察人亦有权对违反信托义务或难以履行职责的受托人向委托人进行报告，并以自己的名义提起诉讼。

除此之外，就违反慈善信托义务的受托人应承担的法律责任，《慈善信托管理办法》第五十九条、第六十条和六十一条也进行了详细的规定：如慈善信托的受托人将信托财产及其收益用于非慈善目的或未按照规定将信托事务处理情况及财务状况向民政部门报告或者向社会公开的，由民政部门予以警告，责令限期改正；有违法所得的，由民政部门予以没收；对直接负责的主管人员和其他直接责任人员处二万元以上二十万元以下罚款。信托公司在违反信托义务的同时还违反银（保）监会关于信托业的相关规定的，银（保）监会还有权对违反规定的信托公司做出处罚；更有甚者，将按照《中华人民共和国治安管理处罚法》的相关规定对受托人加以处罚，甚至依法要求其承担刑事责任，体现了我国法律对慈善信托受托人恪守义务的严格要求。

（4）慈善信托终止的管理规定

在与慈善信托终止有关的事项上，《慈善法》并没有如预期那样做出重大改变，而是选择继续沿用《信托法》关于公益信托的相关规定。2017 年出台的《慈善信托管理办法》对慈善信托终止的规定，在《信托法》的基础上进行了一定完善，包括：受托人应当于终止事由发生之日起十五日内将终止事由、日期、剩余信托财产处分方案和有关情况向备案的民政部门进行报告；受托人应做出清算报告，报备案的民政部门并予以公告（如果有信托监察人的，则应先经信托监察人认可）；信托财产无特定归属人的，受托人应在取得备案的民政部门批准后将该财产用于与原慈善目的相近似的目的，或者转移给具有近似目的的其他慈善信托或者慈善组织（此即所谓的"近似原则"）。《慈善信托管理办法》对比于《信托法》，细化了慈善信托终止时受托人报告的内容，将《信托法》的"公益事业管理机构"明确为备案的民政部门，进一步明确了慈善信托终止的事由，但与《信托法》相比进步还不是很大。

二、我国慈善信托管理立法存在的问题

我国慈善信托管理的立法体系从 2016 年的《慈善法》发端，再到 2017 年的《慈善信托管理办法》出台，基本形成了慈善信托的管理体系。但由于发展历程短暂，还存在着诸多不完善之处。

1. 现行慈善信托管理部门之间管理权配置不明确

根据前文评介可知，通过《慈善法》与《慈善信托管理办法》的相关规定，我国慈善信托管理部门目前已经基本确定为民政部门与银保监部门（如果未来对慈善信托给予税收优惠的话，则税务部门也将会成为慈善信托的管理部门）。尽管如此，现行法律中对于二者间的管理协同配合机制却仅仅做出了较为宽泛的表述，在制度安排上也存在着诸多亟待完善之处。

一方面，根据目前法律规定，慈善信托实行备案登记制度，打破了以前登记管理部门和业务主管机关双重管理的模式，并同时由原来对慈善信托事前的准入管理向事中、事后的全程管理进行过渡。在这一管理模式的变化中，民政

部门作为慈善信托备案登记管理部门，其管理范围可以说是涵盖了慈善信托设立、运行、终止的全过程，其在管理过程中的主导地位不言而喻。然而，民政部门目前的专业能力、执法力量、人力的配置还未能及时与其职权的扩大同步匹配，其管理能力与全程管理的要求存在明显差距。例如，民政部门在判断慈善信托受托人对信托财产的使用是否合法时，会涉及信托、慈善相关法律规定，而民政部门作为慈善事业主管部门，在信托法律规定方面的了解显然欠缺一定专业性，因而可能难以做出准确鉴别。

另一方面，法律未能明确银保监会在管理中的地位，在很多问题上仅仅设立了双方联合管理的模式，而对于银保监会与民政部门权力的主次划分，银保监会究竟是辅助民政部门进行管理还是与民政部门并列共同对慈善信托进行管理等均只字未提，这显然容易给日后的管理留下推诿扯皮的可能性，也限制了银保监会在慈善信托管理中专业优势的发挥。民政部于2020年1月发布的《慈善信托信息公开管理办法（征求意见稿）》第三条规定："国务院民政部门及县级以上地方各级人民政府民政部门（以下统称民政部门）、国务院银行保险监督管理机构及其派出机构（以下统称银行保险监督管理机构）应当根据法定管理职责，依法公开慈善信托相关信息。"同时，《慈善信托信息公开管理办法（征求意见稿）》第七条规定："民政部门根据法定职责，对其备案的慈善信托的受托人的信息公开行为进行监管管理。银行保险监督管理机构根据法定职责，对其监管的作为慈善信托的受托人的信托公司的信息公开行为进行监督管理。"根据这两条规定，国务院银行保险监督管理机构及其派出机构也应当根据法定管理职责依法公开慈善信托相关信息，那么在民政部门与银保监部门进行信息沟通及共享过程中，以及银保监部门在依法公开慈善信托相关信息过程中，民政部门上下级之间、银保监部门上下级之间以及各级民政部门与银保监部门之间如何能够做到有效协同，则是需要进一步明确的问题，否则的话，可能会出现阻碍慈善信托发展的制度障碍。

综上所述，由于民政部和银保监会在慈善信托管理中的协同机制的不完善，导致在实践中二者无法有效利用各自的专业优势，从而难以对慈善信托进行专业、高效的管理。

2. 慈善信托设立过程中的管理规定过于宽松

首先，我国效仿英美法系，对慈善信托的设立采取登记备案制；与此同时，在受托人的条件规定方面，仅明确了信托公司与慈善组织具有作为受托人的资格，但对于成为受托人的消极条件却鲜有规定，即什么样的主体不能担任慈善信托受托人。此方面规定的缺位将招致曾有过失信记录或违反信托义务的主体仍有再次担任受托人的可能，为慈善信托财产的安全运行埋下了隐患。

其次，在慈善信托监察人的设立问题上，《慈善法》一改以前成立公益信托必须同时指定第三方监督主体的强制性规定，采取折中态度，将是否设立监察人的决定权完全交代给委托人，使慈善信托第三方监督主体的作用大大受限。❶

再次，慈善信托设立中的信息公开问题需要进一步细化。《慈善信托管理办法》第十四条规定："慈善信托文件应当载明下列事项：慈善信托名称；慈善信托目的；委托人、受托人的姓名或者名称、住所，如设置监察人，监察人的姓名或者名称、住所；受益人范围及选定的程序和方法；信托财产的范围、种类、状况和管理方法；年度慈善支出的比例或数额；信息披露的内容和方式；受益人取得信托利益的形式和方法；信托报酬收取标准和方法。除前款所列事项外，可以载明信托期限、新受托人的选任方式、信托终止事由、争议解决方式等事项。"虽然根据此条规定，慈善信托应当载明的事项已经比较详细，但是根据《慈善信托管理办法》第十五条第一款的规定，受托人应当在慈善信托文件签订之日起7日内，将相关文件向受托人所在地县级以上人民政府民政部门备案。也就是说，这些比较详细的事项，只是向民政部门备案，而不是在全国慈善统一信息平台向社会公开的内容。至于在全国慈善信息平台统一向社会公开的内容，根据《慈善信托信息公开管理办法（征求意见稿）》第十条的规定，民政部门应当自慈善信托备案之日起7日内，在统一信息平台公开慈善信托备案事项，包括备案编号、备案日期、备案机关、慈善信托名称这几项内容。《慈善信托信息公开管理办法（征求意见稿）》第十一条规定："慈善信托的受托人应当自收到备案回执之日起7日内，在统一信息平台公开慈善信托设立情况说明，包括：（一）慈善信托目的；（二）慈善信托期限；（三）同意公开的委托人的姓名或者名称，受托人的姓名或者名称，如设置监察人，监察人的姓

❶ 王作全：《解读〈慈善法〉：过程、内容、亮点与问题》，载《中国农业大学学报（社会科学版）》2016年第6期，第123页。

名或者名称；（四）信托财产种类及信托文件约定数额、初始数额；（五）年度慈善支出的比例或数额；（六）受益人范围及选定的程序和方法；（七）其他依法需要公开的信息或说明的事项。”从《慈善信托信息公开管理办法（征求意见稿）》第十一条的规定来看，受托人应当在统一信息平台公开慈善信托设立情况的说明，比现在要求公开的内容多了年度慈善支出的比例或数额和受益人选定的程序和方法，应该说是有进步的，尤其是作为兜底条款的“其他依法需要公开的信息或说明的事项”，为未来更多的信息公开留下了余地，是值得称赞的做法。当然，如果在《慈善信托信息公开管理办法》正式公布稿中再列举出一些需要公开的信息或者说明的事项就更好了，因为这样便于社会公众了解和监督慈善信托的设立情况。

最后，对于实践中日益增加的以非资金成立慈善信托的需求，我国目前既缺乏实践中的管理经验，又缺少制度上的相关规定，《慈善信托管理办法》仅规定对于不动产等非货币形式的信托，受托人可以选择交由其他专业机构代为管理。对于非货币形式信托财产的范围界定、可以受托对上述非资金进行保管的第三方的资格及要求，法律没有做出更细致的规定，这导致在实践中没有依据和标准可遵循，难免会出现空白地带造成管理和监督上的漏洞。2017 年民政部和原银监会联合发布的《慈善信托管理办法》第十二条规定：“设立慈善信托，必须有确定的信托财产，并且该信托财产必须是委托人合法所有的财产。前款所称财产包括合法的财产权利。”《慈善信托信息公开管理办法（征求意见稿）》第十一条则规定：“慈善信托的受托人应当自收到备案回执之日起 7 日内，在统一信息平台公开慈善信托设立情况说明，包括：……（四）信托财产种类及信托文件约定数额、初始数额；……”可见，从现在的规定及未来的趋势来看，作为慈善信托的财产，可以是除资金以外的财产，这样的规定是很好的，虽然从实际情况来看，我国并未允许非资金类财产作为信托财产进行登记；当然，从我国关于信托财产的整体性规定来看，要想放开非资金类财产作为信托财产，还需要从信托法及信托财产登记管理的全局来进行统筹规划。

3. 慈善信托运行中的管理规定不尽完善

一方面，我国法律在慈善信托受托人违反信托义务后的责任承担问题方面的规定比较笼统。当受托人造成信托财产损失时，如何认定、划分其应负责任，其主观方面的故意或过失与责任大小、损害赔偿的范围有无关联，法律均未提及。对受托人责任范围的宽泛规定容易导致法律的实际操作性弱，为受托人侵害委托人、受益人及公共利益提供可乘之机。

另一方面，在慈善信托的信息公开问题上，我国尽管已经建立了相关制度，并将信息公开进行数据化，但却并未制定详尽的财务公开要求，这将对慈善信托的公信力造成不利影响。正如原中国银监会非银司司长、中国信托业资深专家高传捷强调的："透明度，是受托人忠实、谨慎义务的体现，是慈善信托的命脉。"[1] 因此，慈善信托运行过程中的信息披露规定需进一步明确。《慈善信托信息公开管理办法（征求意见稿）》在《慈善信托管理办法》的原则性规定的基础上，对慈善信托运行过程中的信息公开问题进行了较为具体的规定。其一，如果慈善信托涉及重新备案的，则应该按照《慈善信托信息公开管理办法（征求意见稿）》第十四条和第十五条的规定对相关事项进行办理，根据《慈善信托信息公开管理办法（征求意见稿）》第十四条的规定，慈善信托重新备案的，民政部门应当自进行重新备案之日起7日内，在统一信息平台公开慈善信托重新备案事项，包括重新备案的慈善信托名称和重新备案日期两项内容。而根据《慈善信托信息公开管理办法（征求意见稿）》第十五条的规定，慈善信托重新备案的，变更后的慈善信托的受托人应当自收到备案回执之日起7日内，在统一信息平台公开重新备案事项，包括：变更受托人理由、变更后的受托人名称、原受托人出具的慈善信托财产管理处分情况报告和其他依法需要公开的信息或说明的事项。其二，《慈善信托信息公开管理办法（征求意见稿）》还进一步规定了慈善信托的年度报告问题。根据《慈善信托管理办法》第五十八条的规定，慈善信托的受托人应当于每年3月31日前向备案的民政部门报送慈善信托事务处理情况和慈善信托财产状况的年度报告。《慈善信托信息公开管理办法（征求意见稿）》第十六条规定："慈善信托的受托人应当自向民政部门报送慈善信托事务处理情况和慈善信托财产状况的年度报告之日起30日内，将年度报告在统一信息平台公开。年度报告的内容、基本格式等由国务院民政部门和国务院银行保险监督管理机构制定。慈善信托的委托人、受托人及其管理人员有关关联交易情况和其他关联交易情况应当在年度报告中向社会公开。"应

[1] 高传捷：《慈善信托发展面临三大挑战》，载中国青年网2018年7月25日，http://wenhua.youth.cn/gycszgx/zmgs/201807/t20180725_11679832_5.htm，最后访问时间2021年1月23日。

该说，《慈善信托信息公开管理办法（征求意见稿）》的上述规定细化了关于慈善信托年度报告的规定，但是遗憾的是，该条规定又把慈善信托年度报告的内容、基本格式等问题再次留白，转到下一步工作中去，不得不说还是有所欠缺的。

4. 慈善信托终止的相关规定存在空白

在慈善信托的终止机制设计中，《慈善法》存在着较大法律规定的空白，仅包含了终止后的程序性制度设计。而《慈善信托管理办法》第四十条尽管明确规定了慈善信托终止的条件，但实际上是对《信托法》相关内容的完全复制。[1] 然而，慈善信托有其特殊性，在终止事由方面采取完全与一般信托相同的规定未免过于笼统，有失偏颇，至少没有考虑到慈善信托适用近似原则的情况（关于近似原则的问题，见本书第三章"区域慈善信托税收优惠协同法律问题研究"）。部分学者甚至认为，某些事由不仅不应该作为慈善信托的终止要件，甚至连一般信托的终止都不应该采用。例如，周小明博士认为，把信托被撤销作为信托（不仅是慈善信托）终止的原因是不合适的。《信托法》第十二条[2]的主要功能是保护委托人的债权人，如果产生的是《信托法》第五十四条[3]的信托终止的后果，则无法达成保护债权人的目的。所以，应直接根据《信托法》第十二条的规定把欺诈信托做无效事由。[4] 综上所述，在慈善信托的终止方面，相关法律规定仍亟待完善。

除上述问题外，还有慈善信托税收优惠制度的缺位问题。鉴于本书其他章对此有专门评析，此处不予赘述。

---

[1] 《慈善信托管理办法》第四十条规定："有下列情形之一的，慈善信托终止：（一）信托文件规定的终止事由出现；（二）信托的存续违反信托目的；（三）信托目的已经实现或者不能实现；（四）信托当事人协商同意；（五）信托被撤销；（六）信托被解除。"此条规定与《中华人民共和国信托法》第五十三条规定的普通信托的终止情形完全一样，没有体现慈善信托终止的特殊性。

[2] 《中华人民共和国信托法》第十二条："委托人设立信托损害其债权人利益的，债权人有权申请人民法院撤销该信托。人民法院依照前款规定撤销信托的，不影响善意受益人已经取得的信托利益。本条第一款规定的申请权，自债权人知道或者应当知道撤销原因之日起一年内不行使的，归于消灭。"

[3] 《中华人民共和国信托法》第五十四条："信托终止的，信托财产归属于信托文件规定的人；信托文件未规定的，按下列顺序确定归属：（一）受益人或者其继承人；（二）委托人或者其继承人。"

[4] 周小明：《信托制度：法理与实务》，中国法制出版社 2012 年版，第 333 页。

第四节　区域一体化中慈善信托协同管理的实践及问题

一、区域一体化中慈善信托管理实践情况

1. 区域一体化的协同现状

随着经济增速与综合国力的不断提升，在中国成长为世界第二大经济体的同时，一批超级城市群也随之诞生，旨在将区域发展融入全球经济，参与到全球城市治理的竞争中，长三角地区诸省市、京津冀地区各省市正是我国最为重要的城市群。其中，作为中国的"首都经济圈"，京津冀城市群覆盖了北京市、天津市以及河北省境内的 11 个地级市。2018 年，京津冀地区生产总值合计 8.51 万亿元，约占全国 GDP 总量的 1/10，可见其对于我国经济的重要意义。❶ 2016 年 2 月，《"十三五"时期京津冀国民经济和社会发展规划》正式发布并实施，对京津冀地区未来五年的发展目标和重点任务进行规划布局。截止到本书完稿时，"'十四五'时期京津冀国民经济和社会发展规划"尚未正式发布，但是已经有学者对"十四五"时期京津冀产业协同发展问题提出了政策建议，其中专门提到了构建京津冀产业利益共享机制的建议，即探索适应京、津、冀三地产业园区不同需求的合作模式及利益共享机制，细化财税分配方案，通过按比例分成、按股份分成及在此基础上提取产业基金等方式，调动多方参与主体积极性；同时，要建立健全园区长效合作机制，坚持以需求和优势分类对接、引导产业转移，统筹兼顾分工与分享。加快推进跨区域资质互认，消除企业认证标准壁垒。❷

在长三角区域，长三角一体化发展战略实施以来，老百姓的生活发生诸多变化。在医保异地结算方面，互联网医院异地在线结算、跨省统一经办服务清单、全方位异地监管等均已开展长三角面上试点，从而形成"点上实践、面上

---

❶ 陈雪柠：《2018 年京津冀 GDP 总量破 8.5 万亿元 三地居民收入稳增长》，载新浪网 2019 年 4 月 4 日，https://finance.sina.com.cn/china/dfjj/2019-04-04/doc-ihvhiewr3019249.shtml，最后访问时间 2021 年 1 月 25 日。

❷ 崔志新：《"十四五"时期京津冀产业协同发展研究》，载《城市》2021 年第 3 期，第 12 页。

推广”的良性循环，方便了更多群众。由于项目横跨青浦、吴江两地，在事项审批部门、流程、材料申报等方面都存在一定差异。为了简化审批流程、提高效率，两地相关部门积极协商，最后达成“一枚公章管审批”，以“多方委托、一方受理”模式，完成了项目审批。❶

截至目前，长三角、京津冀等区域在区域管理协同方面已有许多进展，主要可概括为以下几方面。

（1）加强政府间组织协调合作

在京津冀区域，继京津冀协同发展战略提出以来，从国家部委层级到三地政府之间都在积极探索、建立政府间的区域管理协调合作模式。2014 年 8 月，国务院成立了京津冀协同发展领导小组。在该领导小组的统筹安排之下，国家发展改革委、工信部、财政部、科技部、商务部、农业部（现农业农村部）等部委相互沟通、共同制定了《京津冀协同发展产业升级转移规划（2015—2020年）》《京津冀产业转移指南》等相关政策和规划，❷ 为京津冀组织协调提供了宏观的政策指引；与此同时，京津冀区域各地方政府间也积极开展交流与协作，就区域协调发展进程进行了多次专题讨论、座谈和访问，确定合作框架与合作目标。2014 年 3 月，北京市成立区域协同发展领导小组，同时设立产业协同发展工作小组和综合政策研究工作小组，由市委研究室、市发展改革委、市经信委、市农委、市商务委等部门组成。❸ 同年 5 月和 9 月，河北省与天津市也相继建立了区域协同发展领导小组，落实区域协同工作，标志着京津冀协同发展从顶层设计阶段向推进落实阶段的转变，京津冀地区各地政府之间的协调合作正逐步取得突破和进展。

在长三角区域，如前文所述，2019 年 12 月 1 日，中共中央、国务院印发了《长江三角洲区域一体化发展规划纲要》。根据该纲要，成立了推动建立长三角一体化发展领导小组，来统筹指导和综合协调长三角一体化发展战略实施，研

---

❶ 巨云鹏：《长三角地区互联互通　携手优化公共服务　一体化带来新变化》，载台海网 2021 年 8 月 30 日，http：//www.taihainet.com/news/txnews/cnnews/sh/2021-08-30/2547118.html，最后访问时间 2021 年 9 月 1 日。

❷ 王惜纯：《京津冀产业协同发展对接加速》，载中国网 2016 年 8 月 22 日，http：//finance.china.com.cn/consume/20160822/3870087.shtml，最后访问时间 2021 年 9 月 1 日。

❸ 周京奎，龚明远，张震：《京津冀产业协同机制发展创新研究》，载《长白学刊》2019 年第 2 期，第 96 页。

究审议重大规划、重大政策、重大项目和年度工作安排，协调解决重大问题，督促落实重大事项，全面做好长三角区域一体化发展各项工作。领导小组办公室设在国家发展改革委，承担领导小组日常工作。根据该纲要的要求，推动长三角一体化发展领导小组办公室要会同三省一市和有关部门，依据本规划纲要，抓紧组织编制基础设施互联互通、科创产业协同发展、城乡区域融合发展、生态环境共同保护、公共服务便利共享等专项规划，组织制定实施长三角生态绿色一体化发展示范区总体方案、中国（上海）自由贸易试验区新片区建设方案，研究出台创新、产业、人才、投资、金融等配套政策和综合改革措施，推动形成1+N的规划和政策体系。在2021年6月1日召开的推动长三角一体化发展领导小组全体会议上，中共中央政治局常委、国务院副总理、推动长三角一体化发展领导小组组长韩正强调，长三角地区是我国经济发展最活跃、开放程度最高、创新能力最强的区域之一，有条件在全面建设社会主义现代化国家新征程中走在全国前列。要全面贯彻落实习近平总书记重要讲话和指示批示精神，坚持目标导向和问题导向，紧扣“一体化”和“高质量”两个关键，扎实做好重点工作，推动长三角一体化发展不断取得新成效。要继续着力提升基础设施互联互通水平，统筹推进海铁联运、铁水联运发展，协同建设一体化综合交通体系。要推进三省一市更高水平协同开放，推动自由贸易试验区高质量发展，打造高水平开放平台。推动长三角一体化发展领导小组办公室要做好统筹和督促督办，长三角三省一市要切实履行主体责任，形成推动长三角一体化发展的强大合力。[1]

（2）促进区域协同发展，推进跨区域产业转移和一体化合作

在京津冀区域，疏解北京的非首都功能，缓解其“大城市病”现象，是京津冀一体化战略的重要目标之一。2015年2月10日，习近平总书记在中央财经领导小组第九次会议上提出，要疏解北京非首都功能，调整经济结构和空间结构，走出一条内涵集约发展的新路子，探索出一种人口经济密集地区优化开

[1] 新华社：《韩正主持推动长三角一体化发展领导小组全体会议并讲话》，载中国政府网2021年6月1日，http://www.gov.cn/guowuyuan/2021-06/01/content_5614825.htm，最后访问时间2021年9月1日。

发的模式。[1] 自京津冀协调发展战略发布与实施以来，三地积极开展跨区域产业转移工作，北京的“大城市病”现象得到了显著缓解，非首都功能的迁移也取得了一定成效：一方面，天津积极承接北京的非首都功能。据统计，在实施京津冀协同发展战略的五年内，天津从北京引进了4000多个项目，到位资金超过7000亿元。2016年上半年至2018年，北京到天津经营（或在天津投资）企业共有8116家，表现出区域集聚和产业高端的特征[2]。另一方面，河北省也制定了吸引京津产业入驻的相关政策。根据相关资料显示，截至2016年12月底，唐山市曹妃甸累计开工京津项目65个，总投资1766.1亿元。其中，北京项目54个，总投资1730.84亿元。一批投资在5亿元以上的高科技产业项目也正在建设中[3]。

在长三角区域，有学者对长三角一体化进程中的产业合作问题提出了具体建议：一是创新以产业投资基金为导向的区域一体化合作路径。利用资本市场纽带，扩大资产证券化资金池的体量和规模，创新一体化共同基金的品种和方式，通过金融合作带动产业一体化合作。二是创新人才、就业和产业的动态匹配和双向迁移路径。基于要素和产业在空间上的流动性差异，实现人才、就业和产业跨区域的双向迁移，强化区域创新一体化系统的能力建设。根据各类要素和产业空间分布的特点，结合制度创新和不同技术偏向度的行业差异，创新政产学研金合作、城市等级匹配、产业链提升、产业空间集聚等区域一体化合作模式。三是结合全国主体功能区规划的特点和要求优化产业空间配置。首先，实现重化工业和轻工业在长三角三省一市的区域整体协调，要打破重化工业在省内沿海、沿江布局的区域壁垒，实现跨长三角三省一市整体区域的产业协作。其次，在各类货物进出口贸易中，要实现多圈层、多廊带的通道合作，长三角三省一市不能单打独斗、各自为政，要在长三角一体化整体范围内统筹配置资源。再次，在跨区域产能合作中，要大力推广上海张江、漕河泾以及苏州工业园区在园区合作和园区共建方面的先进经验，扩大园区飞地和“飞地经济”的

---

[1] 邓琦：《习近平：疏解北京非首都功能》，载《新京报》2015年2月11日，第5版。

[2] 陈璠：《京津冀协同发展开创新局面》，载中国政府网2019年10月1日，http://www.gov.cn/xinwen/2019-10/01/content_5435584.htm，最后访问时间2021年9月1日。

[3] 李如意，张笑非，王育民：《曹妃甸成非首都功能疏解最大承载地》，载搜狐网2017年5月31日，http://www.sohu.com/a/144712264_203914，最后访问时间2021年9月1日。

合作规模和范围，同时将长三角的优势产业与产能合作对象区域的当地特色产业结合起来，实现各类资源的优势互补。最后，还要做到科学技术化、技术工程化、工程产业化、产业价值化、价值规模化、规模资本化的齐头并进，形成成果转化和产业发展的循环互动。[1] 笔者对上述建议深表赞同。

（3）提高区域经济开放程度

在京津冀区域，自京津冀协同发展战略制定以来，三地正逐渐脱离“一亩三分地”的落后思想理论，“抱团”融入区域协调发展的框架之中，区域开放程度逐步提高。从宏观层面来看，京津冀对外开放秉持的原则从原先“大进大出”“引进来”逐步向“走出去”“全方位高水平开放”转变。相关数据显示，2012 年至 2017 年，京津冀三地的区域开放发展指数持续稳步上升，且增幅较大：2016 年达 172.24，比 2012 年年均提高 19.41 个点，2017 年则达到 138.54。从具体落实情况来看，京津冀三地利用外资情况渐佳，区域资本“走出去”的规模迅速扩大，区域实际使用外资占地区生产总值的比重明显提高；除此之外，在京津冀区域海外投资方面，大批企业积极参与“一带一路”倡议，扩大其海外投资占总投资金额的比重。[2]

在长三角区域，安徽自贸试验区自获批建设以来，积极对接上海、江苏、浙江自贸试验区，推动长三角地区自贸试验区协同发展，共同打造对外开放高地。自获批建设以来，安徽自贸试验区积极谋划长三角自贸试验区协同发展路径，举办自贸试验区建设工作专题培训班，邀请长三角自贸试验区有关专家来皖交流经验，促进长三角自贸试验区相互交流合作。投资 8 亿元打造在沪离岸产业孵化平台，探索在上海购置土地自主建设“科创飞地”；合肥片区高新区块与杭州高新区签署战略合作框架协议；芜湖片区与宁波国际合作，共同打造数字港项目和跨境电商公共服务平台。此外，安徽自贸试验区健全和沪苏浙的联动发展机制，签订皖沪、皖浙商务战略合作框架协议，推动皖苏商务战略合作框架协议尽早签订，加快长三角“单一窗口”一体化合作建设，参与成立长

[1] 吴福象：《长三角一体化进程中的产业合作》，载中国社会科学网 2019 年 5 月 9 日，http://www.cssn.cn/dq/zj/201905/t20190510_4880788.shtml，最后访问时间 2021 年 9 月 1 日。

[2] 国家统计局京津冀协同发展统计监测协调领导小组办公室：《京津冀区域发展指数稳步提升》，载国家统计局网 2018 年 8 月 2 日，http://www.stats.gov.cn/tjsj/zxfb/201808/t20180802_1613665.html，最后访问时间 2021 年 9 月 2 日。

三角自贸试验区智库合作联盟，推动资源、信息和成果互通共享。选派工作人员赴上海临港片区、南京片区等地跟班学习，建立工作交流机制。[1]

2. 慈善信托管理在区域一体化中的内涵

区域一体化过程中的慈善信托管理是颇具区域性色彩的。在区域一体化未来的发展过程中，慈善信托管理的内涵主要可以归纳为以下新形势和新挑战。

（1）新形势

首先，政府管理对于慈善信托发展的重要性在区域一体化过程中进一步深化。区域一体化与慈善信托不断发展的双重推动力，促使着区域内各地政府对公益慈善事业越加重视，而慈善信托作为公益慈善事业的重要组成部分，政府对其管理的重视程度在区域内各地公益慈善事业协同的过程中更是不言而喻。在京津冀区域，以北京为例，在《慈善法》颁布后，北京从顶层制度设计与实践层面双管齐下，对慈善信托的管理模式进行了全方位的创新与完善：制度层面，北京出台了《北京市慈善信托管理办法》，作为全国第一个地方性慈善信托规范性文件，它为慈善信托的落实提供了更为实际、具体的制度保障；实践层面，政府积极指引慈善信托项目的合法和规范运行，建立了专家研判机制、年报机制、绩效评估机制、信息公开机制，[2] 使慈善信托管理体系不断发展和完善。在长三角区域，如前文所述，江苏省于2017年12月率先颁布了《江苏省慈善信托备案管理实施办法》，使该省成为全国第一个专门为慈善信托制定规范性管理办法的省份，为探索推进更透明、更具公信力的慈善事业固化了运作机制、提供了法律支撑。

其次，增强横向政府部门之间的联系。在区域一体化发展的大背景下，区域经济发展构架的规划与落实不再仅以行政区划为单位，而是成为整个区域内城市群视域下的发展任务。在京津冀区域，自京津冀一体化协同发展战略实施以来，三地一直在探索相关领域合作的可能性，并获得了许多成功经验，例如，三地民政部门连续举办了多届京津冀慈善事业协同发展论坛、京津冀慈善展示

---

[1] 张强：《安徽自贸区推动长三角自贸区协同发展效果显著》，载搜狐网2021年1月26日，https://www.sohu.com/a/446766521_162758，最后访问时间2021年9月2日。

[2] 安娜：《以法兴善 首都慈善事业实现新的飞跃——北京市贯彻落实慈善法一周年回眸》，载民政部网2017年9月7日，http://mzzt.mca.gov.cn/article/csfyzn/dxjy/201709/20170900892785.shtml，最后访问时间2021年9月1日。

会等，拓展了政府跨区域协作的新模式；2018 年 11 月，由三地民政局、银保监局及慈善组织和信托公司联合参加的京津冀慈善信托发展研讨会在津召开，会议就规范京津冀慈善信托管理运营程序，防范慈善信托风险进行了讨论与交流，[1] 促进了京津冀慈善信托协同管理交流对话机制的进一步发展。在长三角区域，前文已述及，“2020 长三角民政论坛”于 2020 年 10 月召开。会上，上海、江苏、浙江、安徽一市三省民政部门共同签署合作交流框架协议，将共组基层治理智库联盟、共建基层治理联动机制、共创基层治理示范区、共享基层治理创新成果、共研基层治理智治体系，打造民生共享、治理联动、幸福和谐的长三角地区。可见，在京津冀、长三角等区域，包括慈善事业在内的民政事业的协同发展、一体化发展已经被列入区域协同发展、一体化发展的框架，并且逐步往协同管理的方向在发展。

（2）新挑战

目前，我国慈善信托的管理体制中，主要以银保监部门和民政部门的双管理主体结构为规制框架。随着区域经济的发展推动，在慈善信托中就要求区域内各地政府银保监部门与民政部门协作配合，跨区域管理服务日趋重要，慈善信托管理业务改革将面临更多新的挑战：

一方面，区域内慈善信托协同管理要正确处理加强管理与促进发展的关系。从区域一体化战略目标来看，其旨在实现区域整体价值的最大化，减少行政区划对各地资源和生产要素分配与流动的阻碍，而在这一进程中，不可避免地存在着整体利益与地方利益的博弈现象，此时就需要区域内各地相关部门加强管理，维护市场秩序。然而，过度的管理又将阻碍慈善信托相关资源的流动，影响区域内各地慈善信托领域合作的进程。因此，在区域经济一体化背景下，慈善信托管理部门亟待以区域整体利益为出发点，在建立和发展协同管理制度的同时，平衡加强管理与促进发展的关系。

另一方面，区域内各地慈善信托需要建立起统一的“大”管理体系。在区域经济一体化的视野下，区域内各地资源存在高度的整合，生产元素流动频率不断增强，产品、工业、旅游市场的范围也在不断扩大，在这样的社会背景下，

---

[1] 天津信托有限责任公司：《天津信托成功协办京津冀慈善信托发展研讨会》，载天津信托有限责任公司网 2018 年 11 月 9 日，https：//www. tjtrust. com/news/news1/5751. html，最后访问时间 2021 年 10 月 25 日。

慈善信托管理部门需要尽快建立起配套的管理制度，加强立法、执法等方面的统一性。

二、区域一体化中的慈善信托协同管理面临的问题

慈善信托作为区域慈善事业协同发展、一体化发展的重要一环，其重要性不言而喻。然而，慈善信托和区域一体化作为两大新兴的法律与社会问题，其发展时期都比较短，因此本身就存在着诸多亟待完善之处，而二者的结合更是会带来许多协同管理方面的难题。结合慈善信托与区域一体化各自发展过程中存在的不足与困境，笔者认为区域一体化慈善信托协同管理主要存在以下几方面的问题。

1. 区域内各地政府间资源、利益难以协调

一方面，区域内各地内部行政级别有差距，造成资源过度聚集于行政级别高的城市，难以向其他地区分散与协调。例如，在京津冀区域的三省市之中，北京市既是我国首都，又是政治中心、文化中心、科技创新中心和国际交往中心，其行政级别远超其他省市，物质、文化、人才等资源同津冀两地相比也具有明显优势，这就导致津冀两地在资源配置、政府协调方面处于弱势的被动地位[1]。根据相关报告显示，2018 年全年，全国登记认定的慈善组织共 1349 家，北京慈善组织就占据了 728 家，数量位居全国第二；同时，截至 2018 年年底，我国慈善信托备案总数为 154 单，北京市备案慈善信托数量最多，为 22 单[2]。这些数据都直接反映出北京慈善信托发展的资源优势。此外，天津市作为我国直辖市之一，行政级别与经济实力都优于河北，因此其受到北京“虹吸效应”的影响虽然也很大，但其发展仍强于河北。在北京、天津的行政级别影响下，河北甚至产生了“环京津贫困带”与“依附性”省际关系，即“北京要什么河北给什么，北京给什么河北要什么”[3]，可谓深受行政级别之困。在长三角，同

---

[1] 崔晶：《京津冀一体化发展中的地方政府整体性协作治理》，载《北京交通大学学报（社会科学版）》2019 年第 4 期，第 51 页。

[2] 中国公益研究院：《中国〈慈善法〉2018 年实施报告》，载中国公益研究院网，http://www.bnu1.org/show_1409.html，2019 年、2020 年、2021 年的情况没有大的变化。具体情况可见慈善中国官网。

[3] 孙中伟：《产业转移与污染灾难——基于“依附性”省际关系的分析》，载《北京行政学院学报》2015 年第 1 期，第 26－27 页。

样是因为区域内发展不平衡、不充分，中共中央和国务院才提出三省一市的一体化方案。❶ 所以，在长三角区域，同样存在区域内各地政府间资源、利益难以协调的问题。正如有学者指出的，在长三角一体化的进程中，地方政府需要发挥统筹规划、综合协调，互通有无、信息共享，招揽人才、互流共进，统一规范、制度保障等功能。然而，由于受传统管理理念的束缚、现行管理体制的制约、发展水平和条件的差距以及地方自身利益的桎梏，长三角区域地方政府的治理面临诸多挑战和困境。❷

另一方面，区域内行政区划的分割，导致本位主义与地方保护主义盛行。行政区域的分割本来是中央政府出于维护统治与便于行政管理的考虑而实施的，但“一亩三分地”思想与本位主义也不可避免地随着行政区划的分割而产生。基于行政管辖权和地盘考虑的本位主义是造成城市群政府间协调失败的主要原因，主要表现为政府部门及其工作人员对行政管辖权的高度敏感，出于功利化的考虑，只愿管理与其切身利益有关的事务，因此地方政府对于区域整体协调管理的积极性不大。本位主义与地方保护主义会给慈善信托项目的跨区域合作经营造成极大阻碍，导致慈善信托管理的分散与割裂以及慈善信托信息的不完整性。

2. 缺少统一的慈善信托协同管理法律和政策

顶层立法是实施区域一体化发展下项各项协同措施的基础，对慈善信托的协同管理也不例外。然而，从宏观与微观两个角度观之，目前各区域在慈善信托协同管理方面没有形成统一明确的法律或政策。

一方面，从地方政府协同治理的宏观角度来看，在京津冀区域，1986 年环渤海地区市长联席会是京津冀政府协同治理的开端。2015 年 4 月 30 日，中共中央政治局召开会议，审议通过《京津冀协同发展规划纲要》，意味着区域合作机制顶层设计的初步建立，但作为一部概括性的纲领性文件，其仍未能明确构建京津冀政府部门之间的协调管理体制。尽管京津冀地区各地政府之间已经

---

❶ 卜羽勤：《长三角发展不平衡不充分，中央定调：给出沪苏浙皖一体化发展方案》，载小柯网 2019 年 12 月 14 日，http：//www.xiaoke101.com/newssubject－108532.html，最后访问时间 2020 年 12 月 23 日。

❷ 周仁标：《长三角一体化背景下的地方政府治理》，载《安徽师范大学学报（人文社会科学版）》2021 年第 1 期，第 56 页。

通过会议、走访等形式进行了多次协商合作，但截至目前，京津冀地方政府之间还未能建立一套正式的高层协调机制，如机制化的京津冀省市长联席会议制度等，缺乏制度化的协作框架，未能就整体性资源开发、重大基础设施建设等方面进行深入磋商并达成共识，这是京津冀慈善信托协同管理发展的阻碍之一。在长三角区域，虽然如前文所述，在协同立法及协同行政管理方面，如前面提到的跨地域医保结算等方面，已经有了一些探索，但是长三角一体化是一项综合性、复杂性的系统工程，需要区域内各相关地方政府在明确各自功能定位的基础上进行分工与合作，方能实现对整个区域的有效治理。然而，由于受到传统管理理念、现行的行政体制、经济和社会发展水平以及地方自身利益等因素的制约，长三角区域地方政府的治理面临诸多挑战，包括传统管理理念的束缚、现行管理体制的制约、发展水平和条件等的影响、地方自身利益的桎梏等。[1]

另一方面，从慈善信托管理的微观领域而言，现行《慈善法》及《慈善信托管理办法》等法律法规与规章均未就区域慈善信托管理部门之间的协同做出明确的安排，而各区域关于慈善信托的立法及管理尚未达到协同的程度。例如，在京津冀区域，京津两地虽然各自出台了相关的慈善信托管理办法，但河北省至今尚未出台相关规定，因此难以统筹区域整体的慈善信托管理工作。在长三角区域，目前只出台了《江苏省慈善信托备案管理实施办法》，其他省市尚没有具体的相关立法。慈善信托备案管理实际上主要是政府部门的工作，如果区域内各省市能够立法及管理协同，则效果会有大的提升。然而，根据区域内各地的现行政策法规，区域内各地慈善信托的管理形式是封闭式、分散式的自我管理，而非区域整体统一、完整的管理。在区域内各地政策法规中，慈善信托管理部门的管理权能存在差异和冲突，这将导致对跨区域慈善信托项目管理的困难，给各地民政部门与银保监部门间科学、有效的协作衔接带来制度性障碍。

3. 区域内各地慈善信托管理部门间信息的不对称

信息共享是区域协同管理过程中的重要组成部分，对信息的占有也决定着地方政府部门协作的理念与行动。同理，信息共享对于区域一体化中的慈善信托协同管理也具有重要意义。然而，目前区域内各地慈善信托管理部门间信息

---

[1] 周仁标：《长三角一体化背景下的地方政府治理》，载《安徽师范大学学报（人文社会科学版）》2021年第1期，第59页。

不对称的问题较为突出：一方面，区域内各地政府之间未能建立统一的跨区域信息共享平台，虽然现在各区域已经陆续朝这个方向努力。这方面，长三角“走”得比较平稳、快速。2019 年长三角四省市在市场监管领域的数据共享，即在跨区域身份认证、电商平台管理规范、市场监督数据共享等方面取得进一步进展。具体来说，四省市计划 2019 年通过区域通办网上统一办事入口，实现跨区域身份认证，构建方便快捷的网上办事通道，完善网上身份认证、电子签名、电子文书归档、发放手机版电子营业执照等功能，推行全程无纸化登记，构建从申请、审批到拿证的全程无纸化登记服务系统，力争做到办理执照“零见面”，并加强登记文件的互认。[1] 另一方面，各地慈善信托管理部门之间尚未完全形成信息共享机制，这为慈善信托的区域协同管理带来了很大的阻碍。在 2020 年 9 月举行的 2020 长三角民政论坛上，长三角四省市民政部门的领导都表示，要在慈善等民政领域，拓展“互联网 +”典型应用，开展电子证照互认共享，探索民政业务跨区域办理，让更多民政服务事项实现网上通办和掌上办；要积极推进长三角基层社会治理“数字一体化”，加快建设新型智慧城市，加快数字乡村发展，共建数字长三角；要推动多领域大数据应用协同，打造一批“未来社区”样板，融入长三角区域的城市大脑集群，实现协同城市服务、城市管理和社会治理，不断助力提高城市精细化管理水平，加快数字化和一体化的民生服务进程。[2]

可以看出，即使在“走”得比较快的长三角区域，民政部门在慈善等领域的信息共享也是需要一个过程的，在实践中也会有一些矛盾和阻力。究其原因，包括以下两点：

第一，各地方政府间存在着信息资源与部门利益的博弈。前文已述及，由于地方政府各部门存在着条块分割的情形，因此无法使信息资源很好共享；与此同时，这些信息资源的分布也并不均衡，拥有基础信息的部门和这些信息的需求部门会在信息共享中形成强弱势的不同地位。而信息共享作为对传统政府

---

[1] 杨舒鸿吉：《长三角市场监管推进跨区域一网通办：身份认证、市场信息共享》，载界面新闻网 2019 年 4 月 17 日，https：//www. jiemian. com/article/3050795_qq. html，最后访问时间 2021 年 9 月 2 日。

[2] 张斌，陈奕如：《2020 长三角民政论坛：一体化、数字化赋能基层治理》，载新浪网 2020 年 9 月 16 日，http：//news. sina. com. cn/o/2020 - 09 - 16/doc - iivhvpwy7092058. shtml，最后访问时间 2021 年 9 月 2 日。

信息资源管理的一种冲击和改革，会打破各部门现有对信息资源的垄断格局。因此，信息强势部门出于维护部门权威、保持其对某一领域信息资源的控制权而会有意地抵制信息共享工作的开展❶。因此，在慈善信托领域中，银保监会与民政部门也会产生对各自专业领域（信托与慈善）信息资源共享的抵触行为。

第二，地方政府信息的安全保密问题也制约着信息共享的推进。一方面，政府所掌握的信息资源具备保密性与敏感性，不能任意加以“共享”；即使达成了共享的合意，对当地政务信息资源的完整性与可用性也会造成未知的影响，并有可能在共享的过程中发生黑客、病毒入侵等窃取秘密信息的安全问题：据InfoWatch发布的2019年第二季度数据泄露报告称，仅在2019年第二季度，就有2.16亿用户数据被泄露，公共和市政机构的泄密率从15.5%上升到23.8%。❷ 综合以上考量，出于对信息安全的考虑，很多政府部门也往往会拒绝信息共享。对于区域内各地慈善信托管理的政府部门而言，其掌握的信息资源关乎地方慈善行业甚至地方经济的发展命脉，因此其间难以达成有效的信息共享机制。

第五节　促进区域一体化中慈善信托协同管理的建议

协同管理机制的缺失严重制约着区域慈善信托事业的发展。目前，跨区域经营的信托项目在我国的信托行业并不少见，多家信托公司的异地项目发行规模占其总发行规模比例已经超过20%至60%，同时，我国信托项目跨区域经营的表现形式也十分多样，主要有信托项目的跨区域、信托计划经营的跨区域以及信托融资的跨区域等❸。跨区域信托项目的出现不仅是信托公司出于对开拓

❶ 汪玉凯：《中国电子政务的功能定位与政府治理创新》，载《信息化建设》2003年第4期，第19－20页。

❷ 优炫软件：《2019年二季度数据泄露报告出炉，数量同比增长两倍》，载搜狐网2019年8月6日，https://www.sohu.com/a/331900516_621613，最后访问时间2021年9月2日。

❸ 杨媛媛，郑松华：《关于我国信托业跨区域经营问题的探讨》，载《西安文理学院学报（社会科学版）》2013年第2期，第69页。

市场、充分利用异地人才与资金方面资源的考虑，同时也是对区域一体化政策的顺应，能够有效推动该地区整体经济的协同发展。以中信信托为例，自京津冀协同发展战略实施以来，截至 2018 年，其“京津冀一体化”业务规模已超 1200 亿元❶。又如，作为总部位于长三角一体化区域内的苏州信托，于 2019 年在资产证券化业务、慈善信托及家族信托等方面均有创新与突破。苏州信托深耕长三角腹地多年，为区域内的实体企业发展、城乡基础设施建设提供了大量金融服务支持。❷

在慈善信托的视域下，跨区域信托项目的设立不单单可以调动区域经济的协同发展，更重要的是能够促进区域慈善事业的一体化进程。目前，在一体化区域内各地政府对慈善事业的高度重视与区域一体化的发展趋势下，各一体化区域内慈善信托未来必定会探索多样化的合作与协同模式，而各一体化区域内各地政府区域协调机制的不完善会给慈善信托项目的跨区域合作经营造成极大阻碍：一方面，在缺乏明确协调机制的情况下，地方管理部门可能会出于地方保护主义对本辖区内的慈善信托项目的设立给予优先权，而这给外地慈善信托业务的经营带来阻碍；另一方面，即使各区域内跨省市的慈善信托项目成功设立后，由于区域内各地民政部门、银保监部门之间缺乏联合管理的协调机制，慈善信托运行过程的管理权分配不明，也难免造成区域内各地管理部门间管理的混乱，从而使慈善信托跨区域经营项目无法得到有效的规制。因此，为了促进我国慈善事业的发展与区域一体化战略的顺利推进，各一体化区域应尽快建立协同管理机制，为区域内各地慈善信托管理部门提供明确的指引。

综合前面关于区域一体化中的慈善信托协同管理面临的问题部分的分析可知，对于区域一体化视域下的慈善信托管理而言，最大的阻碍与困境就是协同管理机制的缺失：首先，各地资源、利益不平衡且协调困难；其次，在顶层设计方面，慈善信托的协同管理缺乏统一、明确的法律与政策支持；最后，区域内各地政府部门间信息不对称问题较为突出。下面将针对以上问题，提出相应的解决建议。

---

❶ 彭江：《中信信托 1.3 万亿元助力实体经济》，载经理人报网 2018 年 4 月 26 日，http：//www. jingjiribao. cn/static/detail. jsp? id = 124013，最后访问时间 2021 年 9 月 2 日。

❷ CIS：《苏州信托总裁张清：服务信托是行业发展的必然选择》，载证券时报网 2020 年 9 月 11 日，https：//stock. stcn. com/djjd/202009/t20200911_2340865. html，最后访问时间 2021 年 9 月 2 日。

一、进一步明确慈善信托管理部门的权力配置

1. 明确银保监部门与民政部门的管理权配置

前文已述及，根据相关法律规定，我国目前已初步形成慈善信托管理部门的协同管理体制，即民政部门对慈善信托的设立、运行与终止进行管理，同时负责对慈善组织的慈善信托活动进行管理，而银保监部门则负责管理信托公司的慈善信托活动和银行参与慈善信托过程中的行为。然而，目前慈善信托管理法律法规对管理部门职权范围界限规定较为模糊，这样的制度设计也会造成管理部门间出现推诿现象。因此，明确银保监部门与民政部门的管理权配置就显得十分必要。笔者认为，从慈善信托的长远发展来看，应确立以民政部门管理为主、银保监部门管理为辅的管理体系。一方面，从慈善信托内在特征来看，慈善信托最核心的特点在于慈善性和非营利性，而非普通商事信托的金融性。委托人设立慈善信托的根本目的是慈善事业的发展，而非资金的融通。因此确立民政部门为慈善信托的主要管理部门，会更符合慈善信托的根本特征。另一方面，从银保监部门的管理权组成来看，根据现行法律规定，银保监部门同时享有对信托公司设立的商事信托和慈善信托的管理权，而慈善信托在我国目前处于起步阶段，相比之下，商事信托发展时间已经较长，管理机制较为成熟，且实践中商事信托设立数量远远大于慈善信托，因此银保监部门对两类信托的双重管理，容易导致慈善信托在其管理过程中被边缘化，致使银保监部门对慈善信托管理的缺位。

综上所述，民政部门对慈善信托的管理应当具有主导地位。也就是说，对于慈善信托运行过程中出现的任何问题，民政部门都有权第一时间进行调查，如果发现涉及部分金融管理的专业问题，可以首先保留自己的管辖权，同时与银保监部门进行沟通，寻求其技术或人力的支持；如果发现该问题确定不属于自己的职权管辖范围后，再移交银保监部门，由其负责管理。对于银保监部门来说，其作为金融管理部门，应当仅对慈善信托中金融运作、金融风险的防范以及银行信托账户的管理负责，而除此之外的管理职权，特别是对慈善活动的管理，都应划分到民政部门的职权范围内。确定一个对慈善信托进行管理过程中以民政部门管理为主、银保监部门为辅的管理格局，避免推卸责任现象的发生。当然，在慈善信托信息公开方面，民政部门和银保监部门可依前述《慈善

信托信息公开管理办法（征求意见稿）》第三条的规定执行，其实也是以民政部门为主的格局，因为统一的慈善信息平台也是由民政部门主要设立和监管的。

2. 赋予税务等部门以慈善信托管理权

随着信托的发展，可能会产生更多的管理部门进行管理的问题。例如，对于一些慈善组织而言，某些公益部门作为其业务主管机关，也间接地享有对慈善信托的管辖权；此外，随着税收优惠政策未来的完善与落实，税务部门的管辖权也会随之确定。因此，慈善信托的管理细则必将围绕管理部门的增多而不断更新与完善。因此，未来如何合理配置不同管理部门之间的权力也是一个重要的法律问题。由于目前税务管理的相关规定相对其他领域的管理较为明确，因此应在民政部门与银保监部门协作管理的基础上，逐渐明确税务部门等部门的管理权限，以对慈善信托进行更全面的管理与规制。关于慈善信托的税收优惠问题，本书另有专章评介，此处不予赘述。

二、完善区域内慈善信托的组织协调机制

1. 加强中央政府的引导

在一体化区域慈善信托的协同发展方面，中央政府作为一体化区域内各地政府的共同上级机关，应该起到促进彼此协同合作的重要领导作用。在行政区划上，一体化区域被分为各个省、市，由于行政层级、发展水平的差异等因素，实践中可能导致彼此之间难以做到平等协商，彼此之间的利益追求不同，无法形成一致的合作发展共识，导致难以达成公平有效的协作机制。以往区域内各地政府在落实协同发展时，多以地方政府间的磋商为主，往往是只协商不决策。因此，建议在此方面由中央政府介入并进行强化引导。令人惊喜的是，中央政府已经在这方面有所作为，除了由中共中央、国务院共同制定前述的各区域协同发展纲要或者一体化发展纲要外，有关部委的领导还直接出席各区域相关论坛的会议，进行持续性指导。例如，在京津冀产业协同发展规划方面，工信部则一直没有缺席。“推动京津冀三地产业协同是京津冀协同发展的重要任务，支持京津冀加快构建现代产业体系，培育有国际竞争力的先进制造业集群，有利于实现产业分工协作和优势互补，建设新增长极，推进京津冀协同发展进程。”工信部在《关于政协十三届全国委员会第四次会议第0875号（经济发展类089号）提案答复的函》中介绍，“十三五”以来，工信部认真贯彻落实

习近平总书记关于京津冀协同发展系列重要讲话和指示批示精神，牢牢抓住疏解北京非首都功能这一“牛鼻子”，全力落实京津冀协同发展战略，统筹推进产业升级转移各项任务，着力推动京津冀产业协同发展：一是加强产业发展规划引导。编制印发《京津冀协同发展产业升级转移规划（2015—2020年）》，明确三地产业发展定位。指导三地工业和信息化主管部门编制“十四五”京津冀产业协同发展规划，将支持京津冀三地联合打造一批优势产业链，培育有国际竞争力的先进制造业集群作为“十四五”产业协同发展的重要目标和任务。二是推动北京非首都功能疏解。指导三地制定新增产业禁止和限制目录。支持三地工业和信息化主管部门以疏解北京非首都功能为“牛鼻子”，共同举办“京津冀产业转移‘1+N’系列对接活动”。与三地省（市）人民政府共同印发《京津冀产业转移指南》，明确59个主要承接载体及优先承接方向、44个特色产业基地，引导产业有序转移。三是促进产业集聚集群发展。支持京津冀累计创建41家国家新型工业化产业示范基地（其中天津11家），成为产业集聚集群发展和区域合作的重要载体。组织开展先进制造业集群培育，通过集群竞赛方式，支持天津聚焦动力电池、信息安全等细分优势领域开展集群培育，指导京津冀三地开展跨区域联合培育集群的探索。四是支持打造协同创新平台。推动支持在北京成立我国第一个国家级制造业创新中心（动力电池），组建了北京石墨烯、天津车联网、天津工业大数据及天津锂离子电池等一批省级制造业创新中心，三地合作共建产业技术创新战略联盟70多家。支持京津冀探索一区多园、总部孵化基地、整体托管、创新链合作等多种合作创新模式，增强北京创新资源辐射外溢效果，推动产业链和创新链对接协同。五是支持重点产业合作园区（项目）建设。支持开展京津冀大数据综合试验区建设，推动形成了以北京为创新核心、天津为综合支撑、河北承接转化的大数据产业一体化发展格局。支持滨海－中关村科技园、宝坻京津中关村科技城、北京·沧州渤海新区生物医药产业园等合作园区及合作项目建设，有效推动了三地产业合作。[1] 而在“2020长三角民政论坛”上，来自中国民政部和沪苏浙皖民政部门的代表上台发言，共同商议基层治理现代化的时代课题。其中，民政部副部长王爱文表示，

---

[1] 王俊：《工信部：将指导三地高水平编制“十四五”京津冀产业协同发展规划》，载澎湃新闻网2021年8月25日，http://m.thepaper.cn/quickApp_jump.jsp?contid=14200566，最后访问时间2021年9月2日。

基层治理事关党的执政基础和群众切身利益，长三角地区要进一步贯彻落实中央关于基层社会治理一系列部署，进一步担负起创新基层治理的时代重任，着力推进长三角基层治理高质量、一体化发展。[1]

应该说，一体化区域内慈善信托的协同发展对于该区域一体化发展将会是重要的助推器。慈善信托作为一种新型的慈善方式，以“金融＋慈善”结合的形式，能够有效吸收及发挥社会力量，尤其是区域内较发达地区有丰富的做慈善的需求，以慈善信托的方式助力解决区域内欠发达地区的贫困、环境污染治理等问题。慈善信托的方式，相比于传统慈善捐助方式，能够实现慈善财产的“自我活血”——增值保值，产生源源不断的慈善资源，不仅能减轻政府的扶贫压力，还能促进区域内欠发达地区民生事业的发展，完善区域内欠发达地区的基础设施和公共服务建设。而区域内欠发达地区通过自身水平的提高来吸引更多的投资，可以以此提升本省市的经济发展水平，缩小与区域内较发达地区的经济差距，使得区域内各地的发展趋于平衡，进一步实现区域内各地的协同发展。而区域内欠发达地区经济发展的提升，也将会使区域内较发达地区也从中受益，如具有区域联动性的环境污染问题得到缓解，等等，从而使得区域整体会形成持续性的良性循环。而这种良好目标的达成，都需要中央政府在各区域慈善信托协同管理等方面加强引导，由中央与区域内各地的民政部门、银保监部门（随着未来慈善信托的税收优惠政策的出台与落实，还应当有税务等部门）的领导共同组成区域慈善信托协同管理的机构，如京津冀慈善信托协同管理委员会或者京津冀民政/慈善协同管理委员会、长三角慈善信托协同管理委员会或者长三角民政/慈善协同管理委员会等，以区域的整体发展和整体利益为出发点，出台区域性的慈善信托协同管理办法作为顶层设计，将区域慈善信托的协同管理制度化、稳定化，形成区域内各地民政部门在慈善信托管理方面的共识。

2. 完善组织协调机构

正如上文所说，为强化中央政府在慈善信托协同管理方面的引导，应由中央和区域内各地民政部门、银保监部门（未来还有税务等部门）组成专门负责

---

[1] 张斌，陈奕如：《2020长三角民政论坛：一体化、数字化赋能基层治理》，载新浪网2020年9月16日，http://news.sina.com.cn/o/2020-09-16/doc-iivhvpwy7092058.shtml，最后访问时间2021年9月2日。

区域慈善信托协同管理的机构。该机构可以不是有固定编制的机构，但是其可以作为协调中央与地方之间、区域内各地之间的慈善信托管理工作的高层高效协调组织。首先，对于中央政府而言，该机构是一个加强上下部门的直接沟通与联系的重要媒介，通过该机构可以加强中央政府在区域慈善信托协同管理方面的指导，使得区域内各地民政部门第一时间掌握发展策略与真实有效的信息，确保中央关于区域一体化发展的共识与政策在区域内各地得到有效贯彻与落实。其次，对于区域内各地政府而言，该机构更是彼此平等沟通、共同协商与决策的协作平台。在中央统一的区域协同发展/一体化发展的精神下，区域内各地的民政部门、银保监部门等负责机构应清晰了解在慈善信托方面各地的慈善资源分配及供需情况。相对而言，区域内较发达地区有更多的有慈善能力和意愿的人群和企业以及更多专业化的信托公司、规模大的慈善组织，而区域内欠发达地区则有较大的慈善需求以解决扶贫、救灾、环境污染等问题。例如，在京津冀区域，其实早在2015年5月，河北省政府就发布了《关于促进慈善事业健康发展的实施意见》，该意见强调“各地要进一步完善相关政策，吸引京津较大的慈善组织到我省开展慈善救助活动”，可见河北省早就认识到需要获取更多京津的慈善资源才能真正解决自身问题，但由于缺乏制度化的高效合作、协同机制而举步维艰。在上述的高层协调机构中，同一地的成员组成该地的区域慈善信托协同管理小组，对接自己行政区内的民政部门、银保监部门等专门机构，保证中央与区域内各地达成一致的协同管理政策在各地得到一致传达与具体执行。总而言之，构建区域慈善信托协同管理制度，需要以该机构为总领导班子，以此协调区域内各地的各相关部门，整体形成上下协调、平行协同的组织。

3. 完善组织协调政策

在组织方面达成协调后，慈善信托协同管理的具体实现还必须保证区域内各地在相关政策方面达成协同。在民政部、银保监会共同发布《慈善信托管理办法》之后，在京津冀区域，京津也陆续发布相应的管理办法，而河北省至今仍未出台任何实施办法或者细则。京津已出台的管理办法与民政部、银保监会共同发布的《慈善信托管理办法》基本一致，没有关于京津冀区域慈善信托协同管理的相关规定。而在长三角区域，目前只有江苏省出台了相应的慈善信托管理办法，自然也没有关于长三角慈善信托协同管理的相关规定。因此，上文提到的中央与区域内各地共同组成的慈善信托管理工作的高层协调组织应首先出台相关区域性政策，以指导区域内各地出台相一致的具体政策，保证区域内的慈善信托设立、存续、变更及终止等各阶段的程序及要求一致，各地的相关部门的审批、信息公开等管理职责的统一。

在税收方面，尽管《慈善信托管理办法》明确依法备案的慈善信托享有税收优惠，但此仅为原则性规定，具体的实施细则仍未出台，成为限制我国慈善信托发展的主要障碍之一。税收收入是各地政府的主要财政收入，慈善信托本质上也是一种金融活动，相关的税收数额不可小觑。若无相关税收优惠政策，将会导致各地政府为获得收取更多税收收入，而竞相设立各种壁垒，相互竞争而非协作，也会打击社会力量投身于慈善事业的积极性。在全国关于慈善信托税收优惠机制尚未构建起来前，该协调组织可考虑纳入中央和区域内各地税务部门专业人员，以区域内的慈善信托为试点，研究并尝试率先构建起区域性的税收优惠政策，这不仅将大力促进区域内慈善信托的发展，还可为全国慈善信托税收优惠机制的设计提供宝贵的经验。

三、完善区域内慈善信托的信息共享机制

区域内慈善信托的协同管理，还需要在区域内各地相关部门内部形成完善的信息共享机制。慈善信托作为一种新型的慈善方式，不仅涉及市场金融秩序，而且关乎社会公共利益，与传统慈善方式相比，对其透明度要求更高，不仅仅是需要接受相关部门的管理，还需要接受广大群众尤其是受益人以及社会媒体的监督。

首先，是区域内各地内部的民政部门与银保监部门在协同管理过程中进行信息共享。结合上文提及的以民政部门管理为主与以银保监部门管理为辅的管理权力划分建议，两者在慈善信托的管理过程中获取的相关信息也是不同的。慈善信托的法定备案机关是民政部门，其基本能够掌握所有信息。但是银保监部门作为重要的金融管理机构，对于信托公司的金融活动以及商业银行的慈善信托资金账户的保管活动的管理更加专业，尤其是在信托公司作为受托人的慈善信托中，银保监部门能更方便地获取所需要的重要信息。对于民政部门而言，这些信息也是管理整个慈善信托所需要的至关重要的信息。因此，银保监部门作为辅助性的慈善信托管理部门，应该主动将在对信托公司和银行进行慈善信托管理过程中所获取的重要信息与民政部门共享。《慈善信托管理办法》第

四十八条规定，“民政部门和银行业监督管理机构应当建立经常性的管理协作机制，加强事中、事后管理，切实提高管理有效性”。根据此规定，银保监部门的信息共享也是管理协作机制的应有之义。

其次，是区域内各地民政部门之间的信息共享。各地的民政部门，作为慈善信托的主要管理者，通过与银保监部门的信息分享，能够获取在自己行政区内的慈善信托的全面信息。但是区域内的慈善信托常会出现委托人、受托人和不特定受益人分别处于不同行政区内的情况，而受托人的信托行为，尤其是对慈善信托财产的管理和处分、对慈善信托收益的分配等，则是委托人、受益人始终关心的重点。而委托人、受益人对慈善信托的监督权和知情权的行使，也能无形中约束受托人依法依约忠实地履行受托人义务。根据《慈善信托管理办法》的规定，受托人所在地（信托公司为受托人时为其注册地所在地，慈善组织为受托人时为其获取登记或认可之地点）的民政部门为备案机关。为方便委托人、受益人以及与信托财产交易第三人查询相关信息，区域内各地民政部门应该共享自己行政区内的慈善信托的备案信息（指的是比公开备案信息更加详细的一些协同管理所必需的信息）。随着互联网信息技术的发展，如今实现用互联网技术构建区域内各地民政部门的慈善信托备案信息库并不困难，该信息库可以由慈善信托管理工作的高层协调组织进行统筹管理，确保信息的及时性、真实性与完整性。分布在区域内各地的民政部门都可以获得全部备案信息，以此更加方便对区域内的慈善信托进行协同管理。在信息公开方面，前文已述及，2020 年 1 月 9 日民政部发布《慈善信托信息公开管理办法（征求意见稿）》，该征求意见稿进一步明确了民政部门和受托人的信息公开义务和公开的内容，并且整个信息公开程序将基于国务院民政部的“统一信息平台”，这意味着上述区域内的民政部慈善信托备案信息库的建立则更加具有可行性。

但需要特别说明的是，此统一信息平台公开的信息并不等同于备案信息。统一信息平台公开慈善信托相关信息，主要的受众是不特定的社会群众。但是，对于受益人、信托财产交易第三方而言，有些关键信息如具体的信托财产、受托人处分信托财产的具体权限、受益人取得信托利益的方法和形式等并不在征求意见稿所规定的公开的信息范围之内，上述关键信息都主要载于信托合同中，而信托合同属于备案信息之一。信托财产具有独立性，与受托人的自有财产相区别。然而受托人与第三人进行交易时，若非受托人主动告知某财产是否属于信托财产，交易第三人将无从得知，而因此可能面临无法预料的交易风险。若将信托合同作为信息公开的内容之一，无疑会涉嫌侵犯委托人、受托人的隐私权、商业秘密等。因此，即便将来构建了全国范围的统一信息平台，提高了慈善信托的透明度，仍然有必要构建区域内的慈善信托备案信息库，不论身处区域内何地的委托人、受益人和信托财产交易第三人都可出具相关身份证明材料到区域内任何一地的民政部门查询慈善信托相关关键信息，而任何一地的民政部门也有权受理该类申请，尽管其不是相关慈善信托的备案机关。这就是慈善信托协同化管理的必然结果——区域内各地管理者之间高效地协同合作，以此为群众提供更加便利的行政服务，最终促进区域慈善信托的协同化发展。

主要参考文献

（一）著作类参考文献

1. 周小明．信托制度：法理与实务［M］．北京：中国法制出版社，2012：352－355.

2. 卞耀武．中华人民共和国信托法释义［M］．北京：法律出版社，2002：58.

3. 何宝玉．信托法原理研究［M］．北京：中国政法大学出版社，2005.

4. 何宝玉．信托法原理研究［M］．北京：中国法制出版社，2015.

5. 何宝玉．地产法原理与判例［M］．北京：中国法制出版社，2013.

6. 徐孟洲．信托法［M］．北京：法律出版社，2006.

7. 赖源河，王志诚．现代信托法论（增订三版）［M］．北京：中国政法大学出版社，2002.

8. 王文宇．民商法理论与经济分析（二）［M］．北京：中国政法大学出版社，2003：279－284.

9. 王振耀．日本公益法律制度概览［M］．北京：法律出版社，2016.

10. 中国信托业协会．慈善信托研究［M］．北京：中国金融出版社，2016.

11. 郑功成．慈善事业立法研究［M］．北京：人民出版社，2015.

12. 解锟．英国慈善信托制度研究［M］．北京：法律出版社，2011：74－79.

13. 徐卫．慈善宣言信托制度构建研究［M］．北京：法律出版社，2012.

14. 连玉明．面向未来的京津冀世界级城市群［M］．北京：当代中国出版社，2016.

15. 连玉明．京津冀协同发展：新理念　新战略　新模式［M］．北京：当代中国出版社，2017.

16. 孟强．信托登记制度研究［M］．北京：中国人民大学出版社，2012：97.

17. 刘俊海．中国资本市场法治评论［M］．北京：法律出版社，2009：150－175.

18. 董慧凝．信托财产法律问题研究［M］．北京：法律出版社，2011：63.

19. 赵磊．公益信托法律制度研究［M］．北京：法律出版社，2008.

20. 李国平．2019京津冀协同发展报告［M］．北京：科学出版社，2019.

21. 陈向聪．信托法律制度研究［M］．北京：中国检察出版社，2007.

22. 王道远，周萍，翁两民，等．信托的逻辑——中国信托公司做什么［M］．北京：中信出版集团股份有限公司，2019.

23. 赵廉慧．中国慈善信托法基本原理［M］．北京：中国社会科学出版社，2020：157.

24. 樋口范雄．信托与信托法［M］．朱大明，译．北京：法律出版社，2017.

25. 新井诚．信托法：第4版［M］．刘华，译．北京：中国政法大学出版社，2017.

26. 道垣内弘人．信托法入门［M］．蒋雪莲，译．北京：中国法制出版社，2014.

27. 中野正俊．信托法［M］．张军建，译．北京：中国方正出版社，2004：110.

28. 中野正俊．信托法判例研究［M］．张军建，译．北京：中国方正出版社，2006.

29. 能见善久．现代信托法［M］．赵廉慧，译．北京：中国法制出版社，2011：27.

30. F. W. 梅特兰，大卫·朗西曼，马格纳斯·瑞安．国家、信托与法人［M］．北京：北京大学出版社，2008.

31. 爱德华·C. 哈尔巴赫．吉尔伯特信托法［M］．张雪楳，译．北京：法律出版社，2017.

32. 佚名．历史的经典与现代的典范：英国信托成文法编译［M］．葛伟军，等，译．北京：法律出版社，2017.

33. D. J. 海顿．信托法［M］．北京：法律出版社，2004：144.

34. 高鸿钧，等．法治：理念与制度［M］．北京：中国政法大学出版社，2002：505.

35. Bruce R. Hopkins. The Tax Law of Charitable Giving（Fourth Edition）［M］．［S. l.］：John Wiley & Sons，Inc，2010.

36. Roger D. Silk，James W. Lintott. Managing Foundations and Charitable Trusts：Essential Knowledge，Tools，and Techniques for Donors and Advisors［M］．［S. l.］：Roger D. Silk，

James W. Lintott, 2011.

37. James J. Fishman. The Faithless Fiduciary and the Quest for Charitable Accountability 1200—2005 [M]. Durham: Carolina Academic Press, 2007.

38. Andrew Iwobi. Essential Trusts (Third Edition) [M]. 影印本. 武汉: 武汉大学出版社, 2004.

39. Philip H. 30. Pettit. Equity and the Law of Trust [M]. 5th ed. , London: Butterworths, 1984.

40. Gary Watt. Briefcases on Equity & Trust (Second Edition) [M]. 影印本. 武汉: 武汉大学出版社, 2004.

41. Matthew Hutton. Trolley's UK Taxation of Trusts [M]. 20th ed. [S. l.]: LexisNexis, 2010.

(二) 非著作类参考文献

1. 李文华. 完善我国慈善信托制度若干问题的思考 [J]. 法学杂志, 2017 (7): 93.

2. 郑亦清, 王建文. 论我国慈善信托税收优惠制度的完善 [J]. 财会月刊, 2018 (11): 159 – 165.

3. 陈雪萍. 论我国〈信托法〉对信托有效要件规定之完善: 以英美信托法信托有效设立的"三个确定性"要件为借鉴 [J]. 政治与法律, 2018 (8): 134 – 149.

4. 刘光祥. 慈善信托或将迎来华丽转身 [J]. 金融博览 (财富), 2016 (4): 62 – 64.

5. 王作全. 解读〈慈善法〉: 过程. 内容. 亮点与问题 [J]. 中国农业大学学报 (社会科学版), 2016 (6): 113 – 123.

6. 周京奎, 龚明远, 张朕. 京津冀产业协同发展机制创新研究 [J]. 长白学刊, 2019 (2): 95 – 103.

7. 崔晶. 京津冀一体化发展中的地方政府整体性协作治理 [J]. 北京交通大学学报 (社会科学版), 2019 (4): 51 – 57.

8. 孙中伟. 产业转移与污染灾难: 基于"依附性"省际关系的分析 [J]. 北京行政学院学报, 2015 (1): 23 – 28.

9. 汪玉凯. 中国电子政务的功能定位与政府治理创新 [J]. 信息化建设, 2003 (4): 19 – 20.

10. 杨媛媛, 郑松华. 关于我国信托业跨区域经营问题的探讨 [J]. 西安文理学院学报 (社会科学版), 2013 (2): 69 – 72.

11. 王金东. 英美慈善信托法律制度研究 [D/OL]. 大连: 大连海事大学, 2012

[2020-12-28]. https://kns.cnki.net/kcms/detail/detail.aspx? dbcode=CDFD&dbname=CDFD1214&filename=1013109686.nh&uniplatform=NZKPT&v=PjLWGcsTjI4hQ4KWnAZFmOLidz8XmSenmW5C%25mmd2FJrFTeM6yLbRSeqi7cIOI6thvSji.

12. 周仁标．长三角一体化背景下的地方政府治理［J］．安徽师范大学学报（人文社会科学版），2021（1）：56-63.

13. 崔志新．"十四五"时期京津冀产业协同发展研究［J］．城市，2021（3）：3-13.

14. 陈璠．京津冀协同发展开创新局面［EB/OL］．（2019-10-11）［2021-09-01］．http://www.gov.cn/xinwen/2019-10/01/content_5435584.htm.

15. 彭江．中信信托1.3万亿元助力实体经济［EB/OL］．（2018-04-26）［2021-09-02］．http://www.jingjiribao.cn/static/detail.jsp? id=124013.

16. 赵廉慧．慈善信托的误解与未来［EB/OL］．（2016-10-28）［2021-08-31］．http://bank.hexun.com/2016-10-28/186638732.html.

17. 高传捷．慈善信托发展面临三大挑战［EB/OL］．（2018-07-05）［2021-01-23］．http://wenhua.youth.cn/gycszgx/zmgs/201807/t20180725_11679832_5.htm.

18. 王惜纯．京津冀产业协同发展对接加速［EB/OL］．（2016-08-22）［2021-09-01］．http://finance.china.com.cn/consume/20160822/3870087.shtml.

19. 李如意，张笑非，王育民．曹妃甸成非首都功能疏解最大承载地［EB/OL］．（2017-05-21）［2021-09-01］．http://www.sohu.com/a/144712264_203914.

20. 国家统计局官网．京津冀区域发展指数稳步提升［EB/OL］．（2018-08-02）［2021-09-02］．http://www.stats.gov.cn/tjsj/zxfb/201808/t20180802_1613665.html.

21. 安娜．以法兴善　首都慈善事业实现新的飞跃：北京市贯彻落实慈善法一周年回眸［EB/OL］．（2017-09-07）［2021-09-01］．http://www.stats.gov.cn/tjsj/zxfb/201808/t20180802_1613665.html.

22. 优炫软件．2019年二季度数据泄露报告出炉，数量同比增长两倍［EB/OL］．（2019-08-06）［2021-09-02］．https://www.sohu.com/a/331900516_621613.

23. 巨云鹏．长三角地区互联互通，携手优化公共服务［EB/OL］．［2021-09-01］．http://www.taihainet.com/news/txnews/cnnews/sh/2021-08-30/2547118.html.

24. 新华社．韩正主持推动长三角一体化发展领导小组全体会议并讲话［EB/OL］．（2021-06-01）［2021-09-06］．http://www.gov.cn/guowuyuan/2021-06/01/content_5614825.htm.

25. 吴福象．长三角一体化进程中的产业合作［EB/OL］．（2019-05-09）［2021-

09－01］. http：//www. cssn. cn/dq/zj/201905/t20190510_4880788. shtml.

26. 张强 . 安徽自贸区推动长三角自贸区协同发展 共同打造对外开放高地［EB/OL］.（2021－01－26）［2021－09－02］. http：//www. xunjk. com/xinwen/yejie/2021/0126/129907. html.

27. 中国公益研究院 . 中国〈慈善法〉2018 年实施报告［EB/OL］.［2021－09－02］. http：//www. bnu1. org/show_1409. html.

28. 杨舒鸿吉 . 长三角市场监管推进跨区域一网通办：身份认证、市场信息共享［EB/OL］.（2019－04－17）［2021－09－02］. https：//baijiahao. baidu. com/s?id＝1631055312116969157.

29. 张斌，陈奕如 . 2020 长三角民政论坛：一体化、数字化赋能基层治理［EB/OL］.（2020－09－16）［2021－09－02］. http：//news. sina. com. cn/o/2020－09－16/doc－iivhvpwy7092058. shtml.

30. CIS. 苏州信托总裁张清：服务信托是行业发展的必然选择［EB/OL］.（2020－09－11）［2021－09－02］. http：//www. suobuy. com/news/1897_1. html.

31. 王俊 . 工信部：将指导三地高水平编制"十四五"京津冀产业协同发展规划［EB/OL］.（2021－08－25）［2021－09－02］. https：//news. sina. com. cn/c/2021－08－25/doc－ikqciyzm3458361. shtml.

32. 张斌，陈奕如 . 2020 长三角民政论坛：一体化、数字化赋能基层治理［EB/OL］.（2020－09－16）［2021－09－02］. http：//news. sina. com. cn/o/2020－09－16/doc－iivhvpwy7092058. shtml.

33. GOV. UK. Public benefit：running a charity（PB2）［EB/OL］.（2013－9－16）［2021－09－10］. https：//www. gov. uk/government/publications/public－benefit－running－a－charity－pb2.

34. GOV. UK. Public benefit：reporting（PB3）［EB/OL］.（2013－9－16）［2021－09－10］. https：//www. gov. uk/government/publications/public－benefit－reporting－pb3.

35. GOV. UK. Charities and corporation tax returns［EB/OL］.（2019－04－04）［2021－01－25］. https：//www. gov. uk/government/publications/charities－and－corporation－tax－returns/charities－and－corporation－tax－returns.

36. Patrick M. Rooney and Eugene R. Tempel. Repel of the Estate Tax and Its Impact on Philanthropy［J］. Nonprofit Management & Leadership，1，2001.

37. Anne-Marie Rhodes. The Law of Philanthropy in the Twenty－first Century：An Introduction to the Symposium［J］. CHICAGO－KENT LAW REVIEW，85，2010.

38. GOV. UK. Public benefit：the public benefit requirement（PB1） [EB/OL]．（2013 - 09 - 16）［2021 - 09 - 10］．https：//www. gov. uk/government/publications/public - benefit - the - public - benefit - requirement - pb1.

39. Charity Commission for England and Wales，About Us [EB/OL]．［2021 - 08 - 31］. https：//www. gov. uk/government/organisations/charity - commission/about.

第三章

区域一体化背景下慈善信托税收优惠协同法律问题研究

第一节 绪 论

税收优惠制度对于促进慈善事业，弘扬慈善文化均具有十分重要的作用。我国慈善信托起步较晚，目前还没有完全配套的税收优惠政策，税收优惠制度的缺位在一定程度上制约了慈善信托的发展。区域内慈善信托的协同发展，又将因其跨区域性的特点为税收优惠制度的实现设下重重阻碍。为促进区域内慈善信托税收优惠协同制度的建立，本章首先立足于目前有关区域内慈善信托的发展状况，从我国慈善信托税收优惠制度缺陷和区域内慈善信托税收优惠协同发展实施困境两方面，分析区域内慈善信托税收优惠协同存在的法律问题，借鉴国外发达国家、国外区域性组织与国内区域一体化的相应经验，提出完善我国慈善信托税收优惠制度设计和区域内各地区税收征管制度建设之建议。

一、研究背景

1. 慈善信托是区域协同发展的重点领域

在京津冀区域，2015 年 11 月 6 日，京津冀民政事业协同发展工作会议在北京召开，京津冀三地民政部门共同签署了《京津冀民政事业协同发展合作框架协议》，其中明确提出了三地民政部门的十大重点合作领域，其中包括共同助推公益慈善事业。[1] 2018 年 12 月 25 日在天津召开的京津冀民政事业协同发展第二次联席会议中将慈善信托事业协同发展品牌作为符合三地实际、具有协同特色的民政管理服务优良品牌，并且在加强慈善信托工作互动交流、建立慈善资源对接共享合作机制和组织举办京津冀慈善展示会等方面取得一定新成果，同时会议强调下一步三地民政部门要在三地社会工作立法创制等方面继续坚持因地制宜、优势互补的原则，进一步开展深度合作。[2] 慈善信托作为京津冀民政事业协同发展的优良品牌，在接下来的京津冀协同发展中必将是其工作重点。

在长三角区域，首届长三角民政论坛于 2018 年（长三角区域一体化发展上升为国家战略的同年）在上海举行，沪苏浙皖民政部门启动战略合作，达成“上海共识”，通过联动公共政策、衔接发展规划、优化资源配置、共享人力资源，共同提高公共服务、民生保障的水平，并确定“社会养老服务业发展”为首个区域合作项目。[3] 而早在《长江三角洲区域一体化发展规划纲要》出台前半年左右，即 2019 年 6 月，江苏、上海、浙江、安徽三省一市民政部门就签署了推进长三角区域养老一体化合作备忘录，江苏苏州、南通，浙江嘉兴、湖州，安徽芜湖、池州以及上海各相关区将作为开展区域养老一体化首批试点，共同探索建立养老共建对接合作机制，实现了长三角区域的民政部门的初步协同。[4] 安徽省民政厅党组书记、厅长张冬云在“2020 长三角民政论坛”上表示，要通过推动长三角基层治理高质量一体化发展搭建的新平台，在慈善等领域拓展“互联网 +”典型应用，开展电子证照互认共享，探索民政业务跨区域办理，让更多民政服务事项实现网上通办和掌上办。[5] 可以想见，慈善信托作为长三

---

[1] 段玮，董悦章：《京津冀协同发展民政事业 十大重点领域加深合作》，载天津北方网 2015 年 11 月 6 日，http://news.enorth.com.cn/system/2015/11/06/030615572.shtml，最后访问时间 2020 年 12 月 28 日。

[2] 天津市民政局：《京津冀民政事业协同发展第二次联席会议在津召开》，载搜狐网 2018 年 12 月 28 日，http://www.sohu.com/a/285064651_120027582，最后访问时间 2020 年 12 月 28 日。

[3] 张斌，陈奕如：《2020 长三角民政论坛：一体化、数字化赋能基层治理》，载新浪网 2020 年 9 月 16 日，http://news.sina.com.cn/o/2020-09-16/doc-iivhvpwy7092058.shtml，最后访问时间 2021 年 9 月 2 日。

[4] 何磊静：《长三角地区推进养老服务一体化合作》，载中国政府网 2019 年 6 月 16 日，http://www.gov.cn/xinwen/2019-06/16/content_5400790.htm，最后访问时间 2021 年 1 月 4 日。

[5] 张斌，陈奕如：《2020 长三角民政论坛：一体化、数字化赋能基层治理》，载新浪网 2020 年 9 月 16 日，http://news.sina.com.cn/o/2020-09-16/doc-iivhvpwy7092058.shtml，最后访问时间 2021 年 9 月 2 日。

角民政事业一体化发展的优良品牌，在接下来的长三角一体化发展中必将是其工作重点。

2. 税收优惠制度缺失是区域慈善信托协同发展面临的现实问题

通过慈善信托开展扶贫济困、扶老救孤、生态环境保护等慈善活动，在一定程度上实现了政府职能，与财政的公益性支出性质相同。所以，各国一般从税法层面对慈善信托给予一定的优惠，这样的扶持与促进，加之慈善信托本身所具有的灵活性与适应性，使得慈善信托在英美法系国家得到了广泛运用，渗透到社会生活的各个方面。[1] 而我国目前仅在《中华人民共和国慈善法》与《慈善信托管理办法》中对慈善信托的税收优惠主体进行了原则性的规定；在税法上虽然对公益事业税收优惠的规定较多，但也没有特定税法条款来规范慈善信托的课税及税收优惠问题。若要切实开展区域内各地的慈善信托协同发展工作，则当务之急应当是以建立慈善信托税收优惠制度为切入点和着力点，进一步打造慈善信托事业协同发展品牌。

二、研究现状

目前，专门研究区域协同发展/一体化发展背景下慈善信托税收优惠的协同发展问题的研究成果较少。国内与之相关的研究主要集中在关于慈善信托税收优惠的研究和关于区域税收协同发展的研究，关于慈善信托税收优惠的研究内容主要是论证给予慈善信托税收优惠的正当性基础、分析慈善信托在税收优惠方面存在的问题以及完善慈善信托税收优惠的具体制度，关于区域税收协同发展的研究内容主要是说明区域税收协同发展存在的问题、分析协同发展存在困难的原因以及如何通过税收改革促进区域协同发展/一体化发展。国外的慈善信托税收优惠制度发展较为成熟，区域税收协调也有较为丰富的经验值得借鉴。

1. 国内研究现状

（1）关于慈善信托税收优惠的研究

慈善信托税收优惠的正当性基础。慈善信托因其能够充分利用其信托的灵

---

[1] 孙洁丽：《中国慈善信托税收优惠制度改革研究》，载《聊城大学学报（社会科学版）》2018 年第 1 期，第 110 页。

活与运作优势使慈善财产享受“专业理财服务”，以及其具有发现慈善需求与实现委托人社会价值的独特功能，使得慈善信托在吸收慈善资源及对慈善财产保值增值方面具有制度优势，因而具有获得税收优惠正当性（杨娟，2017）。除此之外，基于税法的考量，给予慈善信托税收优惠符合税法的税收公平和税收效率的基本原则（卢瑾，2018）。

慈善信托税收优惠的现存问题。在制度层面主要存在缺乏独立的慈善信托税收优惠法律体系、缺乏具体的慈善信托税收优惠制度以及缺乏反避税监管制度等问题（郑亦清，王建文，2018），在实践方面主要存在重复征税的问题和信托公司接受慈善信托却无法享受税收优惠等问题（孙洁丽，2018）。

慈善信托税收优惠的具体制度。在课税原则上，大多数学者的观点是应参照境外，如英国、美国、日本等国的实质课税原则，即形式转移不课税和实质受益人负税的原则（秦方舟，2019；刘继虎，2012）。在课税制度上，有学者认为可以参照较为完善的慈善捐赠相关税收优惠制度，在慈善信托各环节中，严格遵循实质课税原则而避免重复征税；同时，对于具有慈善性质的税收根据不同税种进行适当的减免（黄霄飏，2018）；有学者认为可以从纳税主体入手，针对委托人和受益人规定不同的税收优惠措施（方玉冰，2016）；除此之外，当信托公司作为慈善信托受托人管理慈善财产时，应当享有慈善事业所有享有的各项税收优惠（赵廉慧，2016）。

（2）关于区域税收协同的研究

区域税收协同存在的问题，主要在以下几方面：一是发挥税收政策导向作用方面；二是税收利益分享方面；三是优化纳税服务方面；四是推进征管协同方面；五是创新税收工作体制机制方面（京津冀协同发展税收问题研究课题组，2015）。

区域税收协同问题的制度性原因。京津冀等区域税收协同困难的原因主要在以下几方面：一是分税制下地方政府财权与事权不完全匹配；二是区域间税收过度竞争；三是税种设置不尽合理；四是办税服务与信息共享建设不足（徐妍，2018）。其中分税制的财税体制和不合理的跨区域投资税收分配机制是造成京津冀三地税源和税收相背离的主要原因（刘海云，2016）。在分析了京津冀三地间税收分配关系不协调导致政府间税收收入差异拉大和税收分配不公的现象后，认为税收与税源背离、税收协调机制缺失、优惠政策不合理是京津冀三地税收分配不协调的主要原因（蔺丰奇，张彤，2018）。

推进区域税收协同的利处及具体实施措施。有学者认为，着力推进增值税、资源税和消费税的税制改革可以促进区域的协同发展（刘隆亨，2014）。税收是调控经济的重要手段，通过税收政策的传导，可以在目标导向、功能定位、结构调整、优惠激励等方面助力长三角一体化高质量发展（鞠铭，宫映华，张双鹏，2021）。具体实施措施的研究内容主要集中在税收政策的作用发挥、税收分享及其配套制度的完善、税收服务水平的提升以及税收征管的合理划分与协调方面。要完善区域税收分享机制、推进建立区域税收协调机制、合理规范区域优惠政策（蔺丰奇，张彤，2018）。在我国现行财税体制下和政绩考核制度下，财税分享机制成为区域一体化发展的制度创新关键。财政共担机制是示范区高质量发展的根本保障，税收分享机制有利于促进区域要素自由流动（李娜，张岩，2020）。

2. 国外研究现状

现代信托制度源于英国的衡平法。Christopher St. German 在他的著作 *The Doctor and Student* 中论述了当时英国普通法、衡平法和教会法之间的矛盾，此外还介绍了英国的法律原则和一些典型的关于衡平法如何形成的案例（Christopher St. German，1999）。加利·瓦特在其著作《衡平法和信托法简明案例》中，介绍了信托的起源、概念、信托当事人之间的权利义务关系以及信托法的基本结构等内容（加利·瓦特，2004）。英国信托法委员会执行副主席 D. J. 海顿的《信托法》详细研究了信托在英国的具体操作机制，使得我们得窥英国信托体系的全貌，尤其是对受益人的财产性救济制度——衡平法追踪的论述，对我国研究受益人保护制度有较高的参考价值（D. J. 海顿，2004）。英国对于慈善信托的监管采用集中监管的模式（Andrew Iwobi，2004）。

长期以来，英国的慈善信托一直享有重要的税收优惠。英国的税收激励主要针对慈善信托本身和慈善信托的委托人，对受益人的税收利益仅表现在接受利益时享受的免税利益，在慈善信托不同的运行阶段委托人和慈善信托本身可获得不同形式的税收优惠，税种涉及所得税、增值税、土地税等（Matthew Hutton，2010）。日本的公益信托大体上相当于英美法系的慈善信托，其根据公益信托所投向的目标之不同及信托是一般公益信托、特定公益信托还是认定公益信托之不同，而实施不同的税收优惠（姜雪莲，2014）。

三、研究意义

在区域协同发展战略/一体化战略大力推行的背景下，慈善信托作为社会治理的助推器，对于区域内慈善信托税收协同的研究有着重要的理论意义和现实意义。

1. 理论意义

信托税制建设的好坏将在很大程度上影响信托业的发展状况，慈善信托作为信托体系的重要一环，对其税收优惠政策进行研究可以对信托税法理论体系的完善和发展有进一步的推动作用。在区域协同发展战略/一体化战略大力推行的背景下，慈善信托是进行社会治理的重要手段；而税收优惠政策又是慈善信托的助推器，对区域内慈善信托税收优惠协同进行研究有助于丰富区域协调中社会治理方面的理论，充分发挥区域内慈善信托税收优惠协同在区域协同发展中的先导作用。

2. 现实意义

新时期，随着政府职能的转变，国家把更多的精力放在保障民生和提升人民的幸福感上，由民间自发力量去推动关乎民生福祉的事业发展能最大限度地提高社会公众的积极性和满意度。对区域内慈善信托税收优惠协同进行研究，有助于更好地带动社会力量参与到区域内慈善事业的建设发展中来，引导社会组织参与巩固和拓展扶贫攻坚成果、参与乡村振兴、参与区域生态环境治理、破解跨区域老年福利和养老服务障碍等社会治理活动，进一步具体落实区域协同发展战略/一体化战略。

四、研究者的出发点

本章从我国现行法律制度和区域协同发展/一体化中存在的问题出发，总结国内外关于慈善信托税收优惠和区域税收协调的经验，提出了推进区域内慈善信托税收优惠协同的相应建议，研究的展开主要基于以下基本理论。

以比较法的角度对慈善信托税收优惠进行深入分析才能为相应制度的构建奠定理论基础。慈善信托虽以公益性为其重要价值，但在本质上仍属信托范畴，信托的普通法属性决定了只有从比较法的角度才能理解信托的本质特征。尽管日本等大陆法系国家相较我国更早引入了信托制度，但其信托制度的发展也远不如英美法系国家。而信托业发展状况中存在明显的法系差异，其关键在于信托作为英美法系的法律产物与大陆法系的基本法理仍存在不相容之处；事实上，我国当前信托课税中存在的一些问题恰恰是这种法理冲突的反映。[1] 因此，以比较法视角展开研究有利于协调慈善信托税收优惠制度在我国税法体系中面临的法理冲突。对区域税收协同发展需要立足于区域的典型特征才能切实解决慈善信托在区域内各地协同发展中面临的问题。

第二节 区域慈善信托税收优惠协同现状

自2016年《慈善法》颁布以来，慈善信托为推动我国慈善事业的发展注入了新的活力。2017年7月26日原中国银监会（现为中国银保监会）和民政部共同印发的《慈善信托管理办法》，进一步规范了慈善信托，促进了慈善事业的发展。从慈善信托产品备案成功的数量来看，由2016年的22单到2017年的44单，再到2018年的79单，呈现出持续增长的态势，而从2018年9月1日到2019年8月31日全国成功备案成立了108单慈善信托，慈善信托初始规模达到7.18亿元，显示了慈善信托的更快增速。[2] 从初始设立的慈善信托财产规模上看，由2016年的0.85亿元增长到2017年的6.94亿元，2018年更是同比增长84.42%，金额达到11.01亿元，而如前所述，截至2021年10月26日，我国累计备案的慈善信托数量达662单，累计初始规模达到359 878.13万元，覆盖范围达到22个省区市。[3] 从慈善信托涉及的慈善、公益领域上看，包括了教育、扶贫、扶老、留守儿童、生态环保等多个公益慈善领域；从申请慈善信托备案的城市属性上看，主要集中在经济较为发达的大城市及沿海地区城市以

[1] 李青云：《信托税收政策与制度研究》，中国税务出版社2006年版，第54页。

[2] 中诚信托慈善信托工作办公室：《中诚信托2019年度慈善信托研究报告》，载中诚信托有限责任公司网2019年9月2日，https://www.cctic.com.cn/zcyj/10316.jhtml，最后访问时间2021年1月2日。

[3] 资料来源见慈善中国官方网站，http://cishan.chinanpo.gov.cn/biz/ma/csmh/e/csmheindex.html，最后访问时间2021年10月26日。

及扶贫及巩固和拓展扶贫成果需求强烈的黄河、长江中上游省市。[1] 如何合理分配慈善资源，如何充分利用慈善资源，税收优惠制度或将在其中发挥重要作用。

一、我国慈善信托税收优惠相关规定及模式

我国《慈善法》第四十五条和《慈善信托管理办法》第十五条、第四十四条明确了慈善信托运营中相关主体可以享有税收优惠，但均未规定哪些主体在什么情况下可以享受税收优惠。同时，《慈善法》第四十六条规定慈善组织和信托公司可以担任慈善信托的受托人。而与此同时，我国并未对慈善信托业务的开展制定专门且具体的税收优惠政策。在我国现行的税法体系下，根据《关于公益性捐赠税前扣除有关问题的通知》（财税〔2008〕160号）第6条的规定，基金会、慈善组织等公益性社会团体，可按程序申请公益性捐赠税前扣除资格。基于此，实践中信托公司通常选择与慈善组织合作，以帮助委托人获取税收优惠。因而，目前我国主要存在以下三种开展慈善信托业务的模式。

一是慈善组织为委托人，信托公司为受托人。这种合作方式的交易结构为：慈善组织募集资金，并以慈善组织的名义以募捐资金委托信托公司设立慈善信托，信托公司作为受托人管理信托财产，并向慈善组织确定的受益人分配慈善财产。在该模式下，慈善组织可以发挥在募集资金方面的优势，信托公司可以发挥管理财产的专业能力，双方优势互补，同时也解决了信托公司不具备申请公益性捐赠税前扣除资格的问题。

二是信托公司为受托人，慈善组织作为项目执行人。这种合作方式的交易结构为：信托公司作为受托人，募集资金成立慈善信托。信托公司委托慈善组织作为项目执行人，由其确定并实施慈善项目。慈善信托财产及其收益分配并不直接分配给受益人，而是经由慈善组织通过执行公益项目使受益人获益。在该模式下，慈善组织充分发挥其运营慈善项目的专业优势和经验，由其负责推荐适合的受助对象，拟定扶助方案和计划，并经慈善组织信托管理委员会审议批准后执行，信托公司根据慈善组织确定的用款进程给付资金，使慈善活动分

---

[1] 资料来源见中国慈善联合会的《2016年中国慈善发展报告》《2017年中国慈善发展报告》及《2018年中国慈善发展报告》，以及慈善中国官方网站，http：//cishan. chinanpo. gov. cn/biz/ma/csmh/e/csmheindex. html，最后访问时间2021年10月26日。

工精细化，业务专业化。[1]

三是信托公司和慈善组织担任慈善信托的共同受托人。这种合作方式的交易结构为：信托公司和慈善组织是平行的受托主体，都与委托人签订合同，并根据信托合同明确各自职责。在该模式下，由慈善组织开具相关抵税的捐赠票据并进行公益项目的专项管理，信托公司进行信托财产的专户管理，双受托人优势互补；同时，双受托人都与委托人直接签订合同，能更有效地控制和监督慈善项目的实施，保证慈善目的的实现。[2]

然而，我国现行的这几种主要慈善信托业务模式仍存在许多争议，比如，第一种模式下慈善组织设立慈善信托的费用能否认定为慈善支出，第二种模式下如何对纳税主体进行税务征收，第三种模式下可能会出现双受托人权责划分不明确导致双方均不作为的问题等出现。慈善信托业务的开展与我国现行税务体制的不兼容性是种种争议出现的本源，因此，完善我国慈善信托税收优惠制度势在必行。

二、区域慈善信托税收优惠协同发展相关规定及现状

在京津冀区域，北京市民政局于2016年9月21日发布的《北京市慈善信托管理办法》中，对于慈善信托税收优惠的规定，同《慈善法》的规定相一致，仅规定未备案的受托人不得享受税收优惠，至于成功备案的受托人如何享有税收优惠并未做出具体的规定。《天津市民政局、天津银监局关于印发天津市慈善信托管理办法的通知》（津民发〔2017〕80号）中关于税收优惠方面的规定与北京市的规定相同。如前文所述，截止到2021年10月29日，河北省尚未出台与慈善信托相关的地方规范性文件。根据全国慈善信息公开平台的数据，截至2019年12月23日，公示备案的慈善信托中北京市有30单，天津市有22单，河北省数量为0。[3] 而截止到2020年3月17日，河北的慈善信托备案数量仍然一直为零。如前文所述，令人感到可喜的是，在2020年3月18日，河北

[1] 郑亦清，王建文：《论我国慈善信托税收优惠制度的完善》，载《财会月刊》2018年第11期，第160页。

[2] 张凯，王增武：《慈善信托，创新融合发展正当时》，载《金融博览（财富）》2018年第2期，第49页。

[3] 慈善中国官方网站，http：//cishan. chinanpo. gov. cn/biz/ma/csmh/e/csmheindex. html，最后访问时间2020年12月28日。

省终于出现了第一个备案的慈善信托，即在石家庄市民政局备案的“渤海信托·大爱无疆抗击新冠肺炎慈善信托”。尽管这个慈善信托的目的不是扶贫，尽管其信托财产总规模只有10.47万元，但毕竟是《慈善法》颁布实施5年多来河北省第一个备案的慈善信托项目（也是截止到2021年10月26日唯一的一个备案的慈善信托项目）[1]，具有里程碑式的意义。当然，必须承认的是，相较于北京和天津优质的社会资源和慈善信托服务，河北的发展相对滞后，还需要给予河北更多的时间来发展。可见，京津冀三地对于慈善信托的税收优惠促进措施的推进存在差异，加之慈善资源十分不平衡，使得京津冀慈善信托业务开展的积极性大有不同。

在长三角区域，目前出台的关于慈善信托管理的规范性文件只有《江苏省慈善信托备案管理实施办法》，该办法第二十一条规定：“受托人应当在慈善信托文件签订之日起7日内，将相关文件向受托人所在地县级以上人民政府民政部门备案。未按照前款规定将相关文件报民政部门备案的，不享受税收优惠。”这条规定，也与《慈善法》的规定相一致，仅规定未备案的受托人不得享受税收优惠，至于成功备案的受托人如何享有税收优惠并未做具体的规定。从已经备案的长三角区域的慈善信托情况来看，备案件数比较多、数额比较大的是浙江省和上海市，这与这两个省市在本区域的实力是相称的。但是，上海市、浙江省及安徽省都有颁布本省市的慈善信托管理办法，如前文所述，其民政领域的一体化也是刚刚从养老领域起步，自然也尚未涉及慈善信托的税收协同问题。

第三节　区域慈善信托税收优惠协同存在的法律问题

区域内慈善信托税收优惠协同之所以难以推进，一方面是因为我国慈善信托税收优惠制度的缺陷，导致慈善信托增加额外的环节，提高了业务开展的成本，引发了不必要的法律风险；另一方面是因为慈善信托税收优惠在区域内各地协同实施存在困难，立法、执法、监管方面的法律问题使慈善信托税收优惠

---

[1] 全国慈善信息公开平台，http：//cishan. chinanpo. gov. cn/biz/ma/csmh/e/csmheindex. html，最后访问时间2021年10月26日。

协同面临重重阻碍。

一、我国慈善信托税收优惠制度的缺陷

1. 慈善信托税收优惠主体的相关法律问题

《慈善法》虽然明确了税收优惠主体的问题，但只是概括性的规定，应由哪些行政机关对税收优惠主体资格进行认定、如何认定，税收优惠主体可享有怎样的优惠政策、应如何享有相应优惠等问题均未做具体规定来予以回应。

（1）慈善信托税收优惠主体认定制度缺失

慈善信托属于公益信托，公益信托是为了公益目的而设立的，其实施有利于社会的发展和进步。[1] 但实践中往往存在很多与慈善信托类似、但其目的却并非为了公共利益的信托，若给予此类信托以慈善信托的税收优惠，将不利于维护社会公共利益，也有可能导致不法企业利用税收优惠逃避税款的缴纳，因而明确认定慈善信托税收优惠主体资格的方式、机构、程序、条件等制度性的内容具有必要性和现实紧迫性。在我国现行慈善信托业务模式下，税收优惠是通过慈善捐助的相关规定实现的，似乎巧妙地规避了享受税收优惠主体的认定问题，但这仅仅是权宜之计，不利于慈善信托的长久发展。

（2）慈善信托税收优惠主体相关配套制度不健全

在当前的慈善信托模式下，对于委托人来说，其将财产捐赠给由信托公司担任受托人，由于针对信托公司担任受托人的税收优惠主体认定政策的缺失，捐赠者可能面临难以获得税收优惠资格的问题；将财产捐赠给能够开具抵税凭证资格的慈善组织，又因捐赠票据的领取和发放受到严格的规则限制和数量控制，很多捐赠者可能面临难以获取捐赠发票的问题，从而影响公众投入慈善信托事业的热情。对于由信托公司担任受托人的情况来说，如何享受税收优惠目前还无法可依，从而限制了信托公司在慈善信托领域的业务开拓和优势发挥。对于受益人来说，慈善信托在开展过程中涉及多个环节，税收优惠政策的不明确不利于受益人利益的切实保障。由此可见，不健全的税收优惠主体相关配套制度无法有效地激励各个主体参与到慈善信托中，慈善捐赠和慈善信托的法律性质不同，涉及的当事人及其权利义务关系不同，也不宜直接地、完全地对慈

[1] 周小明：《信托制度：法理与实务》，中国法制出版社2012年版，第362－363页。

善信托适用国家对慈善捐赠的税收优惠。[1]

2. 慈善信托税收优惠内容的相关法律问题

慈善信托业务一般包括设立、运行以及终止三个基本阶段，对于慈善信托业务的征税主要发生在这三个阶段，即发生在委托人向受托人转移财产时、受托人管理财产时和受益人取得财产时；根据行为主体和行为方式的不同，其所涉及的税收项目也会有所区别。在缺乏相应的税收优惠制度的情况下，根据我国现行税法的规定，对慈善信托业务进行征税，就可能会导致重复征税等法律问题。

（1）慈善信托设立阶段的税收优惠问题

在这一阶段主要涉及的慈善信托当事人是委托人和受托人。我国《民法典》坚持“一物一权”原则，因而与英美法系慈善信托制度中，慈善信托一经设立即移转信托财产所有权不同：根据我国《慈善法》第四十四条和《信托法》第二条的规定，委托人仅仅是将其财产委托给受托人，对于慈善信托财产的所有权归属问题未做明确的规定。这样的规定看似巧妙地回避了信托制度与我国物权制度的矛盾与冲突，但却给税收征管带来更大的困境和麻烦。实践中，税务机关对慈善信托行为征税还是不征税存在争议，而如果适用一般经济业务的税收规定，就可能发生慈善信托当事人之间就同一信托财产和收益，被反复征税的情形，[2] 这将极大地遏制慈善信托发展的步伐。

在设立阶段也涉及慈善信托财产的移转，财产的类型不同需缴纳税目的种类和数额也不同。若为货币型资产，目前在我国的实践中，委托人和受托人无须缴纳税款；若为非货币型资产，则可能视同销售而缴纳增值税及附加税以及企业所得税或个人所得税；如果是不动产，还涉及契税。换言之，委托人目前非但不能享受慈善信托财产税前扣除优惠，还有可能缴纳增值税、所得税甚至契税，[3] 这将在一定程度上削弱公众开展慈善信托业务的积极性。

---

[1] 李文华：《完善我国慈善信托制度若干问题的思考》，载《法学杂志》2017 年第 7 期，第 93 页。

[2] 刘继虎，李阳：《我国公益信托税收优惠及其监管的制度建构》，载《齐齐哈尔大学学报（哲学社会科学版）》2018 年第 11 期，第 97 – 98 页。

[3] 方玉红：《慈善信托税收优惠，制度建设亟待“破冰”》，载《金融时报》2016 年 10 月 17 日第 8 版。

（2）慈善信托运行阶段的税收优惠问题

在这一阶段，主要涉及的慈善信托当事人是受托人和受益人。受托人为了使信托财产保值增值，通过管理运用信托财产，与第三人发生交易，产生信托收益。除此之外，受托人也可能基于信托合同收取一定的报酬，新的纳税义务便随之而来。如何激发受托人的积极性使信托财产物尽其用，充分服务于公益事业的发展，税收优惠制度便需要在此处发挥作用。受益人对于所得的信托收益负有纳税义务，但慈善信托的受益人以社会弱势群体为主，他们是否具有纳税能力是能否对其征收所得税的重要考量因素。

（3）慈善信托终止阶段的税收优惠问题

在这一阶段，税务方面问题涉及的慈善信托当事人主要是受益人，在有些情况下还涉及受托人。慈善信托因法定情形终止后，如果根据信托目的而由受益人取得慈善信托财产和信托收益的，此时的受益人同样存在运行阶段时是否具备纳税能力的问题；若根据信托目的而无法确定信托财产权利归属人或归属人为不特定的社会公众的，依据“近似原则”，受托人需将慈善信托财产用于目的相近似的公益项目，或转移给目的相近似的慈善组织或其他慈善信托，在后一种情况下信托财产的移转属于赠与，[1] 那么该慈善信托的受托人以及受赠慈善组织或其他慈善信托能否适用公益性捐赠相关的税收优惠规定还有待讨论；在前一种情况下，由于剩余的慈善信托财产被继续应用到慈善事业中，所以其转移到近似目的事业过程应该不予征税。

3. 慈善信托税收优惠监管的相关法律问题

对于慈善信托税收优惠具体实施的监管涉及部门多、协调难度大、防止慈善财产滥用的监管目的难以实现：税务部门负责税收优惠制度规范的执行和相关问题的解释，民政部门和银保监会负责对慈善信托进行协同备案监督管理等，虽然各部门的分工貌似清晰明确，但在具体实施过程中仍会出现职责冲突、难以协调的问题。慈善信托业务的开展根据慈善目的的不同，开展的周期也会不同，监管部门需长期跟进项目，以防出现慈善财产滥用的情形，而这将会带来不可避免的劳务成本和时间成本的耗费。

---

[1] 周小明：《信托制度：法理与实务》，中国法制出版社2012年版，第379页。

二、区域慈善信托税收优惠协同发展实施存在的困难

京津冀地区协同经过五年的不断深化改革与合作，长三角区域经过三年多的一体化规划，均取得长足的发展，为区域的协同发展营造了良好的税收环境。但在面临慈善信托税收优惠这一具体问题时，业已形成的协同机制仍存在局限，主要体现在立法、执法和监管三个层面。

1. 立法层面：区域税收征管法律体系不完善

基于我国国情和立法体制，在法律行政法规尚未对区域协同问题进行规定前，对于区域内税收协同发展的问题，区域内各省市可通过协议方式，在立法权限内就相关协同发展问题进行协商/协同立法；此外，国家机关也可针对具体问题出台相应的部门规章、规范性法律文件和相关政策。

在京津冀区域，自2014年7月，国家税务总局成立了京津冀协同发展税收工作领导小组，确立了集体讨论重大问题会议制度，规定可以通过全体会议、专题会议等形式，开展协同发展重大问题研究。❶ 同年10月，京津冀三地在廊坊市签署了《京津冀协同发展税收合作框架协议》，京津冀三地税务机关实施了资质互认、征管互助和信息互通等“一统三互”的工作措施。❷ 2015年，国家税务总局发出通知，明确了京津冀税务机关简化纳税人跨省（市）迁移手续的适用范围、时限要求、业务衔接和业务操作流程等内容。同时，财政部、国家税务总局公布《京津冀协同发展产业转移对接企业税收收入分享办法》，明确了企业迁入地和迁出地三大税种的税收收入五五分成等政策。自2014年以来，三地税务部门构建统一办税平台，实现资质互认、征管互助、信息互通，实现了京津冀跨区域纳税人征管信息数据和纳税服务共享。到2019年3月，京津冀三地纳税人不仅可在三天内完成企业跨省迁移手续，并且可以通过统一的

---

❶ 国家税务总局办公厅：《京津冀协同发展税收工作领导小组成立》，载国家税务总局网2014年7月18日，http://www.chinatax.gov.cn/chinatax/n810219/n810724/n811741/c1114646/content.html，最后访问时间2021年3月3日。

❷ 国家税务总局办公厅：《京津冀税收协作会议暨合作框架协议签字仪式举行》，载国家税务总局网2014年10月31日，http://www.chinatax.gov.cn/chinatax/n810219/n810724/c1251518/content.html，最后访问时间2021年3月3日。

办税平台办理相关涉税业务。[1] 河北省税务部门深入贯彻落实中共中央办公厅、国务院办公厅印发的《关于进一步深化税收征管改革的意见》和河北省省委办公厅、省政府办公厅《关于进一步深化税收征管改革的实施方案》，围绕京津冀协同发展、雄安新区建设和冬奥会筹办等重大国家战略，在具体实践中创新措施，全面深化税收征管改革。2021 年以来，河北省税务局率先在石家庄市、张家口市、雄安新区试点跨省异地电子缴税业务，着力解决多年来存在的异地缴税手续烦琐等问题。跨省异地电子缴税业务上线后，异地纳税人足不出户就可实现从网上申报、缴税到开具完税证明的“一条龙”办税服务，办税时间从以往的一两天压缩到三五分钟，简化了缴税流程，减轻了办税负担。[2] 但到本书完稿为止，京津冀三地并未出台统一的税收征管办法以系统地规定税源管理、税收协助、服务与监督的问题，相关国家机关也并未做出针对促进京津冀协同发展的具体税收优惠政策。在目前不完善的税收征管法律体系下，京津冀三地基于自由裁量权，结合自身的发展情况针对税收优惠政策做出不同的解读，从而将会对慈善信托的发展造成不同程度的影响，有可能使得三地慈善信托发展的差距越来越大，马太效应愈显。

在长三角区域，《国家税务总局关于进一步支持和服务长江三角洲区域一体化发展若干措施的通知》（税总函〔2020〕138 号）于 2020 年 7 月发布。根据该通知，为更好地发挥税收服务国家重大发展战略的作用，税务总局决定进一步推出以下十项助力长三角一体化高质量发展的税收征管服务措施：

一是提升税收大数据服务能力，即推动长三角区域税收数据共享共用，积极打造税收“服务共同体”“征管共同体”和“信息共同体”。利用税收大数据，加大长三角区域税收经济联合分析力度；二是深化增值税电子发票应用，即将长三角区域部分城市列入首批增值税专用发票电子化试点范围。进一步提升电子发票公共服务平台支撑能力，加大增值税电子普通发票推广力度；三是推行“五税合一”综合申报，即进一步简并征期，将城镇土地使用税、房产

---

[1] 蔡岩红：《京津冀税务稽查协查协作机制建立》，载法制网 2019 年 2 月 26 日，http://www.legaldaily.com.cn/index/content/2019-02/26/content_7781008.htm，最后访问时间 2021 年 9 月 3 日。

[2] 方童，祝龙超：《河北：在服务国家战略中深化税收征管改革》，载人民网 2021 年 8 月 21 日，http://he.people.com.cn/n2/2021/0821/c192235-34877947.html，最后访问时间 2021 年 9 月 3 日。

税、印花税（按次申报的除外）、土地增值税等四个税种统一按季申报。纳税人在申报上述四个税种和企业所得税时，可选择通过电子税务局进行税种综合申报，实现“一张报表、一次申报、一次缴款、一张凭证”；四是探索推进纳税申报预填服务，即增值税小规模纳税人通过电子税务局申报时，系统自动归集纳税人发票开具、房产及土地税源等数据，自动判断应申报税种，自动推送预填数据，由纳税人确认后一次完成各税种申报；五是简化增值税即征即退事项办理流程，即对除纳税信用级别为C级、D级以外的纳税人外，在软件产品、安置残疾人就业等11项增值税即征即退事项办理中，简并报送资料，减少环节，提高效率；六是加快土地增值税免税优惠办理，即对除纳税信用级别为C级、D级以外的纳税人，推进土地增值税免税事项办理环节的简并，进一步优化办理方式，减少资料报送，促进纳税人更快享受免税优惠；七是推进服务贸易对外付汇便利化，即进一步优化服务贸易对外支付流程，在服务贸易等项目对外支付税务备案电子化的基础上，推进税务备案信息与银行间同步共享，更好满足纳税人异地付汇业务需要；八是统筹开展税收风险管理，即依托税务总局云平台大数据等数据资源，实现长三角区域涉税风险信息和风险模型共享。统筹跨区域风险管理任务，避免对区域内跨省经营企业的重复检查；九是推进税收政策执行标准规范统一，即对税收法律、法规、规章、规范性文件及税务总局其他文件明确规定由各省（市）税务机关自行确定执行标准的税收政策，根据实际情况研究协调在长三角区域统一执行标准；十是构建统一的税收执法清单体系，即将长三角区域统一的税务行政处罚裁量基准与长三角区域通办涉税事项清单、“一网通办”任务清单相衔接，构建长三角区域统一的税收执法清单体系。以上十项措施，由国家税务总局上海市税务局牵头，江苏、浙江、宁波、安徽省（市）税务局共同抓好落实。可以看出，国家税务总局在上述通知中的内容，比《京津冀协同发展税收合作框架协议》的内容更为具体和具备可操作性，是值得肯定的。但遗憾的是，长三角区域内三省一市尚未出台或者协同出台本省市实施此通知的办法或者细则，也未出台统一/协同的或者一体化的税收征管办法，来对税源管理、协同服务与监督、税收优惠协同等问题进行系统地规定，这仍然是需要进一步完善的地方。

2. 执法层面：区域内税收征管执行效率和标准存在差别

在京津冀区域，2016年营改增试点全面推开后，京津冀三地税收政策进一步统一。但对于很多税收优惠方面具体税务政策的执行范围、幅度、条件等由京津冀三地税务机关自行决定，对于国家税收法律法规的解读也由三地税务机关自行展开。比如，针对财政部、国家税务总局于 2018 年 2 月 7 日发布的《关于非营利组织免税资格认定管理有关问题的通知》，北京市财政局、原北京市国家税务局、原北京市地方税务局于 2018 年 4 月 24 日发布相应补充通知，其中对申请材料的内容，对免税资格的复核、复审和取消做出了具体规定；天津市财政局、国家税务总局天津市税务局于 2019 年 1 月 9 日结合工作实际发布了相应通知；河北省财政厅、原河北省国家税务局、原河北省地方税务局于 2018 年 4 月 2 日转发相关通知，仅在申请材料中做了补充。由此可见，京津冀三地对于国家发布的关于税收优惠的规范性文件的落实，不论是执行效率还是执行标准都存在着差异。慈善信托是出于公益目的、为实现社会公共利益而设立的，在京津冀的协同发展中，可以通过设立慈善信托达到扶贫、扶老、教育、生态环保等公益目的，这时，慈善信托的当事人就可能散布在京津冀三地，三地税收征管的执行效率和标准存在区别，不利于税收优惠制度发挥对慈善信托的激励作用。

在长三角区域，前文提到的《国家税务总局关于进一步支持和服务长江三角洲区域一体化发展若干措施的通知》（税总函〔2020〕138 号）中所规定的十项措施中，第一项（提升税收大数据服务能力，即推动长三角区域税收数据共享共用，积极打造税收“服务共同体”“征管共同体”和“信息共同体”）、第八项（统筹开展税收风险管理，即依托税务总局云平台大数据等数据资源，实现长三角区域涉税风险信息和风险模型共享）、第九项［推进税收政策执行标准规范统一，即对税收法律、法规、规章、规范性文件及税务总局其他文件明确规定由各省（市）税务机关自行确定执行标准的税收政策，根据实际情况研究协调在长三角区域统一执行标准］和第十项（构建统一的税收执法清单体系，即将长三角区域统一的税务行政处罚裁量基准与长三角区域通办涉税事项清单、“一网通办”任务清单相衔接，构建长三角区域统一的税收执法清单体系），是直接与区域内税收征管执行效率和标准相关的，相对已经比较完备了。但是，由于长三角地区三省一市尚未出台具体的执行标准，其落实效果究竟如何，还有待观察。

3. 监管层面：区域税务协查机制不完备

在京津冀区域，2014 年以来，京津冀三地税务部门着力构建统一办税平台。前文已述及，在2015年4月，京津冀三地原国税局签署《京津冀税务稽查协查协作协议》，建立京津冀税务稽查协查协作机制，并于2015年12月签署《京津冀税务稽查协作备忘录》。虽然三地在外管证电子化、税收知识库建设方面取得了一定成就，但在互联网统一征管方面缺乏税收基础信息的共享机制，税收征管实务中信息互动有限。[1] 三地税务机关对同一纳税人或者同一事项税务信息的掌握都相对片面，这将为纳税人申报纳税、减税以及对非营利性组织进行免税认定等方面都带来不便。

在长三角区域，除根据《国家税务总局关于进一步支持和服务长江三角洲区域一体化发展若干措施的通知》的规定而建设电子税务局外，长三角各省市税务部门在打造“征管共同体”和“服务共同体”方面同样形成了一批创新成果。比如，一体化服务、企业不再“跑断腿”，一体化共享、四地共用“信息网”，一体化征管、税收执法“一把尺”，促进了执法标准和区域税务协查机制的一体化。[2] 但是，税务稽查跨区域协作机制尚未在长三角地区建立起来，这也是尚需完善的地方。

第四节　国外慈善信托税收优惠制度设计经验及启示

由于慈善信托具有巨大的社会公共效益，世界上很多国家的税法均有对慈善信托的信托财产及其收益在税收上给予优惠的规定，但基于两大法系的法律传统、历史文化背景和社会发展水平不同，慈善信托税收优惠制度的框架和内容也各有不同。本部分以英国和日本的慈善信托税收优惠制度为代表，进行对比并总结相关制度经验，以从中获得设计我国慈善信托税收优惠制度的启示。

一、英国慈善信托税收优惠制度设计之经验

关于慈善信托税收优惠资格认定方面。在认定机构与方式上，在颁布

---

[1] 郑克为，柴晶，陈飞：《浅析京津冀一体化下的税务稽查协同发展》，载《天津经济》2016年第6期，第60页。

[2] 王建朋：《长三角税务：从“各管一摊”到“一摊共管”》，载淮安新闻网2020年8月10日，http：//www.hynews.net/p/114693.html，最后访问时间2021年9月3日。

《1960 年慈善法》（该法确立了真正意义上的慈善信托强制登记制度）之前，英国是由国家税务署决定未在慈善委员会登记的慈善信托是否符合免税的要求，[1]《1960 年慈善法》颁布后，慈善信托只要完成慈善委员会的登记，则自动获得税收优惠资格。[2] 在认定条件上，满足慈善信托的成立要件即可，具体包括：内容方面要符合信托设立的基本条件，即委托人意图的确定性、信托标的物（信托财产）的确定性以及受益对象的确定性；[3] 公益性方面要求信托目的必须是慈善目的、信托必须为了社会公共利益、信托必须具有绝对公益性。[4] 在认定程序上，慈善信托需要提出申请并通过慈善委员会的审核，成为“注册慈善组织”，才有权享有税收优惠。

关于慈善信托税收优惠内容方面。英国的税收优惠主要针对慈善信托的委托人和慈善信托本身，对受益人的税收优惠仅表现在接受利益时享受的免税利益。基于慈善目的设立的慈善信托，可以要求免除所得税、增值税等税费。在设立阶段，若企业作为委托人，则可申请将设立慈善信托的全部款项从应税所得中扣除；若个人作为委托人，则可按照较低的所得税基础税率进行纳税。除此之外，以遗嘱方式设立的慈善信托，可以免缴一定的遗产税；以不动产设立的，免除财产转让时的印花税；以其他方式设立的，可免缴信托财产转让过程中产生的所得税。在运行阶段，慈善信托不需为以慈善为目的或主要以慈善为目的的活动收入支付所得税；以出售捐赠物品救济穷困的，可以免除增值税；慈善组织有权对其所占有的土地及其土地上的建筑要求土地税的减免。[5] 在终止阶段，慈善信托受益人或基于近似原则而获得慈善信托财产的受益人，免于征收赠与税和所得税。

关于慈善信托税收优惠监管方面。《1853 年慈善法》颁布后，英国建立了全国性的、常设的专门监管机构——慈善委员会，历经 1960 年、1993 年与 2006 年、2011 年相应慈善法的颁布，形成了以慈善委员会监管为中心的、具有英国特色的全方位的慈善信托监管制度。2016 年英国虽然对《慈善法》做了修

---

[1] 解锟：《英国慈善信托制度研究》，法律出版社 2011 年版，第 76 页。
[2] 刘继虎：《非营利组织所得税优惠制度比较与借鉴》，载《河北法学》2008 年第 4 期，第 98 页。
[3] 何宝玉：《信托法原理研究》，中国政法大学出版社 2005 年版，第 78 页。
[4] 解锟：《英国慈善信托制度研究》，法律出版社 2011 年版，第 51 页。
[5] 解锟：《英国慈善信托制度研究》，法律出版社 2011 年版，第 76－78 页。

订，但是关于慈善信托的内容（包括慈善信托的税收等内容）并没有变。对于慈善信托税收优惠，慈善委员会通过登记认可慈善组织的慈善地位，通过行使其财务监督权来要求慈善信托的受托人以一种被指定的形式保管财务账目，准备年度报告并上交，还可要求已登记的慈善信托提交每年的利润报告，并交由第三方进行审计。英国最高税务和关税署对获得减免税收资格的慈善信托享有监督权，若发现某个慈善信托从事非公益活动或将信托财产的投资收益用于私益目的的，其可将案件提交法院，同时其还有权力查阅慈善委员会的登记记录。此外，英国费用评级机构有权决定慈善信托对税收的豁免资格，公司登记署负责对公司性质的慈善信托受托人进行登记。[1]

二、日本慈善信托税收优惠制度设计之经验

关于日本公益信托（大体上相当于英美法系的慈善信托）的税收优惠资格认定方面。在认定机构与方式上，日本的公益信托分为一般公益信托、特定公益信托和认定公益信托，其所需满足的法律条件越严格、具有的公益性也越强。公益信托在公益认定委员会设立登记后，对于公益性比较强的公益信托，在经过主管公益信托的大臣认定后，满足日本税法规定的“特定公益信托”的认定条件，才能享受税收优惠。[2] 在认定条件和程序上，特定公益信托的前置性条件主要有三点。第一，受托人是信托银行。第二，在信托业务管理过程中具体应满足以下几方面：一是公益信托终止时，若不存在信托财产归属人，为了信托的存续，根据信托宗旨，信托财产应当向有近似目的的公益信托转移；二是受托人不得擅自以合意终止公益信托；三是公益信托不能接受货币以外的公益捐赠；四是公益信托只能按照法律规定的风险较小的方式进行投资，如存款、国债等；五是必须设置信托监察人；六是必须设置运营委员会，且受托人处理信托事务时，应遵循运营委员会建议。第三，满足上述要件后，还需通过主管公益信托的大臣之认定。[3]

---

[1] 解锟：《英国慈善信托制度研究》，法律出版社2011年版，第124－127页。

[2] 郑亦清，王建文：《论我国慈善信托税收优惠制度的完善》，载《财会月刊》2018年第11期，第162页。

[3] 徐卫：《慈善宣言信托制度构建研究》，法律出版社2012年版．转引自郑亦清，王建文：《论我国慈善信托税收优惠制度的完善》，载《财会月刊》2018年第11期，第162页。

日本关于公益信托税收优惠内容方面。在设立阶段，当委托人是法人时，对特定公益信托的捐赠款项作为一般捐款，在损金算入额度内可以作为损金处理，对认定、特定公益信托的捐赠款项与一般捐款的损金算入金额相同的额度内，可以另项算入损金；当委托人是个人时，对认定、特定公益信托的捐赠款项视为特定捐款，可以扣除捐款额度；继承人或受遗赠人以继承或遗赠的金钱设立信托的，除了不当减少继承税的情形，不算入继承税的课税金额。在运行阶段，如果公益信托产生收益，对委托人而言，若委托人为法人，由于税法上没有规定为非课税，由信托财产产生的收益包括在委托人的课税对象范围内。对于特定公益信托产生的收益不课税；若委托人为个人，则由公益信托的信托财产产生的收益不课以所得税。关于受益人受领给付的收益，对于受益人来说，若受益人为法人，则作为临时收入课以所得税，对受到财务大臣制定的学术贡献表彰或学术研究奖励或作为学资支付的，不课征赠与税、所得税，对有关收益事业的给付课征法人税，对收益事业以外的给付，则不课征法人税；若受益人为个人，并且由公益财产支付的是补助金的，则课以赠与税。在终止阶段，遵循运行阶段针对给付受益人的规定处理。[1]

关于公益信托税收优惠监管方面。日本对于公益信托的监管采取的是行政机关分散监管的模式。根据《日本信托法》第 67 条的规定，公益信托的设立须经主管机关的许可并受主管机关的监管，依据公益信托的目的不同，报请各目的相应主管部门进行审批；受托人每年还需定期向主管机关报告信托财产处理状况，并接受主管机关的审核备案并进行公告。

三、分析与启示

1. 公益性是慈善信托享受税收优惠的必备条件

英国虽规定经慈善委员会登记即可享受税收优惠，但其设立成功的条件除一般信托成立的要件以外，对于公益性的要求做出了明确的规定；日本依据公益性的程度不同，认定的公益信托的种类不同，享受的税收优惠也存在相应差别：公益性越强，所获得的税收优惠力度越大。由此可见，认定慈善信托的公

[1] 姜雪莲：《日本新信托税制内容探析》，载《税务研究》2014 年第 6 期，第 89－92 页。

益性是享受税收优惠的必备条件，明确公益性的认定标准和必需要件是慈善信托税收优惠制度设计的基石。

2. 遵循实质课税原则以简化慈善信托税收难题

不论是英国还是日本，对于慈善信托的课税都集中在慈善财产的流转和处分两个方面，分为设立、运行和终止三个环节。对转移的行为中，不开征形式流转引起的所得税，对实质流转引起的相关税目进行免征。对处分的行为，主要是受托人经营、管理相关资产时所获得的收益，对这些收益所得则减少征缴的额度或免税。除此之外，日本对于由法人和个人担任公益信托的主体有着不同程度的税收优惠，更侧重于激励法人参与到公益信托中。由此可见，在对于慈善信托各主体征税的过程中分环节进行征税遵循实质课税的原则是有利于避免重复课税的，在各环节中针对参与主体赋予税收优惠，会使得慈善信托税收优惠制度的体系更清晰，更利于实施。

3. 相对完整的监管体系有助于税收优惠发挥激励作用

对于慈善信托税收优惠的监管，英国建立了以慈善委员会为主、税务和关税署等机构为辅的集中监管体系，日本建立了不同慈善目的的公益信托由主管相应公益事务的主管行政机关主管的分散监管体系，分散监管体系相对于集中监管体系存在着很大的弊病和不成熟之处：比如，当一个公益信托项目包含多种目的时，就会出现行政监管混乱、效率低下的情况，不利于慈善事业的快速发展。由此可见，我国需要结合现实情况建立符合我国慈善信托发展环境和要求的相对完整的监管体系，这样有助于慈善信托税收优惠制度发挥其对于慈善信托发展的激励作用。

第五节　国内外税收协同制度建设的经验及启示

区域发展不平衡是世界各国都面临的重要问题。在区域经济协调发展中，从国际范围来看，欧盟的税收法律体系较为完善，信息化征管模式较为成熟；我国则以长三角区域和泛珠三角区域为区域经济发展的领头羊，故此部分内容以欧盟、长三角区域和泛珠三角区域已有的做法和经验为例，为京津冀慈善信托税收优惠协同发展提供经验，为长三角区域税收协同/一体化的进一步发展提供启示。

一、欧盟内的税收协同机制

基于完善的税收法律体系，欧盟形成了综合而灵活的多层级的税收协同机制。欧共体条约确立了税收协调的一般原则和指导，条例、指令、决定构成了具有约束性的基本征管协调框架，欧盟当局的非约束性的协调指导与广泛的行政合作以及双边、多边协议则构成了灵活多样的税收协同方法与程序；既没有过多地迁就或放任各成员国的税收主权，也没有过分地强行推进成员国的税收征管制度的统一，而是极为务实地根据情况的变化发展逐步推进。[1] 具体体现在以下两方面。

一方面，各成员国进行税收征管的标准来源具有一致性。欧盟各成员国依据指令将相关规定以立法或行政规章的方式内化为国内法；决定通常由欧盟机构为适用条例和指令而做出或是允许对某项欧盟文件适用的例外，对于目标的成员国来说具有强制力；条例可以直接予以适用，不存在成员国在其国内法中对这一规范接受的问题。

另一方面，各成员国的行政机关积极进行税收情报的交换，以保证对欧盟内进行交易的交易者进行有效的监督。这方面最早通过的指令是 1977 年 12 月 19 日有关直接税收领域的相互协助的 77/799/CEE 指令。它建立在不同方式的税收机关间的信息交换基础上，它从一般的请求到经验的交流，还包括自动、自发的交流，现场调查以及咨询。[2]

二、长三角区域内已有的税收协同机制

自 2008 年国务院印发《关于进一步推进长江三角洲地区改革开放和经济社会发展的指导意见》起，长三角地区政府层面便实行决策层、协调层和执行层“三级运作”的区域合作机制。具体而言，其中的决策层即“长三角地区主要领导座谈会”，协调层即“长三角地区合作与发展联席会议”，执行层包括“联席会议办公室”和“重点合作专题组”，确立了“主要领导座谈会明确任务方

---

[1] 崔晓静：《欧盟税收协调法律制度研究》，人民出版社 2011 年版，第 99－100 页。

[2] 崔晓静：《欧盟税收协调法律制度研究》，人民出版社 2011 年版，第 96 页。

向、联席会议协调推进、联席会议办公室和重点专题组具体落实”的机制框架。目前设立了交通、能源、信息等12个重点合作专题。[1] 由于财税政策的复杂性，在长三角一体化中目前还没有财税组，但解决公共服务均等和产业布局同构的关键就在于财税政策，如何在财税一体化上破题还需要在税收优惠政策、补贴、制度创新等方面进行努力。[2]

在税收协同发展的某些具体方面，长三角区域也做出了很好的示范作用。在税务总局的统一部署下，由原上海市国家税务局、上海市地方税务局牵头开发建立的长江经济带税收信息共享平台于2016年1月1日在“泛长三角”地区原国家税务局、地方税务局正式上线启用，首批上线的包括外管证信息交换、跨区域迁移涉税数据对接、非正常户协作监督、税收分析数据交换四个项目，平台的应用为税务部门实现跨省数据共享奠定了基础。[3] 此外，长三角一体化示范区即将设立，在这个示范区内，税收分成将率先进行探索，税收政策创新体现在协调统一无差别的税收政策的适用标准，逐步统一违法行为认定的执法标准、行政处罚裁量标准等。[4]

三、泛珠三角区域内已有的税收协同机制

2004年6月，《泛珠三角合作框架协议》签订，泛珠三角区域正式开展区域合作。[5] 同年12月，《泛珠三角区域地方税务合作协议》签订，以保障区域内税收合作和经济发展。[6] 为进一步贯彻落实《泛珠区域地方税务合作协议》，

---

[1] 韩声江，张赛男：《长三角区域合作办公室如何协同办公？三年行动计划初稿将成形》，载澎湃新闻网2018年3月18日，https：//m. thepaper. cn/newsDetail_forward_2032851，最后访问时间2020年10月2日。

[2] 卜羽勤：《长三角一体化离不开财税政策，专家吁降低45%个税最高边际税率》，载搜狐网2019年6月28日，http：//m. sohu. com/a/323572067_161795，最后访问时间2020年10月2日。

[3] 上海市税务局：《破地域壁垒，促区域税收协作，长江经济带信息共享平台稳步运行》，载上海市税务局网2016年12月1日，www. tax. sh. gov. cn/xwdt/swxw/201612/t428989. html，最后访问时间2020年12月2日。

[4] 邹臻杰：《税收分成有望先试先行，未来长三角一体化示范区“特”在哪里》，载新浪网2019年4月24日，https：//finance. sina. com. cn/roll/2019 - 04 - 24/doc - ihvhiqax4694074. shtml，最后访问时间2020年12月2日。

[5] 王攀，车晓蕙：《“9 + 2”泛珠三角首脑共签合作框架协议》，载新浪网2004年6月4日，http：//news. gd. sina. com. cn/local/2004 - 06 - 04/482452. html，最后访问时间2021年9月3日。

[6] 黄玫：《泛珠三角9省区承诺：不重复征税 不擅自减免税》，载网易网2004年12月9日，https：//news. 163. com/41209/1/176J4SU00001124R. html，最后访问时间2021年9月3日。

各方基于区域税收工作的实际情况，充分协商，于2012年形成了《关于加强泛珠三角区域地方税务合作的若干意见》。由此，泛珠江三角洲的广东、福建等9省和香港、澳门2个特别行政区的财税部门，不断推进区域内的税收征管合作。根据该意见，泛珠三角区域内的税收协同机制具体体现在以下五个方面。

一是建立泛珠三角区域地方税务合作联席会议制度的合作机制，会议研究决定重大合作事宜，形成会议纪要并由领导小组各成员签名通过后发各地贯彻落实，设立联络办公室和联络员负责日常联系工作，建立专题工作小组开展具体专项合作；二是在税收法治方面，区域内进行学习交流行政案件处理及税收执法方面的经验做法；三是在税收政策方面，定期交流税收政策工作信息，统一把握落实税收政策；四是在税收征管方面，建立税收征管状况分析和征管工作经验交流的常态机制，定期交换征管信息；五是在税务工作人员培养方面，区域内税务干部进行互派挂职锻炼，学习各地税收征管的良好经验，提高纳税服务水平，保证征管协同。

四、国内外已有的税收协同机制的分析与启示

1. 因地制宜地建立有效的区域合作征管机制是税收协同发展的基石

欧盟各国的税收主权是维护国家根本利益的基石，而进行税收征管协同的过程中必然会冲击和挑战各国的税收主权。欧盟通过国际条约和规范性法律文件一步步地建立起了多层级的区域合作机制，以寻求税收主权和税收协同之间的平衡；我国虽然实现了国地税合并，但是各省市自治区的税收自由裁量权关乎其税收利益，长三角区域已经初步建立了税务征管合作机制，并积极探索税收分成的实行，泛珠三角区域建立联席会议制度的合作机制，以促进税收征管的协同发展。由此可见，各区域进行慈善信托税收优惠协同发展的基石需要根据区域内各地不同的发展状况建立适宜各区域自身的合作机制，以保障慈善信托税收优惠的实现。

2. 税收政策的协同有助于区域资源和利益的合理分配

税收政策可以影响区域内不同地区之间的资源配置和税收利益分配：一方面，通过制定区域性税收优惠政策，使生产要素在不同地区的投资回报率不同，势必引导生产要素从税收负担重的地区流向税收负担轻的地区，达到区域经济

协调发展的目标；[1] 另一方面，不同的税收分享政策将会影响税收和税源之间的关系。京津冀地区、长三角区域和泛珠三角区域及其他各区域，都面临着区域内部各地经济发展水平落差大、资源分布不均衡的问题，长三角区域积极寻求税收分成、税收优惠方面的制度创新，泛珠三角区域通过区域内部的密切联络，在税收优惠政策落实上达到一致，各区域应当相互借鉴其他区域在税收政策协调方面探索所得的经验，通过税收政策的协同来实现区域资源和税收利益的合理分配，为慈善信托各项目的落地创造良好的税收环境。

3. 构建税收信息分享平台有利于进行区域税收监管

欧盟通过具有约束性的指令强制性地要求各成员国进行信息交换，长三角区域已经通过建立长江经济带税收信息共享平台来实现区域内部的信息共享，京津冀地区在信息共享方面做出了努力，可喜的是，在国家税务总局的支持和具体指导下，北京市税务局、天津市税务局、河北省税务局于2021年7月联合印发《关于税收支持和服务京津冀协同发展便利化举措的通知》（以下简称《通知》），推出四方面共计十九项推进三地税收征管一体化和办税便利化的税收举措。目前，互联网技术与经济社会发展的联系日益紧密，世界各国都在积极探索以互联网为载体的新型税收管理模式，[2] 各区域地区应当顺应“互联网+”的潮流，以建立税收信息分享平台为起点，促进互联网与税收工作的深度融合，以便进行区域税收协同监管、执法及其便利化。

第六节　促进区域慈善信托税收优惠协同的建议

我国2016年出台的《慈善法》明确规定公益慈善事业包括促进教育、科学、文化、卫生、体育等事业的发展，生态环境保护等有利于社会公共利益的活动，此时的公益慈善事业不仅仅是社会保障的组成部分，它的发展和现代化

---

[1] 杨晓婷：《沿边地区税收政策研究——基于区域经济协调发展视角》，云南财经大学2016年硕士学位论文，第17页。

[2] 丁芸，张岩：《“互联网+”背景下税收征管模式探究》，载《会计之友》2019年第17期，第133－135页。

进程以及全面建成小康社会的国家战略开始息息相关。[1] 京津冀协同发展战略是在京津冀地区生态环境持续恶化、城镇体系发展失衡、区域与城乡发展差距不断扩大等突出问题出现的背景下提出的，长三角等其他区域也存在类似的问题，所以中央才提出一体化的发展战略。治理这些社会公共问题的主体是多元的，方式也不只是通过国家强制力来实现，除政府之外的其他组织机构、个人可以通过慈善的方式参与到公共事务治理中，发挥各自的优势，进而实现治理成效的最大化和最优化；而慈善信托通过慈善与金融相融合的方式来吸引社会资源进入慈善领域，其作为撬动中国公益慈善事业的杠杆，[2] 亦将承担重要角色。而通过税收优惠政策激励慈善信托的运作，是慈善信托在区域协同发展过程中发挥更积极作用的前提。因此，为促进区域慈善信托的税收优惠协同，结合上文所述国外慈善信托税收优惠制度建设以及国内外区域税收征管机制设计的经验，一方面可以以京津冀、长三角等区域为试点区域创新慈善信托税收优惠制度设计，另一方面京津冀、长三角等区域政府可以携手并建立、完善税收合作机制和信息共享平台，优化区域慈善信托税收优惠制度实施的环境。

一、创新区域慈善信托税收优惠协同的制度设计

经过改革开放40余年的发展，我国逐步形成了具有中国特色的、适合中国国情的税收制度，其中“试点模式”就是我国税收制度改革模式的典型，在现行的税收立法模式中“试点模式”占据主要地位，除《中华人民共和国个人所得税法》《中华人民共和国企业所得税法》《中华人民共和国车船税法》三部实体法以外，占税收整体收入的70%左右的其他税种皆主要是通过授权行政机关，让行政机关进行行政立法的方式来实施的。[3] 由此可见，可以由相关行政部门出台与慈善信托税收优惠制度相关的规范性文件，以京津冀、长三角等区域作为试点地区，为全国慈善信托税收优惠制度建设提供可复制、可推广的经验，这一试点模式在我国推行具有一定的可行性，通过试点总结成败得失，可

---

[1] 施从美，江亚洲：《从传统道德到公共生活：现代社会治理语境中的公益慈善》，载《社会科学战线》2019年第5期，第198页。

[2] 魏巍：《〈慈善法〉点亮我国慈善信托的灯塔》，载《中国社会组织》2016年第9期，第25页。

[3] 张学博，任卓：《税收立法“试点模式”研究——以“营改增”试点模式为例》，载《广西经济管理干部学院学报》2018年第1期，第35页。

以探索我国慈善信托税收优惠制度构建的实现路径和形式，并在试点的过程中促进京津冀协同发展、长三角的一体化发展，以实现京津冀、长三角等区域的社会公共问题的有效治理。本部分将从慈善信托税收优惠的主体制度、内容制度和监管制度三个方面出发，搭建对协同发展区域、一体化区域试点慈善信托税收优惠制度的构想。

1. 慈善信托税收优惠主体制度的构建

(1) 明确享有税收优惠的慈善信托的认定条件

可以参照日本的做法，将税收优惠赋予特定的慈善信托，以保证公益慈善目的完全实现，促进更多符合享受税收优惠条件的慈善信托项目落地。在认定条件的设置上，可以从以下几方面进行：一是该慈善信托项目是已向区域内各地区省（市）级民政部门成功备案的项目，此条件是慈善信托项目享受税收优惠的前提条件；二是限定受托人必须是信托公司和/或慈善组织，此条件有利于使受托人的财产得到充分利用；三是保证慈善信托的信托目的是满足《慈善信托管理办法》第七条规定的绝对的、排他的公共利益目的，不得包含任何非公益目的，此条件有助于防止利用慈善信托进行避税情形的发生；四是限定慈善信托的投资范围，只能运用《慈善信托管理办法》第三十条所列举的或实践中与之类似的低风险资产，此条件意在保障信托财产的安全，防止其信托目的的落空；五是该慈善信托必须设置慈善信托监察人，因为信托监察人可以监督受托人履行其职责、维护委托人的利益，保障信托目的的实现；六是限制受托人终止慈善信托的权利，受托人不得违反信托合同的规定而擅自中止慈善信托项目，此条件目的在于保证慈善信托项目的平稳运行；七是设立慈善信托财产的专项账户，进行单独核算，并且定期进行财务报告的公示，此条件意在通过公众监督慈善信托项目的运行；[1] 八是依据《慈善法》第五十七条的规定严格限制慈善信托终止后剩余信托财产的归属，存在明确归属人的，则剩余信托财产归约定的该归属人所有；而如果某信托财产不存在明确归属人的，则剩余信托财产应当依据“近似原则”用于具有近似目的的其他慈善信托项目，此条件意在自始至终充分贯彻该信托之慈善目的。

---

[1] 《慈善信托信息公开管理办法（征求意见稿）》的第十一条、第十二条、第十三条规定了与慈善信托财务公开有关的内容，包括：慈善信托设立时的信托财产种类及信托文件约定数额、初始数额、年度慈善支出的比例或数额，慈善信托财产的变更等。

(2) 严格享有税收优惠的慈善信托的认定程序

我国慈善信托处于发展初期，笔者同意这样的观点，即对于享有税收优惠的慈善信托的认定程序应当从严设置，以体现我国对慈善信托有效监管的理念。[1] 认定慈善信托税收优惠资格可以按照以下程序展开：第一步，应由京津冀地区省（直辖市）级民政部门对慈善信托进行设立前的实质性审查，将符合设立条件的项目登记备案；而后，对于满足上文所述可赋予其税收优惠资格的项目出具相应的证明材料，同时对银保监部门进行信息共享并由银保监部门进行相关信息的登记。第二步，将慈善信托的相关材料以及民政部门出具的证明材料提交同级税务部门进行形式审核，对于符合税收优惠条件的慈善信托项目进行备案并出具相应的证明材料。第三步，将所有项目文件和相关证明材料提交同级财政部门，由财政部门向该项目受托人发放类似于公益性捐赠统一票据的证明并登记备案。在审核资格的过程中应当明确民政部门、银保监部门、税务部门和财政部门各自的职责，提高行政的办事效率；同时，委托人、受托人和监察人三方应当共同参与整个审核过程，保证受审核材料的真实性。如果委托人、受托人在慈善信托设立时明确声明不申请税收优惠的，则可不必履行上述全部备案、登记、审查程序，而只需像现在一样到民政部门进行备案即可。

(3) 细化享有慈善信托税收优惠的主体的规则

委托人可以凭借受托人向其开具的公益性捐赠统一票据进行税前抵扣。受托人对于因开展慈善信托业务所获报酬可以在纳税的过程中进行一定程度的减税，不论是自然人、法人还是非法人组织作为受益人，对于经由慈善信托项目所获的财产均可以享受减免税款的税收优惠政策；具体的针对受托人的减税幅度和条件以及针对受益人的免税条件和征税规则仍需要区域内各地专门的税务、财政、民政、银保监等机构进行共同研究。

2. 慈善信托税收优惠内容制度的构建

(1) 依据慈善信托环节区分税收优惠政策

在慈善信托的设立阶段，委托人将信托财产转移至受托人，受托人仅对信托财产享有名义上的所有权，即依据信托目的对信托财产进行占有、使用、处分，而不能获得信托财产所带来的财产性利益。从这个意义来说，受托人并非

[1] 卢瑾：《我国慈善信托税收优惠制度构建初探》，载《山西财税》2018 年第 5 期，第 18 页。

信托财产的所有者，因此根据实质课税原则，受托人不应当对所取得的信托财产承担纳税义务。

在慈善信托的运行阶段，受托人依据慈善信托文件的规定，管理信托财产，实现利益所得，此时根据信托导管理论[1]，信托只是作为财产输送的管道，当信托财产实现利益所得时，就视作受益人实现了该所得，理论上应当由最终受益人直接承担纳税义务。但在慈善信托中，受益人往往是不确定的，因而可以先由受托人代为履行纳税义务，并享受一定程度的减税优惠，后续受益人获得收益，对已扣缴税款的部分可以免征税款。

在慈善信托的终止阶段，税收政策的设定应当区分协议明确约定剩余财产归属人和将剩余财产用于目的相同或者相近的其他慈善项目的不同情形。在前者，此时信托财产发生实质性的转移，剩余财产归属人应当对于所得信托财产负有纳税义务，但应当采取减征或者免征税款的税收优惠措施；在后者，此时发生的信托财产的转移仍然是形式上的转移，取得信托财产的人仍不对此负有纳税义务，但在其接受此形式上的转移后，该慈善项目后续运行过程发生的信托财产的收益和转移行为，则应按照慈善信托运行阶段的税收规则进行纳税活动。

（2）依据信托财产性质区分税收优惠政策

《慈善信托管理办法》第二十八条针对不同财产性质的信托财产规定了不同的保管方式，在一定程度上该规定认可了除资金以外的设定慈善信托的财产形式。为鼓励慈善信托设立的多样化，可以根据不同性质的财产对涉及的不同税种，赋予其不同的税收优惠内容。若以资金作为信托财产设定慈善信托时，除以政府债券等免税投资的方式进行信托财产运作以外，对于以其他低风险的方式进行信托财产运作的过程中产生的税收可以减免征收；若信托财产为不动产时，可以减少征收财产转让或租赁时产生的契税、增值税、印花税等；若以股权设立慈善信托时，可以参照现行《企业所得税法实施条例》第二十五条对

---

[1] 信托导管理论，是一项指导信托所得税制立法与实施的基本理论。它立足于信托的特点，以实质课税原则为导向，其认为信托是委托人经由受托人向受益人输送财产的管道，基于信托而产生的信托所得，原则上应归属于受益人，对受益人课税。参见郑俊仁：《信托税制与实质课税原则》，《月旦法学杂志》2002 年第 80 期，第 47 页。转引自刘继虎著：《法律视角下的信托所得税制——以民事信托所得税为中心》，北京大学出版社 2012 年版，第 26 页。

股权捐赠的规定，由国务院财政部门、税务部门对股权信托做出特殊规定，在设立阶段不按视同销售处理，并按成本价作为计税价格进行税前扣除，成本价相对稳定且更符合公平原则。除此之外，以其他不同性质的财产作为信托财产设立的慈善信托，也可以根据其所涉税种一一进行细化完善对应的税收优惠政策。

（3）依据慈善信托目的区分税收优惠政策

《慈善法》第八十四条规定，“国家对开展扶贫济困的慈善活动，实施特殊的优惠政策。”因而，对以扶贫为信托目的设立的慈善信托项目可以加大税收优惠力度，这也响应了国家精准扶贫政策的号召，对于缓解区域内各地区经济发展不平衡、巩固和拓展扶贫成果的工作具有重要意义。除此之外，在 2015 年通过的《京津冀协同发展规划纲要》中也指出，生态环境保护是京津冀协同发展中需率先取得突破的重点领域；而在 2019 年公布的《长江三角洲区域一体化发展规划纲要》中，则列专章（第六章）规定“强化生态环境共保联治”的问题。因而，加大以生态环保为目的设立的慈善信托项目的税收优惠力度，有助于实现京津冀、长三角等区域的生态环保一体化。

3. 慈善信托税收优惠监管制度的构建

（1）明确行政部门之间的职能分工，加强行政监管

在拟定的慈善信托税收优惠制度中，民政部门的职责是对于慈善信托能否获得税收优惠资格进行第一步实质性的审查。这就要求实质审查与慈善信托的备案制进行紧密结合，在设立前对慈善信托的公益性要件进行严格审查，在设立后对慈善信托公益目的的实现进行严格监督，主要负责监督：受托人是否履行其义务将信托财产用于约定的慈善目的，投资范围是否严格限定在低风险资产且投资行为是否合法，信托监察人是否履行其职责而对慈善信托项目的运行进行监督，信托公司是否对慈善信托专设账户并定期向民政部门进行报告等。税务部门的职责是对于慈善信托能否获得税收优惠资格进行形式上的审查，这就要求形式审查与我国减免税的申报制度、备案制度和监督制度进行衔接，将慈善信托拟定为一个纳税主体，在经民政部门成功登记备案后向税务机关进行减免税的申报，由税务机关进行税务登记备案。税务部门应与民政部门建立有效的沟通机制，依据受托人定期向民政部门报送的财务报告和审计报告，对慈善信托的减免税执行情况进行检查，在发现慈善信托存在与减免税条件不符的

情况时，应当及时通知民政部门，同民政部门一起对其进行资格复核。银保监部门的职责是对慈善信托业务的合规情况、风险情况进行监管，监督慈善信托业务开展是否满足享受税收优惠的条件。

（2）完善慈善行业相关的行为规范，促进行业自律

行业自律是通过同一行业的参与主体共同制定规则，来进行自我约束和同行监督。一方面，在实际监管中能够及时根据实践变化，制定出符合实际情况的规范，不易出现监管滞后和负担的状况；另一方面，参与的主体既是监督者又是被监督者，可以为行为规范的制定提供大量的信息。由此可见行业自律在监管体系中的重要地位。《慈善法》针对慈善行业的自我监管也提出了要求，在第九十六条中规定："慈善行业组织应当建立健全行业规范，加强行业自律。"因此，尽快完善慈善行业相关的行为规范不仅对促进慈善信托业务的开展和相应的税收优惠措施之施行大有裨益，也将推动我国慈善事业的发展。

（3）改进慈善信息公开平台的建设，鼓励社会监督

在全国慈善信息公开平台[1]上，对于慈善信托项目的公开情况，设置了五个板块，分别是"慈善信托备案信息""事务处理及财务状况""检查评估情况""表彰处罚情况""其他事项"，但目前每个慈善信托项目只有"慈善信托备案信息"板块的内容进行了信息的公示，其他板块的功能还未完全体现。因而，可以结合前文所述的制度构建，利用平台上"事务处理及财务状况"等其他版块，将受托人定期报告的内容以及慈善信托项目的开展情况以及未来的享受税收优惠的情况等向社会公众进行信息披露。前文已述及，2020 年 1 月 9 日民政部发布《慈善信托信息公开管理办法（征求意见稿）》在慈善信托信息公开已经做了一些规定，但是该征求意见稿已经发布了一年多的时间，却迟迟不见正式稿的发布，不能不说是个遗憾。希望该正式稿早日发布，以使得慈善信托信息公开有更多的依据可遵循。慈善信托信息公开工作，一方面可以提高慈善信托项目运行的透明度；另一方面督促税务等行政部门在项目设立审查、项目运行检查和项目监督管理等方面审慎地行使其职权。

二、优化区域慈善信托税收优惠协同的制度环境

慈善信托税收优惠制度若在京津冀、长三角等区域试行，除了需要对于慈

---

[1] 前已述及，其网址为 https://cszg.mca.gov.cn/platform/login.html。

善信托税收优惠制度进行创新性的完善，还需要京津冀和长三角等区域在税务合作机制和信息共享机制上进行优化，为制度的建立提供一个良好的税收环境。

1. 建立区域税收合作长效机制

京津冀税收合作长效机制，包括对慈善信托的税收合作长效机制，可以在现有的京津冀协同发展税收工作领导小组机制基础上❶，参考长三角区域和泛珠三角区域建立税务合作联席会议制度的合作机制，以税务总局京津冀协同发展税收领导小组为决策层，定期召开会议研究重大合作事宜，形成会议纪要并抄送至京津冀三地税务机关；在京津冀协同发展税收工作领导小组内设立京津冀地区税务合作联席会议，在决策层做出决策后召开联席会议对领导小组确定的工作事项进行进一步落实，研究京津冀三地税收合作的形式和发展情况，协调解决税收合作中出现的困难和问题，并向决策层报告问题研究近况和问题解决情况，而有助于决策层进行决策；设立跨区域的税务合作常设机构，主要负责收集和分析京津冀地区税收合作的情况和数据，并向联席会议提交报告。除此之外，跨区域的税务合作常设机构还需负责联席会议日常联系工作，协调处理具体合作事宜。

在长三角区域，在其区域一体化的发展过程中，打破行政区划限制是关键。其中，构建统一的税收征管制度原则是重要一环。在此背景下，国家税务总局建立“16+10”长三角一体化税收支持体系，通过提升税收治理效能，助力长三角税收一体化步伐持续迈进。❷

然而，无论是京津冀区域还是长三角区域，为促进慈善信托税收优惠制度在本区域的试点工作，合作机制还可以从以下几个方面进一步完善。

一是在税收优惠政策的落实上需进行协调统一，减少税收政策执行差异，防止税收竞争和税收洼地现象的出现，创造一个相对公平的慈善信托税收政策平台。二是在税款征收和税收优惠问题上需进行合理的权限划分和协调，着力

---

❶ 为推动京津冀协同发展，国家税务总局成立了京津冀协同发展税收工作领导小组，税务总局副局长解学智任组长，总经济师汪康任副组长，相关司局和京津冀三省市国税局、地税局为成员单位，成员单位负责人任小组成员。见国家税务总局办公厅：《京津冀协同发展税收工作领导小组成立》，载国家税务总局网 2014 年 7 月 18 日，http：//www.chinatax.gov.cn/chinatax/n810219/n810724/n811741/c1114646/content.html，最后访问时间 2021 年 9 月 4 日。

❷ 梁倩：《长三角税收一体化加速落地》，《经济参考报》2021 年 8 月 31 日第 A05 版。

解决业已出现的税收与税源背离的问题。三是在税务稽查上需进一步协调，统一对违法行为认定的执法标准以及行政处罚的裁量标准。在慈善信托税收优惠政策执行上实现协同发展；同时促进税务合作常设机构在区域内各地间慈善信托税务稽查协查的联络机制中发挥重要作用，以解决稽查协查工作效率低下、协查工作难以充分展开等的问题。实际上，在京津冀区域，如前文所述，早在2015年4月，京津冀三地原国税局就签署了《京津冀税务稽查协查协作协议》，建立京津冀税务稽查协查协作机制，并于2015年12月签署了《京津冀税务稽查协作备忘录》。2017年，京津冀三地税务部门联合签署了《京津冀税收风险管理协作机制》，在国内率先建立起跨区域税收风险管理协作机制，成立京津冀税收风险管理协作专题小组，有效提升了纳税人对税法的遵从。而前已述及，在长三角区域，“长三角电子税务局”建设已于近日正式启动，这标志着长三角税收一体化工作向纵深推进。希望在上述各区域内，在税务稽查上进一步协调，统一对违法行为认定的执法标准以及行政处罚的裁量标准。四是在慈善信托项目等的税收服务上需继续推进“一统三互”的简化税务登记、纳税申报等行政流程的工作措施。此外，可以建立税务工作人员的培训机制和绩效考核机制：一方面加强税务工作人员对税收政策的学习，这有助于满足纳税人的业务需求；另一方面督促税收工作人员自觉加强自身素质培养，提高税务征管能力，使税收工作的开展更加高效。

2. 完善区域内慈善信托等项目的税收信息共享机制

“互联网+税收”的机制是税收征管信息化建设的要求，也是促进各区域慈善信托等项目的税收信息共享的有效途径。因此，各区域内慈善信托税收协同（包括但不限于慈善信托优惠政策的协同）的重点工作之一，即在于推动各区域税收信息共享机制的建设。税收征管信息化建设的终极目标是实现税务工作的信息一体化，使税务数据库、信息系统深入税收征管工作的每一步，让税务机关内部人员、部门、设备、数据之间能够高度协调运转，形成税收工作与系统信息的无缝衔接，使税收征管信息系统能应用到税收征管工作的各个方面，整体系统效率最优，最大限度提升税收征管效率。[1] 各区域的税收信息（包括

---

[1] 万方：《基于京津冀一体化的税收征管效率研究》，首都经济贸易大学2016年硕士学位论文，第28页。

但不限于慈善信托项目的税收信息）共享平台可以从以下几方面展开建设：

一是涉税信息大数据库的建设。整合京津冀、长三角地区多年来信息化建设的成果以及数据资源，实时共享管辖范围内的所有纳税人的税务登记信息和纳税申报信息、发票管理信息、税收风险信息、税务稽查信息等税收工作流程中的所有涉税信息，以及及时更新税收政策文件，形成政策法规库。从京津冀和长三角两个区域的税收协同之信息化情况来看，都尚未涉及涉税信息大数据库的建设问题。这是下一步努力的方向。二是统一纳税服务线上平台的建设，提高跨区域办税信息化水平，协调管理电子发票[1]，简化办税资料，优化办税流程。为纳税人提供简便快捷的办税服务。三是跨区域联合办案机制的建设，对于一些重大的、关系社会公共利益的税务案件，区域内各地税务机关可以通过共享平台、整合三方稽查资源，实现优势互补和资源共享，制订办案方案，展开联合调查。四是系统风险防范预警机制的建设，根据前文所述，2017 年，京津冀三地税务部门联合签署了《京津冀税收风险管理协作机制》，在国内率先建立起区域内税收风险管理协作机制。而在长三角区域，可能是由于税务一体化起步较晚，尚未涉及税收风险管理协作机制问题。鉴于长三角区域税务协作平台已经囊括了区域内各地税务机关的核心工作信息以及纳税人的部分个人信息，为维护平台信息安全，需要区域内各地税务机关在平台建设的过程中做好系统风险防范预警工作。

主要参考文献

（一）著作类参考文献

1. 周小明．信托制度：法理与实务［M］．北京：中国法制出版社，2012：352－355.

2. 何宝玉．信托法原理研究［M］．北京：中国政法大学出版社，2005：78.

3. 解锟．英国慈善信托制度研究［M］．北京：法律出版社，2011：124.

4. 王振耀．日本公益法律制度概览［M］．北京：法律出版社，2016.

5. 连玉明．面向未来的京津冀世界级城市群［M］．北京：当代中国出版社，2016.

6. 连玉明．京津冀协同发展：新理念　新战略　新模式［M］．北京：当代中国出版社，2017.

---

[1] 根据前述关于京津冀税务协同和长三角税务一体化的报道，电子发票这一点在长三角已经初步实现，而在京津冀尚未实现。

7. 中国信托业协会. 慈善信托研究［M］. 北京：中国金融出版社，2016.

8. 刘继虎. 法律视角下的信托所得税制：以民事信托所得税课税为中心［M］. 北京：北京大学出版社，2012：26.

9. 李青云. 信托税收政策与制度研究［M］. 北京：中国税务出版社，2006：54.

10. 徐卫. 慈善宣言信托制度构建研究［M］. 北京：法律出版社，2012.

11. 李国平. 2019京津冀协同发展报告［M］. 北京：科学出版社，2019.

12. 崔晓静. 欧盟税收协调法律制度研究［M］. 北京：人民出版社，2011：96－100.

13. 赵廉慧. 中国慈善信托法基本原理［M］. 北京：中国社会科学出版社，2020.

14. 爱德华·C. 哈尔巴赫. 吉尔伯特信托法［M］. 张雪楳，译. 北京：法律出版社，2017.

15. 佚名. 历史的经典与现代的典范：英国信托成文法编译［M］. 葛伟军，等，译. 北京：法律出版社，2017.

16. D. J. 海顿. 信托法［M］. 北京：法律出版社，2004.

17. 能见善久. 现代信托法［M］. 赵廉慧，译. 北京：中国法制出版社，2011：27.

18. 樋口范雄. 信托与信托法［M］. 朱大明，译. 北京：法律出版社，2017.

19. 新井诚. 信托法：第4版［M］. 刘华，译. 北京：中国政法大学出版社，2017.

20. F. W. 梅特兰，大卫·朗西曼，马格纳斯·瑞安. 国家、信托与法人［M］. 北京：北京大学出版社，2008.

21. Gary Watt. Briefcases on Equity & Trust（Second Edition）［M］. 影印本. 武汉：武汉大学出版社，2004.

22. Matthew Hutton. Trolley's UK Taxation of Trusts［M］. 20th ed.［S. l.］：LexisNexis，2010.

23. Bruce R. Hopkins. The Law of Tax－Exempt Organizations［M］. 11th ed.［S. l.］：John Wiley & Sons，Inc.，2016.

24. Robert McClelland. CHARITABLE BEQUESTS AND THE REPEAL OF THE ESTATE TAX［M］. Washington，D. C.：Congressional Budget Office，2004.

25. Andrew Iwobi. Essential Trusts（Third Edition）［M］. 影印本. 武汉：武汉大学出版社，2004.

（二）非著作类参考文献

1. 刘隆亨. 京津冀协同发展与税收支持［N］. 中国财经报，2014－8－19.

2. 李文华. 完善我国慈善信托制度若干问题的思考［J］. 法学杂志，2017（7）：89－97.

3. 郑亦清，王建文．论我国慈善信托税收优惠制度的完善［J］．财会月刊，2018（11）：159－165.

4. 魏巍．《慈善法》点亮我国慈善信托的灯塔［J］．中国社会组织，2016（9）：25.

5. 方玉红．慈善信托税收优惠制度建设亟待“破冰”［N］．金融时报，2016－10－17.

6. 张学博，任卓．税收立法“试点模式”研究：以“营改增”试点模式为例［J］．广西经济管理干部学院学报，2018（1）：33－39.

7. 卢瑾．我国慈善信托税收优惠制度构建初探［J］．山西财税，2018（5）：15－19.

8. 郑亦清，王建文．论我国慈善信托税收优惠制度的完善［J］．财会月刊，2018（11）：159－165.

9. 张凯，王增武．慈善信托，创新融合发展正当时［J］．金融博览（财富），2018（2）：48－52.

10. 孙洁丽．中国慈善信托税收优惠制度改革研究［J］．聊城大学学报（社会科学版），2018（1）：108－112.

11. 刘继虎，李阳．我国公益信托税收优惠及其监管的制度建构［J］．齐齐哈尔大学学报（哲学社会科学版），2018（11）：97－102.

12. 郑克为，柴晶，陈飞．浅析京津冀一体化下的税务稽查协同发展［J］．天津经济，2016（3）：58－61.

13. 刘继虎．非营利组织所得税优惠制度比较与借鉴［J］．河北法学，2008（4）：95－98.

14. 姜雪莲．日本新信托税制内容探析［J］．税务研究，2014（6）：89－93.

15. 梁倩．长三角税收一体化加速落地［N］．经济参考报，2021－08－31.

16. 杨晓婷．沿边地区税收政策研究［D/OL］．昆明：云南财经大学，2016［2020－12－28］．https：//kns. cnki. net/kcms/detail/detail. aspx？dbcode = CMFD&dbname = CMFD201701&filename = 1016101559. nh&uniplatform = NZKPT&v = XP% 25mmd2FaDTwTfmKJSWyeoIfqQ% 25mmd2BqsTopYS18ODkuhtg3b% 25mmd2B 7CPPi% 25mmd2BXD9fcTx% 25mmd2BziKkDtzaI.

17. 丁芸，张岩．“互联网＋”背景下税收征管模式探究［J］．会计之友，2019（17）：131－135.

18. 施从美，江亚洲．从传统道德到公共生活：现代社会治理语境中的公益慈善［J］．社会科学战线，2019（5）：198－204.

19. 万方．基于京津冀一体化的税收征管效率研究［D/OL］．北京：首都经济贸易大学，2016 [2020 - 12 - 28]. https：//kns. cnki. net/kcms/detail/detail. aspx? dbcode = CMFD&dbname = CMFD201701&filename = 1016076833. nh&uniplatform = NZKPT&v = GAuJ%25mmd2FMRVqJGm L0uhxvJIWFkiWC5vdFaTlje0bxQ7lox46IglGQ ZAhiZUQojSUPYQ.

20. 郑俊仁. 信托税制与实质课税原则 [J]. 月旦法学杂志，2002 (80)：46 - 58.

21. 卜羽勤. 长三角一体化离不开财税政策，专家吁降低 45% 个税最高边际税率 [EB/OL]. (2016 - 12 - 01) [2020 - 10 - 02]. http：//m. sohu. com/a/323572067_161795.

22. 上海税务. 破地域壁垒，促区域税收协作，长江经济带信息共享平台稳步运行 [EB/OL]. (2016 - 12 - 01) [2020 - 12 - 02]. www. tax. sh. gov. cn/xwdt/swxw/201612/t428989. html.

23. 邹臻杰. 税收分成有望先试先行，未来长三角一体化示范区"特"在哪里 [EB/OL]. (2019 - 04 - 24) [2020 - 12 - 02]. https：//finance. sina. com. cn/roll/2019 - 04 - 24/doc - ihvhiqax46 94074. shtm.

24. 段玮，董悦章. 京津冀协同发展民政事业 十大重点领域加深合作 [EB/OL]. (2015 - 11 - 06) [2020 - 12 - 28]. http：//news. enorth. com. cn/system/2015/11/06/030615572. shtml.

25. 韩声江，张赛男. 长三角区域合作办公室如何协同办公？三年行动计划初稿将成形 [EB/OL]. (2016 - 12 - 01) [2020 - 12 - 02]. https：//m. thepaper. cn/newsDetail_forward_2032851.

26. 张斌，陈奕如. 2020 长三角民政论坛：一体化、数字化赋能基层治理 [EB/OL]. (2020 - 09 - 16) [2021 - 09 - 02]. http：//news. sina. com. cn/o/2020 - 09 - 16/doc - iivhvpwy7092058. shtml.

27. 何磊静. 长三角地区推进养老服务一体化合作 [EB/OL]. (2019 - 06 - 16) [2021 - 01 - 04]. http：//js. ifeng. com/a/20190617/7498223_0. shtml.

28. 中诚信托慈善信托工作办公室. 中诚信托 2019 年度慈善信托研究报告 [EB/OL]. (2019 - 09 - 02) [2021 - 01 - 02]. https：//www. cctic. com. cn/zcyj/10316. jhtml.

29. 慈善中国官方网站 [EB/OL]. [2021 - 09 - 03]. http：//cishan. chinanpo. gov. cn/biz/ma/csmh/e/csmheindex. html.

30. 国家税务总局办公厅. 京津冀协同发展税收工作领导小组成立 [EB/OL]. (2014 - 07 - 18) [2021 - 03 - 03]. http：//www. chinatax. gov. cn/chinatax/n810219/n810724/n811741/c1114646/content. html.

31. 国家税务总局办公厅. 京津冀税收协作会议暨合作框架协议签字仪式举行 [EB/OL]. (2014 - 10 - 31) [2021 - 03 - 03]. http：//www. chinatax. gov. cn/chinatax/n810219/

n810724/c1251518/content. html.

32. 蔡岩红. 京津冀税务稽查协查协作机制建立［EB/OL］.（2019-02-26）［2021-09-03］. http://www. chinatax. gov. cn/chinatax/n810219/n810780/c4087377/content. html.

33. 方童，祝龙超. 河北：在服务国家战略中深化税收征管改革［EB/OL］.（2021-08-21）［2021-09-03］. http://www. chinatax. gov. cn/chinatax/n810219/n810744/c101763/c101789/c5168207/content. html.

34. 韩声江，张赛男. 长三角区域合作办公室如何协同办公？三年行动计划初稿将成形［EB/OL］.（2018-03-18）［2021-10-02］. https://m. thepaper. cn/newsDetail_forward_2032851.

35. 王攀，车晓蕙. "9+2"泛珠三角首脑共签合作框架协议［EB/OL］.（2004-06-04）［2021-09-03］. http://news. gd. sina. com. cn/local/2004-06-04/482452. html.

36. legislation. gov. uk. Charities Act 2011［EB/OL］.［2021-09-10］. http://www. legislation. gov. uk/ukpga/2011/25/contents/enacted.

37. GOV. UK. Public benefit: the public benefit requirement (PB1)［EB/OL］.（2013-9-16）［2021-09-10］. https://www. gov. uk/government/publications/public-benefit-the-public-benefit-requirement-pb1.

38. GOV. UK. Public benefit: running a charity (PB2)［EB/OL］.（2013-9-16）［2021-09-10］. https://www. gov. uk/government/publications/public-benefit-running-a-charity-pb2.

39. GOV. UK. Public benefit: reporting (PB3)［EB/OL］.（2013-9-16）［2021-09-10］. https://www. gov. uk/government/publications/public-benefit-reporting-pb3.

第四章

区域一体化背景下慈善信托财产登记协同法律问题研究

第一节　绪　论

一、研究背景

2016 年《中华人民共和国慈善法》颁布，使得慈善信托制度终于得以在我国正式确立。第二年《慈善信托管理办法》也出台，进一步细化了慈善信托的程序性问题；如前文所述，京津冀区域内的北京和天津、长三角区域内的江苏省等在内的各省市也逐步出台规章来落实慈善信托制度。由于慈善信托相比于商业信托有其特殊性，因此《慈善法》作为慈善信托的特别法应优先适用，《慈善法》未做规定的内容还应适用《信托法》。具体到信托登记制度上，就属于仅在《信托法》中规定的内容。我国的信托登记制度，规定于《信托法》第十条，但该条规定仅是原则性规定，实践中我国一直都未建立起信托财产登记制度。2014 年由上海浦东区政府、上海自由贸易试验区管理委员会联合印发的《信托登记试行办法》指向的是信托受益权登记机制。2017 年原银监会颁布的《信托登记管理办法》仅是指向由中国信托登记有限责任公司（以下简称“中信登”）负责的信托机构的信托产品登记。前述两个文件都不是关于信托财产登记制度的具体细则。因此，目前我国信托登记方面的法律规范几乎还是空白。

二、研究现状

鉴于本章研究的是区域内慈善信托财产协同制度法律问题，笔者将从区域内信托及信托财产登记制度相关方面对研究现状进行简要介绍。

首先介绍一下国外学者关于信托登记制度有借鉴意义的研究。有学者介绍，现代信托制度源于英国的衡平法。他论述了英国普通法、衡平法和教会法之间的矛盾，此外还介绍了英国的法律原则和一些典型的关于衡平法如何形成的案例（Christopher St. German，1999）。英国信托法委员会执行副主席 D. J. 海顿详细研究了信托在英国的具体操作机制，使我们得窥英国信托体系的全貌，尤其是对受益人的财产性救济制度——衡平法追踪的论述，对我国研究受益人保护制度有较高的参考价值（D. J. 海顿，2004）。在英国殖民统治北美洲的时期，较早到达美国的清教徒将英国的法律制度带到美国，其中也包括信托制度。有美国学者结合司法判例对慈善信托的设立、对不确定受益人和公共利益的要求、慈善目的和非慈善目的等要素进行分析和论述，同时阐述了对慈善信托的几个方面的限制，向我们展示了美国的慈善信托制度（爱德华·C. 哈尔巴赫，2017）。就信托公示制度，美国《统一信托法》第 810 条以及《信托法重述（第 3 版）》第 84 条规定信托财产的标识（Earmark）制度。

和我国同属于东亚国家，也同样属于大陆法系的日本，在 1922 年就制定了《信托法》。有日本教授分别运用法理、案例评析了日本信托制度，其中关于信托财产、信托的公示，以及公益信托的部分对我国的慈善信托财产登记制度研究有较大的借鉴意义（中野正俊，2004 和 2006）。另有日本教授对 1922 年《信托法》第 3 条（信托公示的规定）进行了全面的剖析，强调“信托登记”和“因信托而产生的所有权转移登记”的实质区别和程序上的一体性，并且就日本的“对抗信托”的两种情形［即破产隔离（第 16 条）和受益人在受托人违法处分信托财产享有的撤销权（第 31 条）］的区别与弊端进行了详细的分析（能见善久，2011），这对我国信托登记制度的构建具有非常重大的借鉴价值。还有日本学者对信托公示的必要性，需要登记、注册的财产和不需要登记、注册的财产进行了简明扼要的论述（道垣内弘人，2014），对我国适用信托登记的财产类型及范围的确定有重要参考意义。

国内的学者对于信托登记制度的研究散见于对一般信托原理或者信托理论

研究的论文或者著作中。当前国内与信托登记制度相关的、比较具有代表性的研究如下。

关于信托财产的所有权归属研究。有学者认为信托财产权分割为法定所有权与受益所有权，享有法定所有权的受托人不能从管理信托中为自己获取利益，享有受益所有权的受益人虽然不占有和管理信托财产，但信托所产生的利益归其享有（何宝玉，2005）。有学者认为从信托法条文内容以及逻辑关系角度分析得出，信托财产所有权归属于受托人（周小明，2012）。

关于信托财产权属转移登记和信托财产登记关系研究。有研究者认为，信托公示就是一般财产权变动之外的一套表明其为信托的特别公示，表明在以法律法规应当登记的财产设立信托时，除了所有权转移登记还有信托登记，二者的功能有实质性差异（赖源河，王志诚，2002）。有学者对不同的财产类型的信托财产如何公示给出了体系化的建议，并明确信托登记不同于所有权登记，前者还包括信托财产设立登记、信托财产取得登记以及信托财产受托人变更登记（董慧凝，2011）。此外，就信托登记的种类，有学者在研究我国台湾地区的土地信托制度后，认为信托登记还应包括信托消灭登记和信托归属登记（陈敦，2015）。

关于信托财产登记的效力研究。有学者分析了信托公示的意义和信托公示的效力，认为信托公示的目的在于保护善意第三人利益，避免其遭受不必要的损害，从而实现维护市场秩序和交易安全的功能。此外，还探讨了信托公示两种效力模式：一是大陆法系国家、地区普遍采用的对抗要件主义；二是我国采用的生效要件主义（董慧凝，2011）。对此，有学者认为我国采取生效要件主义会使交易第三方和受益人的利益不能够得到法律的有效保障，而对抗要件主义则尊重和满足了当事人的意思自由，又提升了交易效率（陈向聪，2007）。

关于信托财产登记机构模式研究。有学者认为，仅就登记方式来说，我国并未就信托登记的主管部门或受理机构，及这些部门或机构如何办理信托登记做出任何规定，并且指出由于缺失具体登记机构，实践中信托财产的公示已经以其他“畸形”方式进行，使得委托人和受益人的利益保障始终处于不确定状态（董慧凝，2011）。有学者对比了“统一模式”和“分散模式”各自的优缺点，最后提出了自己认为目前较为可行的登记模式：即在实质采用“分散登记”模式的基础上，形式上以中信登为统一接受与转递申请登记材料的窗口，解决“分散模式”下申请人分头多处登记的问题（徐刚，2019）。

关于信托财产的登记内容研究。有学者论述了关于信托登记客体的双重性，即认为信托登记的客体不仅仅是某一信托财产的相关信息，同时包括信托财产之上的信托法律关系，尤其是要公示受托人的权限，才能使得第三人知晓受托人是否有相应的处分权，以免遭遇不测之风险（孟强，2012）。有学者认为信托登记的主要内容应从实现信托登记的功能出发，同时结合信托制度的特征，尊重信托当事人特别是委托人的意愿，并指出最重要的登记事项是确认信托财产的转移及受托人处分信托财产的权力（何宝玉，2009）。

三、研究意义

在学术方面，本研究具有能够补充对区域协同发展/一体化发展在慈善信托财产登记领域的研究空白以及完善对信托登记研究体系的意义。自从京津冀协同发展上升为国家重要战略，关于京津冀在各领域的协同发展就成为研究热点，包括经济、交通、环境治理、高等教育等方面；在长三角区域，关于长三角一体化的研究也涉及社会经济生活的方方面面。但是，从慈善信托财产协同登记的角度对各区域慈善信托在社会治理方面的协同发展的研究几乎没有。此外，对于信托登记制度而言，虽然已有不少相关著作和论文出版和发表，但是从一个新的角度，即区域协同化的角度对其进行的相关研究较少。因此本章能完善、丰富京津冀协同发展/长三角区域一体化发展和慈善信托财产登记制度的研究体系。

在实际应用方面，本章有两大意义：第一，将有助于完善我国信托登记制度，促进信托业和慈善信托的发展。我国的非资金慈善信托的发展一直因信托财产登记制度的缺位而受到严重阻碍，信托财产登记制度能够维护慈善信托财产的独立性，提升交易安全性和效率，使更多类型的财产进入慈善信托领域成为可能。本章将就完善我国信托财产登记制度提出系统的完善建议，有助于我国尽快建立起信托财产登记制度（包括但不限于慈善信托登记制度等），为信托业和慈善信托的蓬勃发展提供制度保障，也在一定程度上促进了京津冀三地在金融业和慈善事业的协同发展。第二，将有助于促进京津冀、长三角等区域在社会治理方面的协同发展。慈善信托财产协同登记制度的建立，能够促进各区域在慈善信托方面的协同发展，充分调动区域内较发达地区相对丰富的慈善资源，解决区域内欠发达地区的扶贫助残、养老、生态环境治理、防洪救灾、教育等方面的问题，缩小区域内各地在社会治理层面的差距。同时对于区域内各地政府而言，慈善信托能够调动更多的社会资源来解决社会发展问题，可以减轻区域内各地政府尤其是欠发达地区政府在上述区域性问题方面的治理压力，同时也是满足高收入人群的慈善需求的重要途径。

四、本书研究者的出发点

第一，从区域协同发展/一体化发展的整体利益出发。京津冀作为区域的协同发展虽然已受到中央的高度重视，但是在推动京津冀协同发展的进程中，三地政府以各自短期利益为重的固定思维是最大的阻碍。各地的法律法规是各地政府对自己行政区域内进行管理和规制的直接方式，也暗含着各自的利益追求。对于京津冀慈善信托财产协同登记制度的研究和构建设想，最重要的一点就是把京津冀作为一个整体来对待，相关完善建议也是立足于区域的整体利益而不是局部利益而提出的，这是“协同发展”的应有之义，也是必须始终坚持的。在长三角一体化发展过程中，类似的问题也是同样存在的。

第二，立足于我国的法治环境和该区域的实际问题，辩证地看待外国的相关法律制度，科学合理地学习和借鉴相关制度经验。慈善信托制度对于我国来说是舶来品，相关制度的研究和设计，必须从比较法的角度对其他国家的相关制度进行学习和借鉴，才能充实本章研究的理论基础。但是，在进行比较法研究时，首先要立足于中国的法治环境和实际要解决的问题，以问题为导向，抱着“外为中用”的目的进行学习和研究。其次，对国外制度的学习研究，必须结合相关国家的法治环境和法律思维去理解和学习，既要看到相关制度的先进之处，也要批判地发现其特有的法律问题，不能有“崇洋媚外”“外国的月亮更加圆”的想法。对于先进的制度，在进行借鉴和移植时，要进行本土化的建构；对于不足的地方，应该深究问题的原因，并在我国进行本土化构建时予以避免。对于信托登记制度（包括但不限于慈善信托登记制度等）而言，英美法系并不像大陆法系那样有系统的财产登记制度，但是要对发挥同样功能的相关制度进行研究学习，理解制度背后的法律价值理念才是关键，而不是认为因法系不同便无可借鉴之处。

此外，在本章进行分析讨论之前，有必要对信托登记的含义进行简单的概括，以明确本章的研究对象。《信托法》第十条规定的“信托登记”，理论上可分为信托产品登记、信托文件登记和信托财产登记，三者在登记内容和效力上各不相同。[1] 信托是一种财产管理制度，信托财产是整个信托法律关系的核心，可以说信托当事人之间的关系都是围绕信托财产建立起来的。此外，考虑到我国在信托立法时已经建立起财产权属登记制度，因而，基于信托财产的重要性和我国的现实立法环境，本章将信托登记狭义地理解为信托财产登记，并以此为基础展开关于构建区域内慈善信托财产协同登记制度的分析研究。因此，基于以慈善信托促进各区域的民生事业协同发展的目标出发，本章第二部分将分析区域内慈善信托财产协同登记制度的意义，并在第三部分指出目前我国慈善信托登记制度的问题，结合具体的问题，在第四部分以比较法的角度，对比分析英美法系和大陆法系国家和地区相关制度，总结并借鉴经验，最后在第五部分提出完善我国慈善信托财产登记（包括各区域慈善信托财产协同登记）制度的建议。

第二节 区域慈善信托财产协同登记的意义

一、保障慈善信托财产的独立性

要以慈善信托促进区域内民生事业的协同发展，慈善信托财产协同登记制度的建立是重中之重。信托制度最大的优势就在于信托财产的独立性，信托财产登记制度是确保信托财产独立性的核心配套制度，慈善信托财产更是涉及社会公益，其财产独立性的维护之重要性不言而喻。信托财产的独立性是指，委托人在某一财产上设立信托后，该财产不再是委托人所有，虽转移到受托人名下，但也与受托人的固有财产相分离，受益人也仅仅是享有对信托财产的受益权，信托财产在法律上有了类似法人性质的独立性，仅服从于信托目的。信托财产的独立性要求受托人仅能依据信托目的和信托合同对财产进行管理和处分，

---

[1] 何宝玉：《信托登记：现实困境与理想选择》，刘俊海主编：《中国资本市场法治评论》，第二卷，法律出版社2009年版，第150-175页。

向受益人分配信托利益。委托人、受托人和受益人各自的债权人均不得在债务人资不抵债时请求对信托财产强制执行以清偿债务❶，这也被称为信托制度最大的优势，即破产隔离功能。在慈善信托中，慈善信托财产涉及国家税收优惠❷以及社会公共利益，因此慈善信托财产的独立性更加需要法律予以保障。慈善信托财产登记制度能够对慈善信托财产予以公示，使其具有识别性和公信力，为人民群众所监督，确保慈善信托财产的管理和利用之公开、公平、公正，以法治促进慈善，最大化地发挥信托的优势和价值。由于我国《信托法》仅仅对信托财产登记做出原则性规定，并且采取信托登记生效主义❸，《慈善法》又只字未提慈善信托财产登记，这严重地影响了慈善信托的发展。因此，各区域寻求以慈善信托方式促进区域内各地民生事业协同发展，必须意识到慈善信托财产独立性的重要性，突破信托法的局限性，率先构建起各区域内的慈善信托财产协同登记制度，以保障慈善信托的长远发展。

二、促进慈善信托财产形态的多元化

京津冀区域的慈善信托财产协同登记制度、长三角区域的慈善信托财产一体化登记制度，使更多形态的财产进入慈善信托成为可能，进一步促进慈善信托的多元化发展，真正令“金融＋公益”的慈善模式发挥作用，为社会公益注入源源不断的资源。《信托法》第十条确立了信托财产登记制度❹，但仅仅做出了原则性的规定，信托财产登记的主体、客体、机构、程序等更加具体的事项

---

❶ 《中华人民共和国信托法》第十七条第一款：“除因下列情形之一外，对信托财产不得强制执行：（一）设立信托前债权人已对该信托财产享有优先受偿的权利，并依法行使该权利的；（二）受托人处理信托事务所产生债务，债权人要求清偿该债务的；（三）信托财产本身应担负的税款；（四）法律规定的其他情形。”

❷ 《中华人民共和国慈善法》第四十五条第二款：“未按照前款规定将相关文件报民政部门备案的，不享受税收优惠。”说明合法设立的慈善信托能够享有一定的税收优惠，虽然目前仍未出台具体的税收减免规则，但不能否定这样的政策方向。

❸ 《中华人民共和国信托法》第十条：“设立信托，对于信托财产，有关法律、行政法规规定应当办理登记手续的，应当依法办理信托登记。未依照前款规定办理信托登记的，应当补办登记手续；不补办的，该信托不产生效力。”

❹ 《中华人民共和国慈善法》第五十条：“慈善信托的设立、信托财产的管理、信托当事人、信托的终止和清算等事项，本章未规定的，适用本法其他有关规定；本法未规定的，适用《中华人民共和国信托法》的有关规定。”因此，在慈善信托领域，《慈善法》优于《信托法》适用；《慈善法》未规定的，适用《信托法》相关规定。故本书在讨论慈善信托时，会多次提及《信托法》的相关条文，下文不作赘述。

都没有相关的法律规范予以确定，使得《信托法》第十条成了一纸空文。实践中，因为信托财产登记制度的缺失，严重限制了慈善信托和信托业的发展。2017 年 7 月 25 日，美的集团创始人何享健先生在佛山市顺德区公布 60 亿元慈善捐赠计划，其中包括其持有的 1 亿股美的集团股票和 20 亿元现金，[1] 但是时至今日，以 1 亿股权设立“和的慈善信托”以实现慈善资产的灵活运用与保值增值的美好愿景仍然没有正式落地（在前述全国慈善信息公开平台上无法查询到此项慈善信托，也未见到关于此项慈善信托的公开报道），主要原因在于慈善信托财产登记制度和慈善信托税收减免政策具体规则的缺失。[2] 2016 年《慈善法》颁布实施当日，全国慈善信托有 10 支“抢滩”备案，但五年多过后，截至 2021 年 10 月 26 日，全国备案数量仅为 662 单，财产总规模共 359 878.13 万元[3]，慈善信托整体增长速度没有了当初的劲头。在信托业方面，从《信托公司管理办法》可知，可以设立信托的财产包括资金、动产、不动产、有价证券以及其他财产和财产权[4]，但是由于信托财产登记制度的不完善，目前我国信托业务类型主要以资金信托为主，财产信托发展滞后[5]。因此，构建区域内慈善信托协同登记制度，能够突破仅以现金、货币为慈善信托财产的瓶颈，充分激发和调动各区域内较发达地区相对丰富的慈善需求和慈善资源，使有限的慈善财产具有一定的“自我造血”功能，实现可持续性的、长久性的公益慈善，为区域内欠发达地区的民生事业发展输送源源不断的资金，优化区域内各地的慈善资源配置，逐步提高区域内各地民生事业的均衡化发展水平。

---

[1] 谢舒：《详解何享健家族慈善体系》，载《中国慈善家》2017 年第 8 期，第 28 页。

[2] 最后，何享健先生还是以现金 4.92 亿元设立了中信·何享健慈善基金会 2017 顺德社区慈善信托，该慈善信托的具体情况可见前述全国慈善信息公开平台。

[3] 见慈善中国网站，http://cishan.chinanpo.gov.cn/biz/ma/csmh/e/csmheindex.html，最后访问时间：2021 年 10 月 26 日。可见，备案的慈善信托增长速度相比当初有所下降。

[4] 《信托公司管理办法》第十六条：“信托公司可以申请经营下列部分或者全部本外币业务：（一）资金信托；（二）动产信托；（三）不动产信托；（四）有价证券信托；（五）其他财产或财产权信托；（六）作为投资基金或者基金管理公司的发起人从事投资基金业务；（七）经营企业资产的重组、购并及项目融资、公司理财、财务顾问等业务；（八）受托经营国务院有关部门批准的证券承销业务；（九）办理居间、咨询、资信调查等业务；（十）代保管及保管箱业务；（十一）法律法规规定或中国银行业监督管理委员会批准的其他业务。”

[5] 根据中国信托业协会 2019 年 11 月 26 日发布的“2019 年 3 季度末信托公司主要业务数据”显示，信托资产中，集合资金信托和单一资金信托分别占 44.74% 和 39.50%，而管理财产信托仅占 15.77%，载中国信托业协会网 2019 年 11 月 26 日，http://www.xtxh.net/xtxh/statistics/45668.htm，最后访问时间 2021 年 9 月 4 日。

三、实现慈善信托交易价值的追求

区域内慈善信托财产协同登记制度/一体化登记制度（为行文方便，以下统称协同登记制度），是实现交易安全与公平、提高交易效率及保障交易秩序的重要制度。慈善信托财产依据信托合同而由委托人转移至受托人名下，受托人对慈善财产的管理和处分都要受到信托目的和信托合同的约束。然而，因为合同具有相对性，只有信托当事人才了解信托法律关系内部彼此的权利、义务分配，对于信托当事人之外的第三人，往往只能看到表象的权利外观，即受托人能够以自己的名义对其信托财产进行管理、处分，而对于财产是否为信托财产、受托人的处分权限却难以得知，法律亦未对受托人课以向第三人说明的义务。若受托人进行无权处分，第三人善意地信赖权利外观而与之进行交易取得信托财产所有权，则委托人的信托目的和受益人的信托利益都将受到侵害。若委托人或受益人依《信托法》行使撤销权❶，则对于善意的第三人显然不公平，若第三人能依据民法的善意取得理论取得信托财产，则委托人、受益人将被置于不利地位。而信托财产登记制度的存在，则恰好能充当二者之间利益冲突的平衡器。信托财产登记制度将财产的信托性质以及受托人的处分权限等进行公示，进而产生公信力，第三人只需要查询信托财产登记信息即可提前知晓交易潜在的风险（即使第三人实际未进行查询，也推定其知情），委托人和受益人也可以信托财产公示阻断第三人的善意取得，实现信托交易的安全与公平。同时，因为信托财产的公示，无疑会对受托人产生一种无形的约束，使其在管理与处分过程中更注重行为的合法性。具体到慈善信托中，因不存在特定的受益人，相关的权利应由信托监察人予以行使，在委托人选择不设立信托监察人的情形下❷，则慈善信托财产登记制度更有存在的必要性。由于信托财产登记具

❶ 《中华人民共和国信托法》第二十二第一款："受托人违反信托目的处分信托财产或者因违背管理职责、处理信托事务不当致使信托财产受到损失的，委托人有权申请人民法院撤销该处分行为，并有权要求受托人恢复信托财产的原状或者予以赔偿；该信托财产的受让人明知是违反信托目的而接受该财产的，应当予以返还或者予以赔偿。"该法第四十九条第一款："受益人可以行使本法第二十条至第二十三条规定的委托人享有的权利。受益人行使上述权利，与委托人意见不一致时，可以申请人民法院作出裁定。"

❷ 《中华人民共和国慈善法》第四十九第一款："慈善信托的委托人根据需要，可以确定信托监察人。"

有公信力，第三人只需简单查询登记情况，就能据此做出交易决策，而不必为了降低交易风险而大费周章进行交易前的高成本调查工作，从而节约交易成本、提高交易效率。此外，慈善信托涉及社会公共利益，慈善信托财产的管理与处分是否合法，需要相关部门（民政部门、银保监部门、未来可能还有税务部门等）予以监管，慈善信托财产登记制度的存在，恰恰方便了监管者的监管工作，慈善信托交易秩序得到了更好的维护。综上，慈善信托财产登记制度不仅是《信托法》立法的要求，更是慈善信托交易的安全、公平、效率与秩序的价值追求的实现所必需的制度。从完善我国信托法财产登记制度的大局出发，可以以区域性的京津冀、长三角等区域的慈善信托财产协同登记制度的构建起步，逐步实现建立全国性的慈善信托财产登记制度和信托财产登记制度。

第三节　我国慈善信托财产登记制度的不足

一、慈善信托采取信托财产登记生效主义的不合理性

我国《信托法》第十条规定，若设立信托的财产属于法律、法规规定的应当办理登记手续的，应当办理信托登记，否则信托法律关系无效。从该条文可知，我国对于信托财产登记采取的是登记生效主义，是与登记对抗主义相对的效力模式，后者也是多数国家采取的效力模式。登记生效主义是指，对于特殊财产而言，有效的信托法律关系设立，除了满足一般民事法律行为的生效要件之外[1]，还必须履行信托财产登记作为公示手段。而登记对抗主义则意味着，信托财产登记与否不会影响信托当事人之间的信托法律关系的效力，仅仅关系到能否对抗善意第三人的问题。相比较而言，登记生效主义对信托法律关系的规范更加严格，在信托法律行为设立阶段，国家公权力就以信托财产登记的方式介入，以此督促信托当事人及时办理登记，保障交易安全和秩序。事实上，只有与不特定的第三人进行信托财产交易时才会真正涉及市场交易安全的问题，

[1] 根据《中华人民共和国民法典》第一百四十三条的规定，民事法律行为的生效有三要件，即行为人具有相应的民事行为能力，意思表示真实，不违反法律、行政法规的强制性规定，不违背公序良俗。

采取登记对抗主义完全可以实现立法者维护交易安全的意图，采取生效主义明显属于国家公权力的过度干预。其次，从意思自治的角度来说，登记生效主义显然更大程度地压缩了当事人意思自治的空间，即使当事人意思表示一致也仅仅是达到了成立信托法律行为的效果，而无法直接生效，彼此之间无法按照双方既定的意愿行使权利、履行义务并得到法律的保护。尊重并保护当事人的意思自治是现代私法的主要目标之一[1]，也是中国特色社会主义核心价值观之自由、平等的应有之义。登记生效主义过分地限制民事主体的意思自治，不利于私人事务的处理，同时也抹杀了信托制度自有的灵活性与弹性。全国人大农业农村委员会办公室主任也指出，“以如此强烈的公权干预，挫败私人设立信托的自由意志是否有必要，无论从法理还是实践效果看，都值得研究”。[2]

其实，在制定《信托法》时，起初提请审议的《信托法（草案）》并没有信托登记的条款，而在后续的审议和修改过程中认识到规定信托登记的必要性才增加相关条款的；但是，由于缺乏深入研究，又无实践经验，尚难以做出全面的、可操作的具体规定，因而只能先做出原则性的规定，并期待日后在信托实践中予以具体化、完善化。[3] 一边是国家直接赋予信托财产登记强大的效力；另一边则是十几年以来信托财产登记制度具体规范的缺失。两边的巨大反差，不仅使《信托法》第十条成为具文，也严重限制了这类法律法规要求进行登记的财产进入信托领域，或者导致它们以一种扭曲的方式进入信托领域。实践中，面对当事人对这类财产的信托登记申请，有关登记机构只能以无具体登记规则而拒绝办理登记。此外，当事人为了规避信托财产登记而转换为现金、货币等财产形式设立信托。信托公司也采取多种方式变相规避信托财产登记，如以质押、抵押登记手续替代，或者另行签署关于信托事宜的文件，或者在上述文件的基础上，再签订信托财产转让协议。[4] 这样的做法，不仅让信托行为与其他民事行为混为一谈，信托财产的独立性无法得到维护，而且无形中增添了信托的交易成本，也可能会在未来引起不必要的纠纷。

---

[1] 孟强：《信托登记制度研究》，中国人民大学出版社 2012 年 4 月版，第 97 页。

[2] 何宝玉：《信托法原理研究》，中国政法大学出版社 2005 年 3 月版，第 107 页。

[3] 何宝玉：《信托登记：现实困境与理想选择》，见刘俊海主编：《中国资本市场法治评论（第二卷）》，法律出版社 2009 年版，第 150－175 页。

[4] 王建文，郭逸霏：《我国信托登记制度完善的法律路径》，载《行政与法》2017 年第 11 期，第 100 页。

慈善信托亦属于信托的一种类型，也受到《信托法》的规范，上文对《信托法》采取登记生效主义的不合理性分析自然也适用于慈善信托领域。虽然《慈善法》对慈善信托的设立规定了备案制，备案仅仅是国家对慈善信托的行政管理方式，并不会影响慈善信托的效力，笔者认为正是因为登记生效主义的不合理与具体操作规则的缺失，令慈善信托这一涉及社会公共利益的重要制度无法受到国家的有效监管；加之《信托法》对公益信托审批制规定的不合理，才有了慈善信托备案制的产生。此外，目前备案制对于以现金、货币这类不需要进行信托登记的财产设立慈善信托的监管确有成效，但是对于以应当进行信托登记的非货币类财产实施慈善信托仍然无适用余地，原因就在于对于不登记未生效的慈善信托而言，根本就没有进行备案的必要。归根到底，依然是信托登记生效主义严重限制了慈善信托的发展。

二、慈善信托财产登记客体的不明确性

关于信托财产的范围，《信托法》第七条和第十四条做出了相关的规定。以财产类别划分，则可分为实物财产和无形财产，后者如商标专用权和专利权。[1] 一般而言，作为信托财产，应当是独立的具有经济价值的财产，排除仅具有人身性的权利和不具有独立性的财产性权利（如隐私权和抵押权）所指向的财产。尽管信托财产的范围是比较明确的，然而对于信托财产登记范围却是模糊不清的，慈善信托财产登记范围亦是，使得较明确的信托财产范围失去意义。《信托法》第十条的规定过于原则，在慈善信托财产登记的客体方面留下许多有待明确的疑问。首先，在信托法律关系中信托财产的形态是变化的，但无论信托财产是因受托人的法律行为、事实行为或其他法律事实而导致其形态发生变化，其发生变化所取得的代位物仍应属信托财产[2]，这也被称为信托财产的同一性。由此，引出第一个问题，即慈善信托财产登记是信托设立、信托管理、信托终止等过程中涉及的应当登记的财产的登记，还是仅仅指在慈善信托设立之初对于原始信托财产的登记？其次，对于“法律、法规规定的应当办理登记”的理解也具有很大的歧义。从我国目前的财产权登记公示体系来看，

---

[1] 卞耀武主编：《中华人民共和国信托法释义》，法律出版社2002年版，第58页。

[2] 董慧凝：《信托财产法律问题研究》，法律出版社2011年版，第63页。

大体可分为两类财产登记：第一类是作为财产权属取得、变更生效要件的登记（注册），如大部分的不动产物权的登记[1]、商标专用权的登记[2]和专利权的登记[3]；第二类是作为财产权属取得、变更对抗要件的登记，如船舶、航空器等特殊动产的登记[4]。因此，“法律、法规规定的应当登记的”应当理解为仅指第一类登记或仅指第二类登记，还是同时包括两类登记？在采取信托财产登记生效主义的情况下，若包括第二类登记，就会产生一种奇怪的逻辑：对于仅以登记作为物权变动对抗要件的财产，却在设立信托合同行为时要求以登记作为生效要件。若不包括第二类登记，则以属于第二类登记的财产（往往也属于价值巨大的重要财产）设立信托就难以受到国家监管，那么市场秩序岌岌可危。最后，就慈善信托财产登记具体的登记内容上，除了明确公示某一财产属于慈善信托财产以外，还需要公示哪些内容，才能满足既让第三人知悉相关信托事实又能保护慈善信托当事人隐私的要求，这也是值得思考的问题。

三、慈善信托财产登记机构的不明确性

慈善信托财产登记机构对于慈善信托的发展尤为关键，只有明确了具体的登记机构，才能让慈善信托登记制度“活起来”，而不是仅仅停留在纸面上。从2006年上海信托登记中心的出现到十年之后中国信托登记中心（下文简称“中信登”）的批准设立，中国一直努力从信托登记机构的角度出发探索建立信托登记制度。但是，前者由于其事业性、非金融中介服务机构的性质以及其信托登记属非强制性的等原因而无法成为开展信托财产登记的合格主体，而后者

[1] 《中华人民共和国民法典》第二百零九条：“不动产物权的设立、变更、转让和消灭，经依法登记，发生效力；未经登记，不发生效力，但法律另有规定的除外。依法属于国家所有的自然资源，所有权可以不登记。”

[2] 《中华人民共和国商标法》第三条：“经商标局核准注册的商标为注册商标，包括商品商标、服务商标和集体商标、证明商标；商标注册人享有商标专用权，受法律保护。”

[3] 《中华人民共和国专利法》第十条：“专利申请权和专利权可以转让。中国单位或者个人向外国人、外国企业或者外国其他组织转让专利申请权或者专利权的，应当依照有关法律、行政法规的规定办理手续。转让专利申请权或者专利权的，当事人应当订立书面合同，并向国务院专利行政部门登记，由国务院专利行政部门予以公告。专利申请权或者专利权的转让自登记之日起生效。”

[4] 《中华人民共和国民法典》第二百二十五条：“船舶、航空器和机动车等物权的设立、变更、转让和消灭，未经登记，不得对抗善意第三人。”

的职能定位和业务范围都重点落在信托产品和受益权登记上[1]，并且在原银监会发布实施的《中国信托登记有限责任公司监督管理办法》中，第六条是关于中信登的业务范围的规定，其中第七项规定："提供其他不需要办理法定权属登记的信托财产的登记服务"，明确地将本书讨论的信托财产登记排除在其业务范围之外。因此，上述两个登记中心的建立并没有真正解决我国信托登记机构缺失的问题。

信托财产登记机构的难以确定，主要原因在于以应当登记的财产设立信托实际上会涉及两种登记，即信托财产的权属转移登记以及本书所讨论的信托财产登记。《信托法》第二条对信托下了定义："本法所称信托，是指委托人基于对受托人的信任，将其财产权委托给受托人，由受托人按委托人的意愿以自己的名义，为受益人的利益或者特定目的，进行管理或者处分的行为。"其中最有争议的便是"委托给"一词，即我国《信托法》并没有明确信托财产转移给受托人。从英国法来看，受托人对信托法是享有法定所有权或称为普通法上的所有权（legal title）的，美国《信托法重述（第3版)》也明确受托人为信托财产的所有权人[2]。日本信托法[3]也规定信托财产转移至受托人名下。虽然我国在《信托法（草案)》（一次审议稿）第二条规定委托人需将财产权转移给受托人[4]，但最后正式通过的《信托法》又改为"委托给"。《信托法》起草组成员之一周小明先生认为，"委托给"一词只是具有"形式"的意义，并没有改

---

[1] 《信托登记管理办法》第二条："本办法所称信托登记是指中国信托登记有限责任公司（简称信托登记公司）对信托机构的信托产品及其受益权信息、国务院银行业监督管理机构规定的其他信息及其变动情况予以记录的行为。"

[2] 美国《信托法重述（第3版)》第2条规定："信托的定义：信托法重述所指的信托，在没有'慈善'，'归复'，'推定'等限制性词的情况下，是指一种有关财产的信义关系，其产生与一种设立信托的明示意图，是当事人为了慈善利益，或一个或更多人的利益，至少有一个受托人，而有权持有该财产并且有义务处分该财产的一种法律关系。"该法第3条规定："委托人、信托财产、受托人与受益人：(1) 设立信托的人是信托人。(2) 信托中的财产是信托财产。(3) 持有财产的人是受托人。(4) 享有信托财产收益的人是受益人。"转引自董慧凝：《信托财产法律问题研究》，法律出版社2011年版，第208页：附录Ⅱ《美国信托法重述（第3版)》。

[3] 2006年日本《信托法》第2条第3款："本法所称信托财产，是指属于受托人所有但是应当依照信托进行管理、处分的财产。"转引自何宝玉：《信托法原理研究》，中国法制出版社2015年12月第2版，第557页。

[4] 《中华人民共和国信托法（草案)》（一次审议稿）第二条："本法所称信托，是指委托人基于对受托人的信任，将其财产权转移给受托人，受托人按委托人的意愿以自己的名义，为受益人的利益或者特定目的，管理或者处分的行为。"转引自周小明：《信托制度：法理与实务》，中国法制出版社2012年版，第40页之注释。

变设立信托需要财产权转移的实质，这样做只是为避免与我国民法“一物一权”的所有权制度相冲突[1]；此外，从《信托法》的其他条款，还能推出信托财产为受托人所有的含义[2]。因此，信托的有效设立同时涉及信托财产的权属转移登记和信托财产登记，而上述的两个登记中心，并不是我国法定的财产权属登记机构，而法定的财产权属登记机构亦未与它们进行必要的财产信息共享，脱离财产权属登记机构的信托登记中心，必然无法负担起信托财产登记的重任。因此，我国目前仍然没有明确的信托财产登记机构。

此外，我国需要进行财产转移权属登记的财产种类繁多，相应的登记机构也很分散，并且各登记机构也未将关于财产设立信托的登记纳入业务范围，也缺乏相应的登记操作规则。财产权属转移登记与信托财产登记之间的关系如何，各相应的登记机构如何协调，这些都是信托财产登记机构确定之前必须明确的问题。

第四节　相关国家慈善信托财产登记制度的经验借鉴

一、英美法系国家的经验

1. 英国的经验

信托起源于英国的“用益（Use）”制度，随着用益制度在衡平法院逐渐发展成为现代意义上的信托，慈善信托也随之出现。慈善信托制度在英国公益事业领域占有举足轻重的地位，也对英国社会的发展具有重大促进作用。由于慈善信托与公益事业息息相关，并且涉及国家税收优惠，因此英国建立了慈善信托的登记制度作为一种监管手段。英国的慈善委员会负责对慈善信托和其他慈善组织的登记工作，除了部分慈善组织可豁免登记之外[3]，慈善信托都必须进

---

[1] 周小明：《信托制度：法理与实务》，中国法制出版社2012年版，第40-43页。

[2] 如《中华人民共和国信托法》第十四条、第四十一条、第五十五条。

[3] 根据有关法律规定，下列各种慈善信托或慈善组织无须登记：（1）《1993年慈善法》规定豁免登记的，包括大学以及许多博物馆、艺术馆；（2）根据政府规章或慈善委员会的命令免于登记的；（3）没有任何永久性捐助，不占有土地（包括建筑物），年收入不超过1000英镑的；（4）教堂和宗教场所等。转引自何宝玉：《信托法原理研究》，中国法制出版社2015年12月第2版，第487页。

行登记。英国的法律规定慈善信托的登记包括设立登记和变更登记，慈善信托设立登记的实质是慈善委员会对慈善组织的慈善地位进行认定。[1] 因此，英国的慈善信托登记并不是本书所讨论的信托财产登记，登记与否并不会影响信托的效力，只是对信托是否具有慈善性质的一种法律上的认定，以此确认是否给予如税收优惠等特殊待遇的资格，与我国对慈善信托采取事后备案制是同样性质的，都是作为国家对慈善信托的一种行政管理手段。

其实，信托财产登记制度是大陆法系特有的制度。虽然信托设立需要信托财产转移登记，但英美法系并不存在独立的信托登记制度，原因可能有两点：一是在英美法系国家，信托制度的发展早于财产登记制度，并且衡平法发展了其他制度或规则来解决现代财产登记制度需要解决的问题，如衡平法确立了善意购买人和衡平法知情原则；二是信托登记需要解决的问题逐渐被纳入统一的登记系统加以解决，从而无须制定独立的信托登记制度。[2] 因此，英国信托法中并没有关于信托登记的一般性规定。

例外的是，在英国土地登记体系中则有关于土地信托的登记。英国土地所有权登记中，除了登记法定所有权和其他法定地产权外，土地的法定负担即第三人对土地享有的法定权益，也必须一并登记。土地所有权登记分为三个部分，分别是地产登记、业主登记和土地负担登记。地产登记主要登记土地的基本信息，如土地位置、边界等，以及地产权的类型。业主登记主要内容为所有者的姓名、地址和地产所有权的等级，以及可能影响业主处置土地的限制或者禁止事项，故受托人在土地信托中处置土地需要受到信托合同的限制，也必须在业主登记中做相应的登记。而在土地负担登记中，主要记录第三人对土地享有的权益，衡平法上受益人的土地信托受益权则作为次要权益登记于土地负担登记中[3]。次

---

[1] 解锟：《英国慈善信托制度研究》，法律出版社 2011 年版，第 124 页。

[2] 何宝玉：《信托登记：现实困境与理想选择》，刘俊海主编：《中国资本市场法治评论》第二卷，法律出版社 2009 年版，第 150 – 175 页。

[3] 衡平法上的土地信托的受益权除了在土地所有权登记体系作为次要权益予以登记之外，在另外独立的土地负担登记体系中也作为一种土地负担类型（C3 类：普通的衡平法权益）予以登记，登记的效力也是未经登记不得对抗有偿的土地或土地权益的购买人。在此不作赘述，参见何宝玉：《地产法原理与判例》，中国法制出版社 2013 年版，第 97 – 109 页。

要权益目前有两种登记方式[1]，其中适用于土地信托所产生的衡平法权益的是限制，一旦一项限制被登记，则此后业主对于土地的处置必须符合所登记的限制条件，否则土地登记处对其不予登记。在土地作为信托财产时，登记一项限制不仅可以明确土地的信托财产性质，同时也可以要求购买人将价款交给两位受托人或一家受托公司，以保护受益人的权益。就次要权益的登记效力来说，支付对价的土地或其他土地权益的购买人不受未经登记的次要权益的约束，不论其实际上是否知道次要权益的存在。因此，也可以总结为土地信托受益权未经登记不得对抗有偿的交易第三人。[2]

2. 美国的经验

美国最初曾是英国的殖民地，英国的信托制度也在美国得到传播和发展，并且随着美国在实践中与信托相关的判例越来越多，美国也逐渐形成了具备自身特色的信托制度。与英国相似，美国的慈善信托也存在作为一种行政管理手段的慈善信托登记，登记效力与意义也基本相同，只是美国的慈善信托登记工作由各州的检察长负责。至于信托财产登记制度，美国信托法也没有相关的规定，但是存在同样具有公示作用的制度，即标识（Earmark）制度。美国《统一信托法》第 810 条规定了受托人具有区隔财产、对信托财产的管理做充分记录、标识信托财产并在独立第三方的记录有所显示的义务[3]，《信托法重述（第 3 版）》第 84 条也有相应的规定[4]。标识即意味着受托人必须明确某一财产为信托财产。“由于仅向受益人披露仍然会存在严重的错误或盗用风险，因此仅在

---

[1] 《1925 年土地登记法》规定了四种登记方式，分别为土地处置限制、土地负担告知、交易提醒和交易禁止，后《2002 年土地登记法》将上述四种登记归并为告知和限制两种。参见何宝玉：《地产法原理与判例》，中国法制出版社 2013 年版，第 97 – 109 页。

[2] 何宝玉：《地产法原理与判例》，中国法制出版社 2013 年版，第 75 – 86 页。

[3] 美国《统一信托法》第 810 条“簿记与信托财产的识别：(a) 受托人应当对信托的管理保存成分记录。(b) 受托人应当把信托财产与受托人自有财产分离开。(c) 除 (d) 款规定外，受托人应当使信托财产有所指定，以便信托权益在可行的范围内出现在受托人和受益人之外的第三方保存的记录中。(d) 如果受托人保存的记录明确标识了相关的权益，受托人可以把两个或多个信托的财产作为一个整体财产进行投资。”

[4] 美国《信托法重述（第 3 版）》第 84 条：“分离和识别信托财产的义务：受托人有义务去辨别是否信托财产被指定或明确为信托财产，也有义务把信托财产与受托人自己的财产分离开，并且在实践中将其与不属于信托的财产分开。”转引自董慧凝：《信托财产法律问题研究》，法律出版社 2011 年版，第 208 页。

受托人内部记录表明信托利益是不够的"❶，可以说标识制度起到了向外部公示信托财产的作用。此外，美国信托法也鼓励受托人在处理信托事务与第三人交易时主动披露自己受托人的身份，则受托人对该交易无须承担个人责任❷。言外之意，若受托人未在交易之时明确表明自己是以受托人身份而非本人身份进行交易，则应由受托人本人对第三人承担全部责任，这在学说上被称为"惩罚性预设规定（penalty default）"，也有学者认为这是一种强制性信息披露机制（information - forcing），即"若掌握资讯的一方不能详细说明交易的内容，该方即需因此受到处罚"，该机制课以受托人的告知义务"更是信托财产得以对抗第三人的一个正当化依据"❸，从而达到与信托财产登记一样的公示效果，不使第三人陷入难以预料的风险，同时也降低其交易调查成本，提高交易效率。

二、大陆法系国家的经验

日本是大陆法系国家中较早引入信托制度的国家，1922 年日本就同时进行了信托法和信托业法的立法，具有以商事信托或营业信托为中心的特征，并且以强行法规范进行强制规制的性质很明显❹。为促进民事信托的展开和进一步完善商事信托的规范，日本对这两部法典进行多次修订，最终形成了符合日本国情的信托制度。

关于信托财产登记制度，规定于原 1922 年《信托法》的"信托公告"，第 3 条第 1 款规定"关于应登记或注册的财产权，在信托时如无登记或注册，则无法对抗第三者"❺，在 2006 年新修订的《信托法》仍然沿用这一效力模式❻，

---

❶ David English, "The fiduciary duties and powers of a trustee under the Uniform Trust Code", Trusts & Trustees, Vol. 20, No. 1&2, February/March 2014, pp. 52 - 78.

❷ 美国《统一信托法》第 1010 条第（a）款："除合同另有规定外，对于在管理信托过程中以受信托人的身份采取适当方式订立的合同，如果受托人披露了自己的受信人身份，则受托人对该合同不承担个人责任。"

❸ 王文宇：《民商法理论与经济分析（二）》，中国政法大学出版社 2003 年版，第 279 - 284 页。

❹ ［日］能见善久：《现代信托法》，赵廉慧译，中国法制出版社 2011 年版，第 8 - 9 页。

❺ 董慧凝：《信托财产法律问题研究》，法律出版社 2011 年版，第 231 页。

❻ 2006 年日本《信托法》第 14 条："信托财产的对抗要件：财产权利的得失、变更未经登记或注册不能对抗第三人的，财产未经登记或注册的，不得以该财产属于信托财产的事实对抗第三人。"转引自何宝玉：《信托法原理研究》，中国法制出版社 2015 年版，第 561 页。

基于此，日本对于信托财产登记的效力采取的是登记对抗主义。在登记对抗主义下，登记不仅不影响信托当事人设立信托的效力，而且使信托取得对世效力，第三人可通过查询登记信息而使自己免受不测损害，实现了信托当事人意思自治与交易安全保护的平衡。对于应进行信托登记的财产范围，明确为财产权属变更设有登记制度或注册制度的财产，前者包括不动产、船舶和建设机械上的权利，后者包括著作权等知识产权、渔业权、矿业权等。此外，在原《信托法》中还特别规定了关于有价证券、股票和公司债券的信托登记制度：有价证券要按照敕令的规定在证券上标明属信托财产，其中股票和公司债券则还要在股东名单或公司债券底账上明确记载属信托财产。然而，在实践中，有价证券的财产流动性较强，转手次数频繁，且逐渐实行无纸化交易，如此的公示手段过于烦琐和不现实，因此，在2006年修法时，删除了相关规定，转而以受托人之分别管理义务替代之。即对于属应登记或注册的财产，予以信托登记或注册就是分别管理；对于不需登记或注册的财产（不包含下述法务省令规定的财产），又分为两类：一类是金钱除外的动产；另一类是金钱和其他财产，前者以外观上可区分的方法进行分别管理，后者以分别计算实现分别管理。另外补充以法务省令规定的财产进行信托的，应当采取法务省令规定的适当的分别管理办法。总结来说，日本信托财产登记制度和分别管理义务一起构成了信托财产的公示制度。就信托财产的登记机构，"'信托登记'的申请，和'因信托而产生的所有权转移登记'的申请是使用同一文件进行的，在程序上是一体的"[1]，这意味着日本法不仅明确区分财产权属转移登记和信托财产登记，而且将两个程序合并进行，故负责财产权属转移登记的机构同时也负有信托财产登记的职责。

关于信托财产登记的程序，日本《不动产登记法》对于不动产信托登记程序进行了详细规定，这对我国具有很大的参考意义。根据日本《不动产登记法》，以不动产设立信托的，由受托人提出登记申请。信托登记与因信托产生的不动产所有权转移为两种登记，但应由同一申请文件一并提出，并且在申请文件中附具一份载有信托事项的书面文件，包括各信托当事人的姓名和住所、

[1] ［日］能见善久：《现代信托法》，赵廉慧译，中国法制出版社2011年版，第27页。

信托目的、信托财产的管理办法、信托终止事由等。该书面文件存入信托存根簿，视为信托登记簿的一部分。❶

三、小结

在英美法系中，信托财产上存在着双重所有权，与我国民法上“一物一权”的原则截然不同。因此，我国信托制度的构建不可能照搬它们的具体制度；而应从制度的功能性出发去考察英美法系信托制度的可借鉴之处。信托财产登记制度的目的在于强化信托财产的独立性，平衡受益人与第三人的利益冲突，进而保障交易安全。尽管英美法系的信托法并没有独立的信托财产登记制度，但其知情原则、衡平法的追踪制度和推定信托制度，以及美国信托法的标识制度、惩罚性预设规定等，都是保护或者救济受益人与第三人利益的重要法律制度。英美法系这些比较完善的法律制度背后所反映的信托法律原则与价值追求，如重视保护受益人与第三人、保障信托交易安全等，是我国应该重点借鉴的。此外，英国在土地登记体系中嵌入包括受托人受到土地信托合同的限制、土地信托受益权等事项，实现不动产权属登记与不动产信托登记处于一个体系之下等做法，对我国的信托财产登记制度构建也有重要的参考价值。

日本作为大陆法系国家中较早引进信托制度的国家，其在依据大陆法系之传统设计信托制度方面的经验值得我国借鉴。在信托财产登记方面，日本采取登记对抗主义模式，保持信托制度之灵活与弹性，并且明确区分财产权属转移登记与信托财产登记，在已有的财产权利登记体系中加入信托财产登记，在程序上将二者合二为一，不仅有利于降低信托当事人的登记成本，也能减少信托财产登记制度的构建成本。此外，鉴于我国已建立起不动产统一登记制度，日本较完善的不动产信托登记规则是我国在构建信托财产登记制度时应重点研究学习和借鉴的。

❶ 文杰：《论信托公示的理论基础与制度设计：兼评我国〈信托法〉第10条之规定》，载《中国商法年刊（2008年）：金融法的现代化》，北京大学出版社2008年版，第508－514页。

第五节　区域慈善信托财产协同登记制度的构建

一、区域慈善信托财产登记的效力模式的改变

信托登记制度的效力模式直接影响信托行为的法律效力，采取合理科学的登记效力模式，是构建完善的信托财产登记制度的第一步。从前文对于我国慈善信托财产登记采取登记生效主义的不合理性之分析，以及对比分析英美法系和大陆法系慈善信托财产登记制度的效力模式，笔者认为，我国在构建慈善信托财产登记制度时，首先应该改登记生效主义为登记对抗主义。登记生效主义是国家公权力对信托行为的过度干预，亦是对私人意思自治的限制，抹杀了信托制度作为财产管理制度所具有的灵活与弹性。从权益保护与平衡的角度看，在登记生效主义下，一旦未进行信托登记，不仅无法保护与受托人进行信托财产交易的第三人的利益，而且委托人的信托目的及受益人的信托利益也因不存在有效的信托法律关系而无法依靠信托法而受到保护。换言之，在信托登记生效主义下，信托内部关系和外部关系（或者说信托的静态安全与动态安全）都因未登记而得不到维护。而在登记对抗主义下，未进行登记的信托关系仅是无法取得对抗善意第三人的效力的，信托当事人之间仍可依信托合同和信托法主张权益保护，信托财产的独立性亦不会因未登记而受到影响，仍可以实现破产隔离功能。信托财产登记之价值在于将财产的信托属性和受托人的处分权限予以公示，达到信托受益人与交易第三人的利益平衡的目的，信托登记对抗主义则能够在保障信托当事人内部关系的同时，平衡上述两者间的利益，显然是更加合理的登记效力模式。登记对抗主义也是大陆法系国家如日本和韩国普遍采取的效力模式，我国做出效力模式的改变也是顺应信托制度的国际立法趋势的应有之举。

具体到慈善信托财产登记制度，信托登记对抗主义没有登记生效主义强制的登记要求和未经登记不生效的严峻后果，能够更有效鼓励更多有慈善意愿和慈善资本的人以慈善信托的方式对社会做出贡献。在信托财产登记对抗主义下，即使未经登记，虽不能对抗善意第三人，但信托委托人和信托监察人也可依据

信托合同对受托人超出权限的处分行为或是对因受托人的原因未进行登记而发生的损失请求赔偿，尽可能地保护慈善受益人的利益。反之，在登记生效主义下，受益人的权益在未登记的情况下岌岌可危，保障也会少得多。

虽说希望信托登记效力模式做出改变，但信托法的大修订并不是一蹴而就的事情，而是一项非常复杂的系统性工程，需要做出多方面的、充分的调查研究和制定全面的配套措施，必定历时长久。若将信托财产登记制度的完善寄望于建立在新《信托法》做出效力模式改变的基础上，则将严重拖延信托登记制度改革的进程。也诚如何宝玉先生所言，若是在现行法律规定的框架下能够寻找出合理的解释和可行的登记途径，那么，当务之急或许是尽快研究建立可操作的信托登记制度和具体规则，而不是从理论上探讨登记生效与登记对抗的优劣。[1] 因此，对于信托登记制度的完善，可先从相对简单可行的环节入手突破，如以京津冀、长三角等区域慈善信托财产协同登记制度的构建作为具体登记规则设计的研究和操作试点，逐步构建各个信托领域的信托财产登记制度的具体规则，最后在时机成熟之际再对《信托法》的信托登记效力模式做出改变，似乎是更加可行的做法。

二、明确区域慈善信托财产登记的客体范围

构建区域内慈善信托财产协同登记制度，必须明确登记的客体范围。上文提出了关于我国目前信托财产登记客体范围的三个疑问，笔者将参考日本信托制度，提出相应的完善建议。首先，关于信托财产登记仅是信托设立登记还是包括信托管理过程中以及信托终止时的登记的问题。我国《信托法》第十条仅规定了设立信托时应当办理信托登记，其他登记并未提及。类比我国关于不动产物权登记的规定：不动产物权的设立、变更、转让和消灭，应当依照法律规定登记。可见，我国不动产物权登记涉及权利变动的各个环节，而不仅仅是设立环节。信托制度是受托人为了受益人的利益而对信托财产进行管理的制度，信托财产随着受托人对信托事务的处理而发生变化，这也称为信托财产的同一性，因此仅对信托设立之初的财产进行登记恰恰是忽视了信托财产的同一性，

---

[1] 何宝玉：《信托登记：现实困境与理想选择》，刘俊海主编：《中国资本市场法治评论》第2卷，法律出版社2009年版，第150－175页。

无法实现对信托财产的有效监管，故应参照我国不动产物权登记对信托的各个重要环节，包括变更、转让、终止等环节都设置相应的财产登记制度。

其次，针对第二个疑问，即应进行信托财产登记的财产范围是什么，笔者认为从文义解释的角度解读《信托法》第十条，以及参照日本的信托登记规定，应理解为，进行信托财产登记的财产应当是包括以登记作为财产权属变动的生效要件和对抗要件的财产，这也是多数学者认可的观点，并且他们也对应进行信托登记的财产按类型进行了详细的总结❶，笔者亦在上文比较分析了日本和我国信托登记部分对应登记的财产类型有所提及，故在此不做赘述。至于在登记生效主义下，对于以登记作为财产权属变动对抗要件的财产，却要求以信托登记作为生效要件，存在不合理性的问题，若按上文所言改登记生效主义为登记对抗主义，不合理性问题即迎刃而解。需要特别强调的是，日本2006年新《信托法》取消了有价证券的信托登记的规定，而以受托人的分别管理义务来替代有价证券的信托公示。我国《证券登记结算管理办法》第二十九条规定证券在证券交易所上市交易的，证券登记结算机构应当根据证券交易的交收结果办理证券持有人名册的变更登记，以及《证券法》对于证券登记结算机构的职能规定❷，结合我国《信托法》第十条，可知如果以证券作为信托财产的话，则证券也属于应当进行信托财产登记的财产，但证券的交易频率高，且日渐实行无纸化交易，日本的做法值得我国思考，我国应该适时对证券的信托登记做出改变。

最后，对于信托财产登记的具体登记内容的问题，日本关于土地信托登记的规则具有参考价值。信托财产登记制度不仅在于公示某一财产的信托财产性质，更在于平衡受益人与交易第三人的利益，所以受托人对于信托财产的处分是否属于有权处分就至关重要；换言之，受托人对于信托财产的处分权限应当

---

❶ 孟强：《信托登记制度研究》，中国人民大学出版社2012年版，第105－114页；赖源河，王志诚：《现代信托法论（增订三版）》，中国政法大学出版社2002年版，第72－76页；董慧凝：《信托财产法律问题研究》，法律出版社2011年版，第126－141页；何宝玉：《信托法原理研究》，中国法制出版社2015年版，第136－137页。

❷《中华人民共和国证券法》第一百四十七条："证券登记结算机构履行下列职能：（一）证券账户、结算账户的设立；（二）证券的存管和过户；（三）证券持有人名册登记；（四）证券交易所上市证券交易的清算和交收；（五）受发行人的委托派发证券权益；（六）办理与上述业务有关的查询；（七）国务院证券监督管理机构批准的其他业务。"

是信托登记应予记载的内容。否则，若信托登记不记载受托人的处分权限，即使第三人通过查询登记得知交易标的物为信托财产，依然会发生受托人无权处分、第三人的善意信赖与受益人的信托利益产生矛盾的情形。此外，我国不动产登记簿的记载内容亦包括不动产的基本信息、不动产权属状况及不动产权利限制等内容[1]，也可作为信托登记内容的参考对象。因此，我国在构建京津冀慈善信托财产登记制度时，考虑到慈善信托具有公益性，应接受广大人民群众尤其是受益人的监督，除了登记信托财产的一些基本信息外，应该将信托法律关系，包括相关当事人、信托期限、受托人的处分权限、委托人的权利保留以及信托利益分配等重要信息予以登记。同时，基于对慈善信托当事人的隐私保护，对于公众查询慈善信托登记内容应做出一定的限制，如能证明申请查询人是相关信托财产或信托法律关系的利害关系人，或是即将与受托人就信托财产进行交易的第三人，才允许其查询登记信息，但证明标准亦不可过于严格，否则慈善信托将无法接受群众监督。

三、区域慈善信托财产的登记机构主体的确定

上海信托登记中心和中信登可以说是中国探索建立统一的信托登记机构的尝试，但它们并没有起到信托财产登记机构的作用。我国《信托法》第十条未明确信托财产的登记机构，实践中信托财产登记制度难以推行。关于信托财产登记机构的设置，学界普遍存在两种观点，即统一登记机构模式和分散登记机构模式，前者是指专门新设一个机构负责集中办理信托财产登记，而后者是指依托现有的财产权属登记机构，分别在各机构增加信托财产登记的业务，即财产权属登记机构与信托财产登记机构合二为一。对于统一登记模式，优点是能为各种类型的信托财产提供统一的登记机构，避免登记遗漏或重复，适用统一的审查标准与登记规则，还可与电子化登记系统衔接，提高登记效率[2]，缺点则是难以与现有的财产权属登记机构相衔接，无法利用已有的财产权基本信息，且从国家层面重新构建一个统一的、全国性的、有法律依据的登记机构，必定

---

[1] 《不动产登记暂行条例》第八条第三款："不动产登记簿应当记载以下事项：（一）不动产的坐落、界址、空间界限、面积、用途等自然状况；（二）不动产权利的主体、类型、内容、来源、期限、权利变化等权属状况；（三）涉及不动产权利限制、提示的事项；（四）其他相关事项"。

[2] 徐刚：《中国信托登记制度研究》，《江西财经大学学报》2019年第2期，第134页。

耗时费力，无法有效快速解决我国信托登记机构缺位的燃眉之急。分散登记机构模式是目前较为可行的做法，也获得大部分学者的支持，在现有财产权属登记机构中加入信托财产登记业务，成本较低，使得信托财产权属转移登记和信托财产登记可在同一个机构进行，方便信托当事人办理登记，这也是上文进行比较法分析中英国土地登记体系、日本土地权利信托登记所采取的做法。但是这一模式依然存在各机构标准、规则不统一的弊端，且若信托财产为多种类型的财产或是信托财产在信托持续过程中发生类型变化，则受托人的登记成本增大，亦不利于相关人士进行查询。此外，学者徐刚还提出另一构想，即在实质上沿用分散登记机构模式的基础上，为解决受托人分头多处登记的问题，形式上再设立一个统一接收与转递材料的窗口，作为登记申请人与各财产权属登记机构的媒介，并认为应由中信登充当这个统一窗口。[1]

笔者认为，慈善信托的设立同时涉及财产权属转移登记以及慈善信托登记，两种登记功能不同但都是（在目前的登记生效主义下）设立有效慈善信托的必要要件，要想统一登记模式完全忽视两种登记之间的紧密联系而寻求重新构建一个独立的登记体系是不可取的。完全重新构建一个统一的、与原有财产权属登记体系并行的信托财产登记体系，除了要花费巨额的成本以及历时长久以外，也无法保证不会出现登记混乱与规则有出入的问题，因为二者的并行难免会相互影响或出现新的冲突。而对于信托当事人而言，设立信托则需要分别在两个系统申请办理两次登记，很多程序相同却仍要重复进行，严重打击了当事人设立信托的积极性，或者是造成仅进行了财产转移登记而没有进行信托登记的问题。同时，也加大了利害关系人的调查成本。而分散登记模式基于我国的现实背景而在已有财产登记机构中建立信托登记机构，是更具有可行性的做法。但是，应该注重同时把握两种登记之间的异与同，做到最大化的求同存异。对于能适用相同程序与规则的，直接使信托登记融入已有登记制度之中，避免重复。对于有实质差异的部分，则仍需要因事为制，有针对性地制定不同的规则。而对于这两种登记的关系与如何有效衔接的问题，将在下文论述。对于学者徐刚提出的做法，其实质仍然是采取分散登记模式，出于当事人办理登记的便利考虑而选择设立一个形式的统一窗口。但是，如前文所述，中信登在职能定位与

---

[1] 徐刚：《中国信托登记制度研究》，《江西财经大学学报》2019 年第 2 期，第 134－135 页。

业务范围上都不涉及本书所研究的信托登记，由其充当形式窗口也可能导致与其原本业务的冲突，其可行性仍需进一步研究；但若是作为临时性的对策，不失为一个好的权宜之计。对于分散登记模式带来的分处多头登记的问题，笔者认为，在我国正在推行不动产统一登记的背景下，在不动产信托领域该问题可以得到解决，但是对于其他财产类型来说，还是需要依赖进一步的信息化建设所带来的财产权属登记部门与信托登记部门的高效对接与协同。

四、区域慈善信托财产权属登记与信托财产登记的关系与衔接

目前，学者们对我国《信托法》第十条对信托法律关系的设立是否需要委托人将信托财产转移给受托人的规定存有争议；但如前文所分析的，在信托制度的源发地英国，以及日本都明确委托人设立信托必须将信托财产转移至受托人名下。因此，设立信托法律关系必然同时涉及信托财产权属登记和本书讨论的信托财产登记。“所谓的信托公示，系指于一般财产权变动等一般公示之外，再规定一套足以表明其为信托的特别公示而言。在制度构造上，可谓其系在一般财产权变动等公示方法以外，再予以加重其公示的表征”[1]，故这两种登记是性质和功能完全不同的登记。对于应登记的财产，财产权属登记是权利变动的公示方式，具有公信力，主要是记载财产权主体的变动，使交易第三人可通过查询而得知标的物的权属状况，确保相对方为有权处分之人，以免遭遇意料之外的风险，同时该登记也是国家对重要财产的监管形式。但财产权属登记并不能突出财产的信托属性以及受托人受信托合同约束的处分限制，若没有单独的信托财产登记，则交易第三人单纯信赖财产权属登记而与受托人进行信托财产的交易，则受益人或信托监察人有权对受托人超出权限的处分行为予以撤销，这对于交易第三人而言极不公平。故信托财产登记就是对财产信托属性和信托法律关系的公示方式，旨在平衡受益人与交易第三人的利益。换言之，信托财产登记是对财产权属登记的一种补充，公示财产权在信托法律关系中的负担，虽然这种负担是信托当事人之间通过设立信托合同所产生的，但是在信托财产涉及信托当事人之外的第三人时，这种负担需要突破“信托合同的相

[1] 赖源河，王志诚：《现代信托法论》（增订3版），中国政法大学出版社2002年版，第71页。

对性”，产生一种对世效力，这正是信托法律关系的特殊之处，而信托财产的这种对世效力正是通过信托财产登记予以保障和实现的。总而言之，信托法律关系的设立，必须同时有信托财产的权属转移登记和信托财产登记，才能真正保障信托财产的独立性，维护交易安全，体现登记作为权利公示方式应有的公信力。

日本的信托立法明确区分这两种信托登记，只是在程序上将信托财产登记依托于财产权属登记，两种登记依同一份申请文件申请，由同一个机构办理。因此，我国在完善信托财产登记制度时，首先应当明确委托人设立信托需将财产转移至受托人名下，并且采取现实可行的分散登记机构模式，在已有的财产权属登记中增添关于信托财产登记的业务，设立信托时将两种登记同时进行，避免重复制定两种登记共同的规则，财产权属登记已有的财产权基本信息亦可为信托财产登记利用，实现两种登记制度的协调与衔接。在构建京津冀慈善信托财产协同登记制度时，亦应注意上述两种登记的关系与衔接问题。

五、建议以不动产慈善信托为区域内慈善信托财产协同登记的试点

我国的财产登记体系呈现分散状态，登记财产类别多，登记机构体系庞杂，各种财产的登记规则亦不相同，因此要在所有需登记的财产同步开展慈善信托登记是比较困难的，也必是历时长久的。我国的不动产统一登记制度正在全国范围内逐步建立，2016 年颁布、2019 年修正的《不动产登记暂行条例实施细则》也为不动产信托登记预留了空间。[1] 近些年，全国包括京津冀区域各地在内的多省市积极制订构建不动产统一登记制度的具体工作方案，加快落实制度建设。[2] 以

[1] 《不动产登记暂行条例实施细则》第一百零六条规定：“不动产信托依法需要登记的，由国土资源部会同有关部门另行规定。”

[2] 2015 年 11 月 7 日原北京市国土资源局发布《关于实施不动产统一登记制度有关事项的通告》，于同年 11 月 9 日开始实施不动产统一登记制度，载北京市人民政府网 2015 年 11 月 7 日，http://www.beijing.gov.cn/zhengce/zhengcefagui/201905/t20190522_58776.html，最后访问时间 2021 年 4 月 26 日；2015 年 10 月 15 日天津市人民政府办公厅发布《天津市不动产统一登记工作实施方案》，确立了自 2016 年 1 月 1 日起全面启动在天津市不动产统一登记工作的目标，载天津政务网 2015 年 10 月 15 日，http://gk.tj.gov.cn/gkml/000125022/201510/t20151015_8804.shtml，最后访问时间 2021 年 4 月 26 日；2015 年 6 月 2 日河北省国土资源厅发布《关于加快推进全省不动产统一登记工作的指导意见》，积极开展建立不动产统一登记体系相关工作，载自然资源确权登记网 2015 年 6 月 2 日，https://www.rerc.com.cn/bdcdj/jyjl/20150602/118.html，最后访问时间 2021 年 4 月 26 日。长三角区域各省市也颁布了相同或者类似的通告、方案或者指导意见，此处不赘。

此为背景，谈构建区域内的不动产慈善信托财产协同登记制度具有一定的现实性与可行性。此外，不动产通常属于价值较高、利用方式多样化的财产，更容易实现信托财产的增值保值和较高的收益，使慈善信托能够造福更多人。同时，不动产也是许多高净值人群所拥有的重要财产类型，以不动产作为慈善信托财产能够有效解决慈善信托的需求问题。因此，从现实性、可行性与需求回应性方面来看，以不动产作为构建区域内慈善信托财产协同登记制度试点是较佳的选择，能够有效缓解我国慈善信托财产登记制度缺位情况下慈善信托发展的燃眉之急。

结合本章第四部分对比分析日本的信托登记制度，并基于上文提出的慈善信托财产登记效力、登记客体、登记机构以及财产权属登记与慈善信托登记的关系与衔接的相关建议，笔者认为区域内不动产慈善信托财产登记制度的构建及其协同化的具体方式如下。

首先，明确实现协同的三个方面：第一，区域内各地内部的不动产财产权属登记与慈善信托登记之间的协同；第二，不动产慈善信托财产登记与各地的慈善信托监管、税收等部门的协同；第三，区域内各地之间的不动产慈善信托财产登记的协同。对于第一个方面，不动产慈善信托财产登记在已有的不动产登记体系的基础上构建是更具有可行性的，因此可由自然资源部明确授权区域内各地的规划和自然资源委员会/规划和自然资源厅（局）进行不动产慈善信托财产登记的试点，制定统一的不动产慈善信托财产登记条例及实施细则，并在各自的不动产登记局内设不动产慈善信托财产登记部门，确保不动产财产权属登记与不动产慈善信托财产登记都在不动产登记局下、同一申请登记程序中协调进行，避免出现信托财产仅仅进行了财产权属转移登记而没有进行慈善信托财产登记的问题。以不动产设立慈善信托的，应先在不动产所在地的不动产登记局进行财产权属转移登记，该环节依据已有不动产登记规则，依法对登记申请及相关不动产进行审查，保证不动产权属状况的真实性和申请人对其的有权处分。对外方面，无须单独设立不动产慈善信托财产登记的办理窗口，仍由统一的不动产登记办理窗口受理，不增加相关申请人的登记办理成本。对于符合条件的申请，应向慈善信托受托人核发不动产权属证书，并且在不动产登记簿中内设一页为信托登记页，载明为慈善信托财产，记录相关慈善信托当事人、受托人处分权限、慈善信托的期限等重要信息。而新设的不动产慈善信托财产登记部门主要负责管理这类不动产的登记信息，并且还负责两方面的事务（分别对应上文所述的第二方面和第三方面的协同）：一是与当地慈善信托监管部门（民政部门、银保监部门）、税收部门进行对接，实现部门之间的信息实时共享与更新，确保财产登记与交易监管的协同化。同时，为促进更多的不动产进入慈善信托领域，未来给予不动产慈善信托以税收优惠是必然趋势，因此不动产慈善信托财产登记信息也必须与未来的相关税收部门进行共享，方便税收部门确定税收优惠资格并准确落实优惠政策，以此进一步促进慈善信托的蓬勃发展；二是与区域内各地的其他不动产慈善信托财产登记部门之间的对接，尤其是慈善信托受益人所在地的不动产慈善信托财产登记部门。各区域内的不动产慈善信托，以在该区域内的不动产为基础设立慈善信托，信托利益将分配给区域内相对贫困落后地区的不特定人群，因此可能出现委托人、受托人和受益人及相关不动产分别处于区域内各地不同地方的情况；但是，慈善信托具有公益性，慈善信托财产的管理运用及信托利益的分配需要接受公众和社会的监督，尤其是相关受益人的监督。区域内各地的不动产慈善信托财产登记部门之间的信息共享，使得不论身处区域内何地的相关利害关系人都能在当地不动产慈善信托财产登记部门查询到相关登记信息，保障了相关受益人的知情权与监督权，也无形中规范了受托人更加依约依法行使自身职责。

其次，为具体落实上述三个方面的协同，区域内各地的不动产慈善信托财产登记的实施细则必须具有一定的统一性：如在登记程序方面，对于登记申请人、申请材料、受理期限及核发证书等重要方面须保持一致，对不同地区的不动产慈善信托适用相一致的规则，既能确保法律适用的公平性，也使上述涉及各部门之间的对接更加顺畅高效。在登记申请人方面，日本之区分共同申请、单独申请和代理申请等不同情况[1]，对应不同阶段的信托登记规定了具体的登记申请人。但日本规定信托设立时的登记以信托委托人和受托人共同申请为原则，因此，结合日本的相关规定，以及我国《不动产登记暂行条例》的规则，笔者认为不动产慈善信托财产登记亦应当以委托人和受托人共同申请为原则，并规定特殊情况下的单独申请例外。在申请材料方面，在依托已有不动产权属

---

[1] 刘贵生：《浅析日本信托财产登记理论与实务》，载《特区经济》2005 年第 9 期，第 206－207 页。

登记的基础上，不动产的慈善信托登记相比于普通的不动产权属登记，除了需要特别强调的慈善信托合同文件之外，其他申请材料基本相同，这也是依托原有不动产权属登记而构建慈善信托财产登记的优势之一。

最后，以上各地区各个部门之间的对接与协同化办公，基础性的机制就是登记信息的电子化协同及网上登记平台协同系统的建设。《不动产登记暂行条例》第九条也规定有条件的不动产登记簿应当采用电子介质。例如，河北省政府在推进不动产登记“最多跑一次”改革的指导意见中，提出了推进信息互通共享和推行“互联网 + 不动产登记”的重点工作[1]。尽管我国正在全国范围内推进不动产统一登记制度，但是实现全国不动产登记系统的联网具有较大难度，需要更高层次的信息化建设。但在京津冀区域内仅对设立慈善信托的不动产登记信息实现联网与信息共享，相对而言更加具有可行性。庞杂的登记信息通过电子介质化为信息数据，更加便于保存、管理与共享，大大提高了行政办公效率。网上不动产登记平台系统可以提供网上登记申请预约、预审，登记申请材料接收，网上查询登记办理进程与登记信息等功能，取代了传统的现场预约取号、窗口排队等候的耗时费力的登记办理模式。对于登记工作人员而言，这是工作模式的高效化改革，能将他们从繁杂的纸质档案管理工作中解放出来。对于登记申请人而言，这是便民利民的政府服务模式；而且，慈善信托的过程中会有不同阶段的登记，信托过程中财产的改变也可能需要重新登记，有了完善的网上登记平台系统，当事人只需通过网上操作就能基本完成大部分申请流程，大大降低申请成本。而从受益人等利害关系人来看，这样的系统显然更有利于他们的知情权、监督权的行使，从而规范受托人对信托财产的管理处分及对信托利益的分配，促使不动产慈善信托的规范化发展。

以我国正在推行不动产统一登记制度的利好背景为基础，以不动产作为探索京津冀慈善信托协同登记的试点确实是不错的选择，但是不动产也囊括了国有土地使用权、集体土地所有权，房屋等建筑物、构筑物所有权，森林、林木所有权，土地承包经营权，建设用地使用权，宅基地使用权等，范围十分广泛，可以重点选择其中的房屋所有权这类市场行情较好、价值较高的一类进行试点，

---

[1] 《河北省人民政府办公厅关于推进不动产登记“最多跑一次”改革的指导意见》，载河北省人民政府网 2018 年 8 月 17 日，http：//info. hebei. gov. cn//eportal/ui? pageId = 6778557&articleKey = 6805466&columnId = 329982，最后访问时间 2020 年 8 月 17 日。

在试点中逐步探索与调整，总结经验，并逐渐向其他不动产类型和其他财产类型开放，最终全面化地推动慈善信托的发展。

主要参考文献

（一）著作类参考文献

1. 周小明．信托制度：法理与实务［M］．北京：中国法制出版社，2012：40－43.

2. 卞耀武．中华人民共和国信托法释义［M］．北京：法律出版社，2002：58.

3. 何宝玉．信托法原理研究［M］．北京：中国政法大学出版社，2005：107.

4. 何宝玉．信托法原理研究［M］．北京：中国法制出版社，2015：136－137.

5. 何宝玉．地产法原理与判例［M］．北京：中国法制出版社，2013：75－86.

6. 陈向聪．信托法律制度研究［M］．北京：中国检察出版社，2007.

7. 赖源河，王志诚．现代信托法论［M］．增订3版．北京：中国政法大学出版社，2002：236.

8. 王文宇．民商法理论与经济分析（二）［M］．北京：中国政法大学出版社，2003：279－284.

9. 王振耀．日本公益法律制度概览［M］．北京：法律出版社，2016.

10. 中国信托业协会．慈善信托研究［M］．北京：中国金融出版社，2016.

11. 郑功成．慈善事业立法研究［M］．北京：人民出版社，2015.

12. 解锟．英国慈善信托制度研究［M］．北京：法律出版社，2011：124.

13. 徐卫．慈善宣言信托制度构建研究［M］．北京：法律出版社，2012.

14. 连玉明．面向未来的京津冀世界级城市群［M］．北京：当代中国出版社，2016.

15. 李国平．2019京津冀协同发展报告［M］．北京：科学出版社，2019.

16. 孟强．信托登记制度研究［M］．北京：中国人民大学出版社，2012：105－114.

17. 刘俊海．中国资本市场法治评论［M］．北京：法律出版社，2009：150－175.

18. 董慧凝．信托财产法律问题研究［M］．北京：法律出版社，2011：126－141.

19. 赵廉慧．中国慈善信托法基本原理［M］．北京：中国社会科学出版社，2020：164.

20. F. W. 梅特兰，大卫·朗西曼，马格纳斯·瑞安．国家、信托与法人［M］．北京：北京大学出版社，2008.

21. 爱德华·C. 哈尔巴赫．吉尔伯特信托法［M］．张雪楳，译．北京：法律出版社，2017.

22. 佚名．历史的经典与现代的典范：英国信托成文法编译［M］．葛伟军，等，译．北京：法律出版社，2017.

23. D. J. 海顿．信托法［M］．北京：法律出版社，2004.

24. 能见善久．现代信托法［M］．赵廉慧，译．北京：中国法制出版社，2011：27.

25. 樋口范雄．信托与信托法［M］．朱大明，译．北京：法律出版社，2017.

26. 新井诚．信托法：第4版［M］．刘华，译．北京：中国政法大学出版社，2017.

27. 道垣内弘人．信托法入门［M］．蒋雪莲，译．北京：中国法制出版社，2014.

28. 中野正俊．信托法［M］．张军建，译．北京：中国方正出版社，2004：110.

29. 中野正俊．信托法判例研究［M］．张军建，译．北京：中国方正出版社，2006.

30. Andrew Iwobi. Essential Trusts（Third Edition）［M］．影印本．武汉：武汉大学出版社，2004.

31. Gary Watt. Briefcases on Equity & Trust（Second Edition）［M］．影印本．武汉：武汉大学出版社，2004.

32. Matthew Hutton. Trolley's UK Taxation of Trusts［M］．20th ed.［S. l.］：LexisNexis，2010.

33. Bruce R. Hopkins. The Tax Law of Charitable Giving［M］．4th ed.［S. l.］：John Wiley & Sons，Inc，2010.

34. Roger D. Silk，James W. Lintott. Managing Foundations and Charitable Trusts：Essential Knowledge，Tools，and Techniques for Donors and Advisors［M］．［S. l.］：Roger D. Silk，James W. Lintott，2011.

（二）非著作类参考文献

1. 谢舒．详解何享健家族慈善体系［J］．中国慈善家，2017（8）：28-32.

2. 王建文，郭逸霏．我国信托登记制度完善的法律路径［J］．行政与法，2017（11）：98-106.

3. 徐刚．中国信托登记制度研究［J］．江西财经大学学报，2019（2）：132-139.

4. 刘贵生．浅析日本信托财产登记理论与实务［J］．特区经济，2005（9）：206-207.

5. 何宝玉．信托登记：现实困境与理想选择［J］．中国资本市场法治评论，2009，2（2）：150-175.

6. 北京市人民政府官网．关于实施不动产统一登记制度有关事项的通告［EB/OL］．（2015-11-07）［2021-04-26］．http：//www.beijing.gov.cn/zhengce/zhengcefagui/201905/t20190522_58776.html.

7. 天津市人民政府官网. 天津市不动产统一登记工作实施方案 [EB/OL]. (2015 - 10 - 15) [2021 - 04 - 26]. http: //gk. tj. gov. cn/gkml/000125022/201510/t20151015_8804. shtml.

8. 河北省人民政府办公厅关于推进不动产登记“最多跑一次”改革的指导意见 [EB/OL]. (2018 - 08 - 17) [2020 - 08 - 17]. http: //info. hebei. gov. cn//eportal/ui? pageId = 6778557&articleKey = 6805466&columnId = 329982.

9. David English. “The fiduciary duties and powers of a trustee under the Uniform Trust Code”, Trusts & Trustees, Vol. 20, No. 1&2, February/March 2014, pp. 52 - 78.

10. GOV. UK. Public benefit: reporting (PB3) [EB/OL]. (2013 - 9 - 16) [2021 - 09 - 10]. https: //www. gov. uk/government/publications/public - benefit - reporting - pb3.

11. Thomson Reuters. Charity Commission: The Prevention or Relief of Poverty for the Public Benefit [EB/OL]. (2013 - 10 - 01) [2021 - 09 - 10]. https: //uk. practicallaw. thomsonreuters. com/8 - 517 - 1813? transitionType = Default&contextData = (sc. Default) .

12. McMurdo, Margaret. FAITH, HOPE AND CHARITY: THE RESILIENCE OF THE CHARITABLE TRUST FROM THE MIDDLE AGES TO THE 21ST CENTURY [J]. QUT Law Review Volume 13, Number 1, 2013.

13. Ilana H. Eisenstein. Keeping charity in charitable trust law: the Barnes Foundation and the case for consideration of public interest in administration of charitable trusts [J]. University of Pennsylvania Law Review, May 2003.

第五章

区域一体化背景下慈善信托服务于区域生态治理法律问题研究

第一节　绪　论

一、研究背景

1. 慈善信托在我国生态环境治理中的贡献逐步增大

由于信托制度引入我国较晚，在引入的早期，信托在我国环保领域的应用较少。比较具有代表性的应属云南宜良污水处理厂的信托筹资计划，总投资计2000万元，消除了宜良水体污染，改善当地自然生态环境并促进当地经济进步。❶ 随着《慈善法》及《慈善信托管理办法》等法律法规的出台，慈善信托作为公益慈善事业领域的新生力量逐渐受到社会各界的广泛关注。中国慈善联合会慈善信托委员会于2016年11月16日成立，慈善信托在环保领域的实践如雨后春笋般出现。到2016年年底，已有18家信托公司和慈善组织成功备案了22单慈善信托产品，初始规模0.85亿元，合同金额规模30.85亿元，涉及教育、扶贫、留守儿童等多个慈善公益领域。截止到2021年9月6日，已经在慈善中国官方网站上备案的与环保直接相关的慈善信托有27项，慈善信托财产总规模达到5024.89万元。❷ 可见，在信托渗透中国社会的过程中，其对生态环

---

❶ 徐广军，孟倩，葛察忠，梁宏：《探索我国环保产业融资新模式——“绿色信托”》，载《环境保护》2011年第18期，第38－39页。

❷ 慈善中国官网：http://cishan.chinanpo.gov.cn/biz/ma/csmh/e/csmheindex.html，最后访问时间2021年9月6日。

境治理领域的贡献也在逐年增大。

2. 区域生态环境协同治理是出路

在京津冀区域，京津冀都市圈作为我国环渤海经济带的中心区域，由于近些年经济发展迅速且不均衡、制度建设不完善等问题，生态环境恶化问题难以得到有效解决。以习近平同志为核心的党中央高度重视生态文明的发展。文明“生态化”的时代，是回溯历史、立足当下、面向未来的时代。[1] 在我国，生态治理、环境改善逐渐具备重要的战略地位，而京津冀的生态环境问题也逐渐成为社会公众和中央以及京津冀区域内各级政府关注的焦点。而在长三角区域，如前文所述，《长江三角洲区域一体化发展规划纲要》中设专章规定了强化生态环境共保联治问题（见该纲要第六章），包括共同加强生态保护、推进环境协同防治、推动生态环境协同监管三个方面的内容。在2020年8月举行的扎实推进长三角一体化发展座谈会上，中共中央总书记、国家主席、中央军委主席习近平主持会议并发表重要讲话。他强调，要深刻认识长三角区域在国家经济社会发展中的地位和作用，结合长三角一体化发展面临的新形势新要求，坚持目标导向、问题导向相统一，紧扣一体化和高质量两个关键词，抓好重点工作，真抓实干、埋头苦干，推动长三角一体化发展不断取得成效。习近平总书记专门提到了长三角生态保护问题，即他强调的第六个问题：夯实长三角地区绿色发展基础。长三角地区是长江经济带的龙头，不仅要在经济发展上走在前列，也要在生态保护和建设上带好头。要把保护修复长江生态环境摆在突出位置，狠抓生态环境突出问题整改，推进城镇污水垃圾处理，加强化工污染、农业面源污染、船舶污染和尾矿库治理。要推进环太湖地区城乡有机废弃物处理利用，形成系列配套保障措施，为长三角地区生态环境共保联治提供借鉴，为全国有机废弃物处理利用作出示范。长江禁渔是为全局计、为子孙谋的重要决策。沿江各省市和有关部门要加强统筹协调，细化政策措施，压实主体责任，保障退捕渔民就业和生活。要强化执法监管，严厉打击非法捕捞行为，务求禁渔工作

[1] 余莉，刘睿：《坚定中国文明“生态化”发展的自信》，载求是网2019年11月4日，http://www.qstheory.cn/zoology/2019-11/14/c_1125230589.htm，最后访问时间2021年9月5日。

取得扎实成效。[1] 而在2021年6月举行的推动长三角一体化发展领导小组全体会议上，中共中央政治局常委、国务院副总理、推动长三角一体化发展领导小组组长韩正主持会议并讲话。他强调，要进一步加强生态环境共保联治，认真整改中央生态环境保护督察和长江经济带生态环境警示片发现的问题，推动长三角地区绿色发展。要完善太湖治理协调机制，统筹兼顾多目标综合调度，推动太湖治理取得新成效。相关部门和省市要按照职责分工抓好工作落实，形成协同治水管水合力，使太湖治理协调机制的作用充分发挥出来。要着力解决太湖治理面临的突出问题，强化一体化智慧化监管，提高科学治理太湖的水平。[2] 可见，在长三角区域，同样存在着生态环境协同治理的客观需要。因此，结合京津冀都市圈、长三角区域等区域的发展现状及生态环境综合治理的相关理论，探索出一条适合各区域生态环境协同治理的道路是文明生态化的重要途径。

二、研究现状

关于京津冀生态协同治理：由于地缘关系，京津冀区域在协同治理方面有一定基础；但由于京津冀在生态协同方面仍然存在缺乏长效协同治理机制、地区间生态经济水平差异大等问题，目前国内的研究主要集中于京津冀生态协同治理制度的构建。有学者指出，虽然京津冀三地的大气联防联控机制得到进一步发展，但是生态环境协同治理机制并没有完全形成（陶红茹，马佳腾，2016）。其次，京津冀生态治理方式、治理能力存在差异，经济水平差距悬殊。北京以其强大的虹吸效应集中了过多资源，吃得“又肥又胖”，得了“大城市病”，与此同时，河北、天津面临资源流失的困境（张军扩，2016）。基于以上问题，我国学者的主流观点是，应该进行京津冀生态环境治理协同制度的构建，并借鉴国外经验进行京津冀都市圈生态立法。例如，英国先后制定了为保护伦敦行政区域内绿洲免受工业及建筑业发展之不利影响的《绿带法》；日本制定的《首都圈近郊绿地保全法》，做出了超越都、府、县的更宏观视角上的法律

[1] 新华社：《习近平主持召开扎实推进长三角一体化发展座谈会并发表重要讲话》，载新华网2020年8月22日，http://www.xinhuanet.com/politics/leaders/2020-08/22/c_1126399990.htm，最后访问时间2021年9月6日。

[2] 新华社：《韩正主持推动长三角一体化发展领导小组全体会议并讲话》，载中国政府网2021年6月1日，http://www.gov.cn/guowuyuan/2021-06/01/content_5614825.htm，最后访问时间2021年9月6日。

规定，使得日本三大都市圈的规划、管理和建设都有了相应的法律依据（宋立楠，2017）。这些较为成功的国际经验是我国目前京津冀生态协同治理的借鉴导向。

关于长三角生态协同治理，有学者认为，可探索一般工业固体废物跨区域转移生态补偿机制，打破壁垒效应。生态补偿机制是一项具有经济激励作用、与“污染者付费”原则并存、基于“受益者付费和污染者付费”原则的环境经济政策。长三角地区可借助生态补偿机制，实行“谁跨区域处置谁付费”，实现一般工业固体废物跨区域处置的经济激励（王俊杰，方正，赵震乾，2021）。有学者认为，《长江三角洲区域一体化发展规划纲要》明确提出将示范区打造成生态友好型一体化发展样板，引领长三角一体化发展。在长三角生态协同治理中：一要健全共享型创新协同机制；二要集聚高能态创新创业主体；三要培育世界级产业创新集群；四要完善一体化区域创新生态（张仁开，周小玲，2021）。有学者提出推进长三角区域跨部门生态协同治理方面的建议：一是发展绿色经济；二是明确部门职责、促进协调部门联结；三是完善多部门参与的激励与问责机制；四是健全完善相关规章制度（刘禹彤，2021）。

目前我国关于完善慈善信托制度的研究较多，而在生态协同背景下构建慈善信托制度的研究很少，没有专著或者论文集对其进行系统介绍。

三、研究意义

前文已述及，生态环境保护是推进京津冀协同发展战略、长三角一体化战略需要重点关注的领域之一，是提升京津冀、长三角等各区域民生福祉的最直接体现。由于区域内各地区经济水平差异较大，有的地区生态环境情况严峻。因此，区域内欠发达地区的生态建设必须纳入区域发展框架下联手共建，实施生态补偿机制，引入资金，尽快解决地方财政压力大、分配不合理等问题。慈善信托作为近些年逐渐受到重视和发展的投融资方式，具有天然的公益性质，与生态环境协同的目的匹配度较高。因此，建立服务于京津冀都市圈、长三角区域等区域生态协同的慈善信托制度对解决区域大气环境、土壤质量及水资源污染等问题有着重要的战略意义。目前，由于我国缺乏有效的协调机制及非政府力量薄弱，区域协调发展举步维艰。因此，从地区协同制度构建角度出发，将慈善信托与区域生态协同相结合将是推动地区生态经济良性发展的一项重要举措，能够填补我国区域生态协同发展背景下慈善信托协同发展的研究空白。

四、本书研究者的出发点

区域协同发展涉及立法、协同管理、税收优惠、信托财产登记协同等多方面的法律问题。由于京津冀都市圈、长三角区域等在生态治理领域已有合作基础，因此研究生态领域协同的慈善信托制度构建将对其他方面问题的解决具有借鉴意义。因此本章着眼于生态协同中慈善信托制度构建的具体问题。一方面，利用税收等优惠措施引导慈善信托资金运用到各区域目前社会发展中遇到的环境污染和恶化问题，使慈善信托制度很好地服务于京津冀社会事业；另一方面，在此过程中要做好区域内各地的协同工作，在此基础上构建与其配套的慈善信托法律制度，以立法先行引导推动慈善信托与区域生态治理的有机结合。

第二节　区域生态协同治理的现状及慈善信托在我国生态环境治理领域的实践

一、区域生态协同治理的历程及成效

京津冀区域的情况。京津冀三地由于地缘关系的特殊性及产业分布等诸多因素，生态问题严重，尤其是在大气污染、水资源污染及短缺等方面。在我国大力推进生态文明建设的大背景下，北京作为首都，其战略地位及城市形象的重要性不言而喻，因此京津冀三地在环境协同治理方面做出了巨大的努力，也取得了阶段性成效。从 2013 年下半年开始，我国至少发布了 23 个有关京津冀及周边地区环境治理的正式性文件。从 2013 年 9 月 17 日发布实施的《京津冀及周边地区落实大气污染防治行动计划实施细则》到 2018 年 9 月 18 日发布的《京津冀及周边地区 2018—2019 年秋冬大气污染综合治理攻坚行动方案》，90% 以上的文件都是针对大气治理，因此可以看出大气协同治理是京津冀地区生态治理协同的主要方面。近些年京津冀等地根据环境治理协同的指导文件，推行“煤改气”“煤改电”等清洁取暖举措取得了显著成效。京津冀区域的煤炭消耗

量已从2013年的3.9亿吨下降到2018年的3亿吨，下降了24%❶。北京市已经连续两年实现二氧化硫平均浓度降至个位数的业绩，这是京津冀地区近年来大气治理的最大亮点，也是$PM_{2.5}$及PM_{10}显著下降的主要原因。这说明“煤改气”等清洁能源替换举措在京津冀地区大气环境质量改善中扮演着重要角色。取得这样的成果其实仅是一个好的开始。近年来，我国环境空气质量持续改善，细颗粒物（$PM_{2.5}$）浓度大幅下降，但环境空气质量改善成果还不稳固，尤其是京津冀及周边地区秋冬季期间大气环境形势依然严峻，$PM_{2.5}$平均浓度是其他季节的2倍左右，重污染天数占全年90%以上。2018年上半年，京津冀及周边地区环境空气质量呈现稳中向好的趋势，但成效并不稳固，特别是秋冬季大气环境形势依然严峻，空气质量在下半年出现反弹。2018—2019年秋冬季，京津冀及周边地区$PM_{2.5}$平均浓度同比上升6.5%，重污染天数同比增加36.8%。部分地区散煤复烧、“散乱污”企业反弹、车用油品不合格、重污染天气应对不力等问题仍然突出。❷ 2020年是打赢蓝天保卫战三年行动计划的目标年、关键年，2019—2020年秋冬季攻坚成效直接影响2020年目标的实现。据当时的预测，受厄尔尼诺影响，2019—2020年秋冬季气象条件整体偏差，不利于大气污染物扩散，进一步加大了大气污染治理压力，必须以更大的力度、更实的措施抵消不利气象条件带来的负面影响。生态环境部等部委要求各地要充分认识2019—2020年秋冬季大气污染综合治理攻坚的重要性和紧迫性，扎实推进各项任务措施，为坚决打赢蓝天保卫战、全面建成小康社会奠定坚实基础。❸ 因此，京津冀生态协同治理仍需继续努力探索，应在以往的实践中找到问题及原因，为生态协同治理扫除障碍。

长三角区域的情况。在长三角区域，同样存在着生态环境保护协同的需要。近年来，有关部门和三省一市根据中央关于生态文明建设的有关部署，积极推

---

❶ 阮煜琳：《中国清洁取暖成效显著　京津冀煤炭消耗量六年下降24%》，载中国新闻网2019年4月10日，http://www.chinanews.com/cj/2019/04-10/8805312.shtml，最后访问时间2021年7月22日。

❷ 参见生态环境部等《关于印发京津冀及周边地区2019—2020年秋冬季大气污染综合治理攻坚行动方案的通知》（环大气〔2019〕88号）。

❸ 杜希萌：《多部门联合印发〈京津冀及周边地区2019—2020年秋冬季大气污染综合治理攻坚行动方案〉》，载央广网2019年10月16日，http://china.cnr.cn/xwwgf/20191016/t20191016_524818440.shtm，最后访问时间2021年9月7日。

动区域生态环境共保联治，促进高质量发展与高水平保护，取得积极成效。“绿水青山就是金山银山”理念深入人心，“千村示范、万村整治”开创美丽中国典范，“五水共治”、新安江流域生态补偿深入实施，国家生态文明示范区、生态城市、森林城市、环保模范城市集中建设，形成了生态文明建设的浓厚氛围、有效机制和典型模式。❶

为贯彻党的十九大关于健全环保信用评价、加大生态保护的有关要求和习近平总书记关于推动长三角地区实现更高质量一体化发展的重要批示精神，根据《国务院关于建立完善守信联合激励和失信联合惩戒制度加快推进社会诚信建设的指导意见》（国发〔2016〕33 号）、《社会信用体系建设规划纲要（2014—2020 年）》（国发〔2014〕21 号）、《国家发展改革委关于同意长三角地区创建国家社会信用体系建设区域合作示范区的复函》等有关文件的规定，2018 年 6 月，上海市发展改革委（信用办）、上海市环保局、江苏省经信委（信用办）、江苏省环保厅、浙江省发展改革委（信用办）、浙江省环保厅、安徽省发展改革委（信用办）、安徽省环保厅八个政府部门联合印发了《长三角地区环境保护领域实施信用联合奖惩合作备忘录》，确立了长三角区域三省一市在环境保护领域实施信用联合奖惩工作所需遵守的三项合作原则：其一是信息共享原则，即以统一社会信用代码为基础，加强区域环境信用信息共享互动，为环保领域跨区域信用联合奖惩提供数据支撑；其二是监管共为原则，即打破地区分隔，深化交流合作，整合各省市各部门工作力量，推进跨区域、跨部门协同监管，全力推动跨地区守信联合激励和失信联合惩戒；其三是规制共建原则，即联合推动区域环境信用管理制度建设，共建环境信用标准体系、制度体系和应用体系，科学推进长三角地区企业环境信用评价结果互认，实现区域环境信用管理一体化。2020 年 9 月，浙江省生态环境厅、浙江省信用浙江建设联席会议办公室、上海市生态环境厅、上海市社会信用建设办公室、江苏省生态环境厅、江苏省社会信用体系建设领导小组办公室、安徽省生态环境厅、安徽省社会信用体系建设联席会议办公室八个政府部门联合印发了《长三角区域生态环境领域实施信用联合奖惩合作备忘录》，对上述 2018 年的文件进行了内容

❶ 生态环境部：《生态环境部就〈长江三角洲区域生态环境共同保护规划〉答记者问》，载生态环境部网站 2021 年 1 月 14 日，https：//www. mee. gov. cn/zcwj/zcjd/202101/t20210114_ 817431. shtml，最后访问时间 2021 年 9 月 7 日。

上的更新，从规制范围来看，也从原来的环保领域信用联合奖惩合作，扩大到了生态环境领域信用联合奖惩合作，不能不说是一种进步。2021 年 1 月，推进长三角一体化发展领导小组办公室印发了《长江三角洲区域生态环境共同保护规划》（以下简称《规划》），该《规划》是由生态环境部会同国家发展改革委、中国科学院编制，其主要目的是聚焦上海、江苏、浙江、安徽共同面临的系统性、区域性、跨界性突出生态环境问题，加强生态空间共保，推动环境协同治理，夯实长三角地区绿色发展基础，共同建设绿色美丽长三角，着力打造美丽中国建设的先行示范区。❶ 应该说，长三角区域的生态环境协同治理问题已经取得了一些成效。

二、区域生态协同治理中存在的问题及原因

作为生态治理协同主要方面的大气治理，其具有典型的区域性特征。区域内各地区地域相连，都在同一空气流场内，各城市相互影响，谁都难以独善其身，因此空气质量可谓是“一荣俱荣、一损俱损”。这是大气治理协同在区域生态协作中角色至关重要、必须共同发展的原因。

京津冀地区在大气治理协同中主要面临三方面的问题：第一，产业结构不合理。区域内钢铁产能巨大，高污染高能耗产业在晋冀鲁豫交界地区高度集中，装备及治理水平落后。第二，能源结构不合理。区域内能源消耗结构较为单一，煤炭消费量大，河北为煤炭依赖型，北京为油气综合型，天津为煤油气综合型，都需要进行相应优化。第三，运输结构不合理。当前区域内柴油车氮氧化物和颗粒物排放占汽车排放总量的 65% 和 99% 。运输方式不够多元化，私家车使用率高❷。同样地，长三角区域也面临一些突出的问题。主要表现为：一是区域开发强度高，河湖水体及沿海滩涂占用，自然湿地萎缩明显，水环境质量改善效果不稳固，生物多样性保护面临威胁；二是资源能源消耗量大，结构性污染突出，以 $PM_{2.5}$、臭氧（O_3）为特征的区域性大气污染明显，二氧化碳排放达

---

❶ 生态环境部：《生态环境部就〈长江三角洲区域生态环境共同保护规划〉答记者问》，载生态环境部网站 2021 年 1 月 14 日，https://www.mee.gov.cn/zcwj/zcjd/202101/t20210114_817431.shtml，最后访问时间 2021 年 9 月 7 日。

❷ 孙秀艳，刘毅，寇江泽：《蓝天保卫战，精准施策加油干》，载人民网 2019 年 3 月 21 日，http://politics.people.com.cn/n1/2019/0321/c1001-30986698.html，最后访问时间 2021 年 9 月 7 日。

峰压力大；三是地区之间生态环境差异大，解决跨界环境问题、实施生态补偿、协同推进生态环境共同保护的机制手段还有待完善；四是部分城市环境质量与经济社会发展水平尚不匹配，生态环境形势依然严峻。❶

通过大气治理协同过程中遇到的问题及生态治理协同的发展现状，可以总结出区域生态协同治理问题之所以存在包括以下四方面原因。

第一，财政压力大，经济激励政策不足。首先，调整产业结构需要革新技术，但是地方财政缺口大，不足以支撑技术开发；其次，能源替代成本较高，例如，京津冀及周边地区消耗全国33%的煤炭，清洁燃煤集中供暖比例较低，散煤烧煤取暖使用量仍然很大，且在河北及周边地区较为集中，天然气供应量需求大，但是基础设施造价高，运行成本高，地方财政补贴压力巨大。另外，运输方式实现由公路运输依赖型向公路铁路混合型的转变不仅需要基础设施建设成本，还需要经济激励政策，这也是一大笔开支。

第二，区域内各地区间差异大，政策倾斜力度不够。例如，在京津冀区域，北京以其强大的虹吸效应集中了过多资源，得了“大城市病”；与此同时，河北、天津面临资源流失的困境❷。河北石家庄、唐山、邢台等几大城市污染严重，最需要革新技术，推广清洁能源，但是由于地方经济相对落后，产业调整进展缓慢。其大气污染的防治关乎整个区域空气质量改善，所谓“钱要花在刀刃上”，因此也需要接受更多的经济政策倾斜，改变“北京又肥又胖，河北清瘦贫瘠”的现状。在长三角地区，也存在类似的问题：总体来看，一般工业固体废物主要由安徽和江苏两省产生。这主要是各省市间产业结构差异所导致的，安徽省淮南、淮北煤矿众多，马鞍山等地非金属矿山较多、铜陵金属矿山较多，随之产生的煤矸石、尾矿等固体废物量也随之较多。江苏省徐州等地煤矿众多，煤矸石等固体废物产量大。上海市和浙江省高新技术产业众多，先进制造业发达，且上海市无采矿业，一般工业固体废物产量则相应较低。❸

---

❶ 生态环境部：《生态环境部就〈长江三角洲区域生态环境共同保护规划〉答记者问》，载生态环境部网站2021年1月14日，https://www.mee.gov.cn/zcwj/zcjd/202101/t20210114_817431.shtml，最后访问时间2021年9月7日。

❷ 张军扩：《关于京津冀协同发展若干重要问题的思考》，载《经济社会体制比较》2016年第3期，第4页。

❸ 王俊杰，等：《长三角区域一体化生态共治机制下的一般工业固体废物废弃矿山协同处置模式探讨》，载《环境污染与防治》2021年第6期，第796-797页。

第三，区域内缺乏长效生态协同治理机制。例如，在京津冀区域，虽然三地的大气联防联控机制得到进一步发展，但是生态环境协同治理机制并没有完全形成。京津冀三地的大气污染防治合作文件属于中央部署的阶段性任务，各地为了完成硬性指标而进行临时性整治，缺乏长效机制。生态协同治理是持久战，只有实现对环境治理过程中的水、大气、土壤等各个方面和环节的协同才能实现该地区生态治理的协同发展。

第四，各区域缺乏关于生态治理协同的、完整统一的具体政策。我国的《大气污染防治法》对大气污染治理方式有着明确规定，目前以行政区划为基础，各地政府对各自辖区内的大气质量负责。面对区域性生态问题，这种传统的"各自为战"的治理模式需要改变❶。同时，没有完整统一的具体政策，各地区域性地方政府合作的合法性也会遭到质疑，有碍于深入开展协同引资、协同规划，进而影响"共治"的实现。可喜的是，在京津冀区域，生态环境部等十部委及北京市、天津市、河北省等六省市于2019年10月11日联合印发的《京津冀及周边地区2019—2020年秋冬季大气污染综合治理攻坚行动方案》中出现了强调"坚持综合施策，强化部门合作、加强区域应急联动、强化多部门联合执法""完善生态环境部门监测取证、公安交管部门实施处罚、交通运输部门监督维修的联合监管模式，并通过国家机动车超标排放数据平台，将相关信息及时上报，实现信息共享"等要求实现京津冀及周边地区实现环保施策及执法协同的内容。❷ 在长三角区域，如前文所述，2018年、2020年和2021年，三省一市的生态环境部门联合信用建设部门及国家生态环境部等部门，在生态环境协同治理方面也已经拟定了一些文件。但是应该明白，一方面，京津冀、长三角两个区域的上述文件的真正实施效果还有待观察；另一方面，上述文件效力层级不高，其规范性和稳定性还需要加强。

三、慈善信托在我国生态环境治理领域的实践

慈善信托作为具有公益性质的信托与生态环境治理领域有着先天的融合性。

❶ 陶红茹，马佳腾：《京津冀都市圈生态协同治理机制研究》，载《理论观察》第2016年第3期，第28页。

❷ 杜希萌：《多部门联合印发〈京津冀及周边地区2019—2020年秋冬季大气污染综合治理攻坚行动方案〉》，载央广网2019年10月16日，http://china.cnr.cn/xwwgf/20191016/t20191016_524818440.shtm，最后访问时间2021年9月7日。

随着我国生态环境治理事业的发展，环保业对资金的需求量越来越大，但是由于政府财政拨款有限，环保产业资金缺口很大，因此急需开辟资金来源。由于与其他融资渠道相比，其限制条件较少，融资成本较小，具有安全性、广泛性及灵活性等特征，因此信托应用于环保产业/生态环境治理产业的模式在19世纪初就已经在英国、美国等发达国家广泛适用并取得了很好的效果。实际上，泰晤士河污水厂治理融资及日本福岛核泄漏事件后的受损发电厂的修复都是利用了这一融资方式❶。

与国外相比，由于信托制度引入我国较晚，发展缓慢，信托在环保产业的应用较少。中国信托业协会披露的数据显示，尽管数量较少，但是环保类信托计划合作已经相继出现。前文已述及，其中较具有代表性的应属云南宜良污水处理厂的信托筹资计划，总投资计2000万元，消除了宜良水体污染，改善当地自然生态环境并促进了当地经济的进步。这一信托项目作为实践范例在引导民间资本进入环保业、鼓励公众参与环境治理、增强公民环保意识方面发挥了积极作用❷。

《慈善法》颁布以后，中国慈善联合会慈善信托委员会于2016年11月16日成立，慈善信托在环保领域的实践如雨后春笋般出现。到2016年年底，已有18家信托公司和慈善组织成功备案了22单慈善信托产品，初始规模0.85亿元，合同金额规模30.85亿元，涉及教育、扶贫、留守儿童等多个慈善公益领域❸。可见，在慈善信托的起步阶段反响良好，经过五年多的时间，仍处于上升态势。2018年，我国慈善信托行业发展态势整体良好，新设立的信托财产达11.01亿元，比2017年增长5.04亿元，同比增长84.42%，新设立慈善信托79单，同比增长75.56%❹。而从2018年9月1日到2019年8月31日全国成功备案成立了108单慈善信托，慈善信托初始规模达到7.18亿元，显示了慈善信托的更快

❶ 曾瑞声：《全球公共卫生治理机制的形成与演变：国家利益——以〈国际卫生条例〉（2005）为例》，暨南大学2012年博士学位论文，第26页。

❷ 徐广军，孟倩，葛察忠，梁宏：《探索我国环保产业融资新模式——“绿色信托”》，载《环境保护》2011年第18期，第38-39页。

❸ 新浪公益：《中慈联发布〈2016年慈善信托发展报告〉》，载新浪网2017年2月15日，http://gongyi.sina.com.cn/gyzx/ngo/2017-02-15/doc-ifyarmcu6003676.shtml，最后访问时间2021年9月26日。

❹ 李济慈：《〈2018年慈善信托发展报告〉发布》，载慈善公益网2019年3月10日，http://www.csgyb.com.cn/news/quanwei/20190310/22498.html，最后访问时间2021年1月4日。

增速。[1] 与2016年相比，虽然信托资金支出在扶贫、救助领域仍占有最大比重，但是在环保领域的项目支出呈逐渐增加的态势。如前文所述，截止到2021年9月6日，已经在慈善中国官方网站上备案的与环保直接相关的慈善信托有27项，慈善信托财产总规模达到5024.89万元。[2] 可见，在信托渗透中国社会的过程中，其对环保领域的贡献也在逐年增加。慈善信托在生态治理领域的运用更加广泛，项目合作数量呈上升趋势。

第三节 国际视野下区域生态协同治理的发展策略及慈善信托在生态治理领域的相关法律问题

一、国际视野下区域生态协同治理的发展策略问题

区域生态协同治理建立在京津冀都市圈建设的基础之上。但是由于我国都市圈概念提出较晚，在实践过程中遇到的一些问题是区域生态协同发展的障碍。与国际上都市圈建设较为成功的国家及区域进行对比并结合我国实际情况分析，区域生态协同治理过程中主要还有以下两方面问题待完善。

一是生态协同治理的立法与政策方面。其一，各区域缺乏生态协同治理的立法支持，可操作性不强。地区间生态协同治理必然要有相应的法律作为保障，例如，英国先后制定了为保护伦敦行政区域内绿洲免受工业及建筑业发展的不利影响的《绿带法》；日本制定的《首都圈近郊绿地保全法》，做出了超越都、府、县的更宏观视角上的法律规定，使得日本三大都市圈的规划、管理和建设都有了相应的法律依据[3]。目前我国的《国家新型城镇化规划（2014—2020年)》及《京津冀协同发展规划纲要》《长三角地区环境保护领域实施信用联合奖惩合作备忘录》《长三角区域生态环境领域实施信用联合奖惩合作备忘录

---

[1] 中诚信托慈善信托工作办公室：《中诚信托2019年度慈善信托研究报告》，载中诚信托有限责任公司网2019年9月2日，https：//www. cctic. com. cn/zcyj/10316. jhtml，最后访问时间2021年1月2日。

[2] 见慈善中国官网：http：//cishan. chinanpo. gov. cn/biz/ma/csmh/e/csmheindex. html，最后访问时间2021年9月6日。

[3] 宋立楠：《京津冀产业协同发展研究》，中共中央党校2017年博士学位论文，第64-67页。

(2020年版)》等文件为非立法性文件，并且其中仅为各区域的打造指明方向，并没有对如何发展形成具体化区域政策、如何在生态协同治理过程中开辟引资及鼓励投资给出支持路径。其二，区域内各地区城市间差距大，生态治理的统筹协调性差。在国外都市圈建设中，都极力避免出现“单中心”的极化布局，而是要积极形成“多核”和“多中心”的城镇体系结构❶。美国波士华城市群同样采取“核心带动型”城市群发展模式，但核心城市与主要城市都具有较强竞争力，呈现出“齐头并进”的发展态势，形成良性的城市关系发展循环，城市群整体功能远远大于群内单个城市功能的叠加❷。而在京津冀地区，如前文所述，由于地方先天差距大，后天政策倾斜力度未能使区域各地达到平衡状态，经济要素通过市场的作用依然流向对资源利用率较高的城市，导致生态协同治理等措施推进困难，在长三角区域，也存在着类似的问题。因此，加快区域内经济社会政策的协同（包括但不限于生态治理的协同等），并将慈善信托引入相关协同立法中，不失为一种明智的选择。由于环保（生态治理）作为《京津冀协同发展规划纲要》《长江三角洲区域一体化发展规划纲要》中提及的先行领域，因此尽早出台各区域生态治理的协同法律、政策，将慈善信托作为重要的引资途径之一是可行的出路。在引入慈善信托资本的同时，平衡区域间利益分配机制，填补各地资金缺口，从而实现各区域的生态环境协同。

二是生态治理的组织机构协同方面。目前，各区域生态治理协同过程中未构建统一管理的协同机构。任何一个复杂系统的有序发展都需要一个内生于系统的“组织者”。各区域生态治理协同长期以来存在“组织者”缺位的问题，中央下达文件部署环境治理指标，各地为了完成下达的任务，各自为政，呈现出群龙无首的状态。这样的突击性治理虽然在短期内会有显著成效，但并未形成长效的生态协同机制，领导机构的缺失使得区域生态协同推进困难。长三角的情况相对好一些。在长三角区域，虽然根据《长三角地区环境保护领域实施信用联合奖惩合作备忘录》和《长三角区域生态环境领域实施信用联合奖惩合

❶ 王爱兰：《借鉴国际经验加快京津冀都市圈发展》，载《天津行政学院学报》第8卷第1期，第78页。

❷ 刘纯彬，张晨：《波士华城市群与京津冀城市群的比较研究》，载《城市观察》2009年第1期，第67页。

作备忘录（2020年版）》，建立了会商协调机制，即长三角地区环保领域信用联合奖惩合作牵头方具体负责年度方案制订、日常沟通、整体协调等工作。依托长三角区域信用组专题会议机制，每年至少举行一次信用及环保主管部门联席会议，研究推进重点合作事项，该种机制仍然有其不完善之处，不如联席会议制度更加有组织，更有长期性。

二、国际视野下慈善信托在生态协同治理领域的相关法律问题：以资金募集及使用监督为重点

在现代国家，慈善事业在社会发展中发挥着重要作用，慈善基金被应用于生态治理、教育、医疗等诸多领域。慈善信托最早起源于英国，经过长期的历史发展和社会变革，已经建立起了一套系统完善的法律理论和制度，并且对美国、加拿大、澳大利亚等国家的慈善法治建设产生了重大而深远的影响。由于我国的国情，慈善事业发展较为缓慢，但随着《慈善法》的出台、经济发展和人民道德素质的不断提高，近些年慈善事业呈现加速发展态势。慈善信托作为慈善资金与信托投融资方式的结合与生态治理领域具有天然的融合性。因此，我国慈善信托立法有必要借鉴国际慈善法治建设的经验，支持慈善信托的制度构建，这对慈善信托在我国区域生态协同的应用具有重要意义。由于本章的其他相邻各章内容，包括但不限于“区域内慈善信托财产登记协同法律问题研究”“区域内慈善信托税收优惠协同法律问题研究”等，都已经提到了国际经验对慈善信托在区域协同发展的借鉴问题，其中的大多数经验对慈善信托在区域生态治理协同方面也有借鉴意义，此处不再赘述。此处需要特殊强调的是关于区域生态协同治理中慈善信托资金的募集及使用情况的监督问题。

一方面，是关于慈善信托资金的筹集问题。慈善信托由于区域生态协同治理的资金既可以来源于某一个或者几个特定的组织或个人，也可以来源于社会公众，即由某个有公开募捐资格的组织向社会公众募捐，并由该组织作为委托人将募集到的资金再委托给某慈善组织或者信托公司来用于某个生态治理慈善信托项目。我国关于慈善信托中向公众筹集资金的方式及途径没有特别规定，则可适用《慈善法》中关于慈善募捐、慈善捐赠的一般规定。在这方面，美国有相类似的实践供我国参考。美国对慈善组织的法律结构框架进行创新后诞生了一种新型组织——社区基金会（community foundations）。“社区基金会致力于

社区建设，并有助于共同体意识的形成，其一般是指公众支持的由诸多基金会结合而成的慈善组织，每一笔基金通常以捐赠者的姓名或者名称命名并服务于其特定的慈善目的。”❶ 美国的经验值得我们借鉴。

另外一个方面的问题，就是社会公众对慈善信托资金用于区域生态协同治理过程中的监督问题。我国尚无这方面的具体制度。加拿大在慈善资金募集（包括但不限于慈善信托资金的募集）的制度构建方面存在一些亮点可供我国进行参考。其中一点是，在资金募集之前需要提供详细的募集信息，保障捐赠者的知情权❷。知情权的保证贯穿于慈善捐赠和慈善信托制度运行的各个方面，在源头保障捐赠者的知情权是“公众参与”的钥匙，具体制度的制定和落实至关重要。另外一点是，确立了冷静期制度，即允许捐赠者在这一期间内要求返还捐赠❸。“冷静期制度”的构建为捐赠者吃下一颗定心丸，促使更多捐赠者愿意尝试参与慈善信托项目的筹资活动。加拿大的做法值得我们参考。

第四节 慈善信托服务区域生态协同治理的法律制度构建及治理运行方面的建议

笔者认为，解决区域生态治理协同问题的关键在于构建以区域内各地合作为基础、以慈善信托为依托的环保产业融资机制，引导慈善信托资金流向区域生态协同治理领域。因此，需要构建与此配套的慈善信托法律政策，以立法先行引导推动慈善信托与区域生态协同治理的有机结合。本章的对策建议以慈善信托服务于区域生态协同治理的资金募集及使用为重点，而围绕此重点，相应建议分三个方面展开：首先，鉴于慈善信托服务于区域冀生态协同在各方当事人权利义务的配置方面有较强的特殊性，并且对相应资金的募集和使用监督具有重要意义，因此笔者先以这方面为切入点，提出一些建议；其次，在慈善信托服务于区域生态协同治理过程中的组织机构协同及运行中的问题提出一些建议，从组织机构及其信息共享方面对相应资金的募集和使用予以保障；最后，

---

❶ 李德健：《英国慈善法研究》，法律出版社2017年版，第263页。

❷ 加拿大《慈善筹款法》（2005年）第7条。

❸ 加拿大《慈善筹款法》（2005年）第8条。

针对慈善信托服务于区域生态协同治理过程中的资金募集和使用监督问题提出一些具体的建议。这三方面建议的核心，都是为了使慈善信托服务于区域生态协同治理过程中的资金募集和使用监督问题在各个方面得到完善和落实。

一、慈善信托服务区域生态协同治理的法律制度构建方面的建议——以各方当事人的权利义务为切入点

1. 区域生态协同治理中慈善信托委托人权利体系构建方面的建议

根据我国《信托法》第十九条的规定，设立信托的委托人应当是具有完全民事行为能力人的自然人、法人或者依法成立的其他组织，那么生态协同治理中的慈善信托委托人可以为社会公众或者有权向社会公众公开募捐的组织等，也就是说只要符合条件的民事主体都有权设立慈善信托。而根据我国《信托法》第二十条至第二十三条的规定，委托人拥有对信托财产管理处分情况的知情权、对管理方法的调整权、对违反信托目的行为的撤销权和赔偿请求权以及对受托人的解任权。除以上权利外，我国还可将日本信托法中对于委托人权利的具体规定借鉴到京津冀慈善信托立法当中，赋予慈善信托人更多的具体权利，以达到对委托人提供更全面保障的效果。日本《信托法》详细规定了委托人的权利，主要有“申明异议的权利、撤销权、阅览或抄录权、揭露请求权、损失填补和恢复原状的请求权、制止请求权、选任请求权、金钱填补和支付请求权、要求受托人通知与报告的权利”等[1]。因此，要在制度构建中增设委托人的具体权利，例如，环境信息监督权、要求受托人通知和报告的权利等。在生态协同治理的慈善信托法律关系中，委托人最重要的权利即为区域环境信息的知情权，为保证委托人这一权利的实现，应同时赋予其环境信息调查监督权。具体而言，一方面，委托人可要求区域内任何一地政府公开该区域相关生态环境信息，并获取生态环境状况的报告，包括环境影响评价报告、大气质量报告等；同时，委托人对受托人对信托财产（包括慈善信托资金等）的处置管理、运用及处分情况享有知情权。另一方面，对政府可以公开但尚未公开的与其慈善信托项目有关的事项以及受托人对信托资金处分涉及的各个环节，委托人享有一定的调查监督权：委托人可督促受托人定期向社会公众公开慈善信托项目的实

---

[1] 日本2006年《信托法》第145条及第146条。

施情况、在生态治理实践中所取得的进展等情况，以确保信托资金得到充分、合法的运用。在这个过程中，生态环境管理部门也应当邀请公众参加环境影响评价的听证会，并主动听取公众对生态环境状况的评价，在立法上明确适时发布听证会的内容，明确规定听证会的“公平、公正、客观”原则，为公众提供问题集中反馈的机会。

2. 区域生态协同治理中慈善信托受托人权利义务构建的建议

《慈善法》第四十六条规定：“慈善信托的受托人，可以由委托人确定其信赖的慈善组织或者信托公司担任。”在区域生态协同过程中，基于委托人对受托人的信赖，作为受托人的慈善组织和信托公司应履行主动、及时、全面公开慈善信托运行状况以及生态环境质量状况的信息报告义务。一方面由于委托人、受益人权利的行使以知情权为基础；另一方面由于生态环境监测具有专业性、调查取证具有困难性等特征，尤其在区域大气协同治理的过程中，大气具有流动性特征，其质量监测需要专业机构实行并报告，因此由受托人委托专业机构进行检测并且向委托人等社会公众承担信息报告义务就显得尤为重要。

除此之外，慈善信托受托人与私益信托受托人一样，享有因信托关系产生的处理和处分信托财产的权利、获取报酬的权利。我国《信托法》第二条规定：“本法所称信托，是指委托人基于对受托人的信任，将其财产权委托给受托人，由受托人按委托人的意愿以自己的名义，为受益人的利益或者特定目的，进行管理或者处分的行为。”而关于管理和处分信托财产的权利具体包括哪些，与其他大陆法系有关国家和地区一样，我国《信托法》中也并没有明确列举。在以区域生态协同治理为目的的慈善信托中，由于其具有很强的公益性质，因此有必要细化受托人管理和处分信托财产的权利，以发挥慈善信托对生态环境协同治理的最佳效果。这样，一方面有利于慈善信托受托人在执行信托实务的过程中，明确具体的权利内容并以慈善目的为基础加以行使；另一方面，有利于构建对受托人的监督约束机制，避免权利的滥用。例如，英国1925年《受托人法》第二部分规定了受托人的权利，主要为：“出卖、拍卖信托财产的权利；折价出售符合贬值条件的信托财产的权利；出具收据的权利；了解债务的权利；以出卖、抵押方式筹集资金的权利；就信托财产投保的权利、运用保险金的权利；同意其他人就信托财产实施行为的权利（在与其他人共有信托财产的情况下）以及一定条件下委托其他人执行信托事务的权利等”[1]。以这样列举的方式明确慈善信托受托人的权利，有值得我国在慈善信托立法过程中学习和借鉴的方面。除此之外，美国《统一信托法典》第815条和第816条使用概括加列举的方式规定了受托人的权利。其中，第815条概括性地规定了受托人享有信托文件赋予的所有权利；另外，在不违背信托文件的基础上，受托人还享有信托所有权以及为完成信托财产的投资、管理和分配所享有的一切权利。而美国《统一信托法典》第816条则以列举的方式规定了受托人享有的26项权利，主要有“从委托人或其他第三人处获得信托财产以及接受或拒绝信托财产附加物的权利；以现金支付或信用支付的形式在公开市场或以私下交易的方式购买或出售财产等”[2]。这种详尽列举加具体说明的立法方式相较于我国用原则性、抽象化的方式肯定受托人的权利义务但不规定具体内容的方式而言，更有利于促进受托人依法依约执行信托行为。在区域内慈善信托中，立法对作为受托人的信托公司和慈善组织的权利进行细化，更容易取得委托人对设立慈善信托以应用于生态协同治理领域的信任。在慈善信托条款中可借鉴英美的经验，针对不同地区的慈善信托受托人约定以具体领域的权利事项，进而推动区域内各地的生态协同治理。

关于受托人的义务构建，受托人的忠实和谨慎义务至关重要。信托起源于英国，其设立的基石是“信任”，信赖是信托的内在实质。因此受托人的忠实和谨慎义务是受托人义务的核心问题。我国目前对于该义务的规定既有高度概括的条款，也有具体的规定。如《慈善法》第四十八条第一款规定：“慈善信托的受托人管理和处分信托财产，应当按照信托目的，恪尽职守，履行诚信、谨慎管理的义务。”这属于一般性的规定，与《信托法》第二十五条[3]的规定大致相同。2017年颁布的《慈善信托管理办法》的第二十四条[4]又重复了此条内容。从我国的立法可以看出，关于忠实和谨慎义务的有关规定较为笼统，存在可操作性不强的弊端。这样的话，一方面不利于对受托人是否履行了其应尽的

[1] 《英国信托法：成文法汇编》，葛伟军译，法律出版社2012年版，第30页。

[2] 陈颐：《英美信托法的现代化》，上海人民出版社2013版，第89页。

[3] 我国《信托法》第二十五条规定：“受托人应当遵守信托文件的规定，为受益人的最大利益处理信托事务。受托人管理信托财产，必须恪尽职守，履行诚实、信用、谨慎、有效管理的义务。”

[4] 我国《慈善信托管理办法》第二十四条：“受托人管理和处分慈善信托财产，应当按照慈善信托目的，恪尽职守，履行诚信、谨慎管理的义务。”

义务进行判断；另一方面，不利于规范受托人在信托事务执行过程中的行为，易造成权利的滥用。因此针对这个问题，在慈善信托协同立法的过程中应当借鉴英美法系的做法予以补充。首先，应当明确忠实义务的概念。受托人的忠实义务应该是受托人对受益人负严格责任，负有唯一的、为受益人利益而管理信托事务的义务；应该是一旦执行就要忠实地、不能有任何错误地执行，不能与委托人的任何合理期待相违背的义务；同时还是严禁受托人从信托管理中为自己或第三人牟利的义务❶。这要求受托人在实施慈善信托事务过程中必须完全排除对自己或第三人利益的考虑。所以，对忠实义务的理解可以分为三个方面：第一是受托人不得从慈善信托中获利，例如，受托人知晓的商业秘密不得不当地利用；第二是受托人与信托财产交易的限制，因为人生而趋利，受托人利用慈善信托财产为自己牟利与为受益人得到最大利益的义务之间存在博弈，因此要限制受托人与信托财产的交易；第三是受托人不得从事与信托相竞争的业务。在设立以京津冀生态协同治理为目的的慈善信托时，应当借鉴上述内容，从而设定受托人的相关义务。

3. 区域生态协同治理中慈善信托受益人权利义务构建方面的建议

首先，是关于慈善信托受益人的权利构建问题。区域生态协同治理中的慈善信托受益人，除了享有与委托人相同的知情权、参与权和监督权等重要权利之外，其特殊的权利在于受益权。所谓信托受益权，是指受益人在信托中享受信托利益的权利❷。在区域生态协同治理的慈善信托中，受益人为特殊的主体，其范围应当包括区域内广大地区的社会公众。以生态协同治理为目的的慈善信托之利益应被区域内广大地区的社会公众共同、平等地享有，因此应赋予区域内地区广大群众以同等的知情权、参与权和监督权等，落实群众参与制度。

在一些发达国家，公众参与制度已经深入人心，在我国虽然立法者已经具备让公众参与的立法理念并将这项制度写入法律条文之中，但在慈善信托领域，公众参与实践发挥的作用仍然微乎其微：一方面，公众对环保问题怀有“搭便车”的心理，一些人希望指望别人而非自己来解决生态环保问题；另一方面，信息反馈处理不及时的问题也多有发生，公众意见往往石沉大海，得不到反馈

❶ 叶塞莺：《信托法专论》，台湾新学林出版有限公司2013版，第56页。

❷ 中野正俊，张军建：《信托法》，中国方正出版社2004年版，第110页。

或有效的答复，各种调查、座谈往往流于形式。因此，在以京津冀生态协同治理为目的的慈善信托中，受益人的参与制度必须落实。建立权利与义务相辅相成的慈善信托参与反馈机制，选取受慈善信托项目影响的公众进行意见收集，逐渐树立公众的公民意识及生态协同治理活动的主人翁意识，以期形成受益人自发的监督反馈机制。因为只有受益人积极承担起社会责任，才能督促慈善信托项目的稳步落实，达到慈善信托服务于区域生态协同治理效果的最大化，进而切实保障区域内各地区广大群众生存环境的不断改善。

其次，是关于在慈善信托服务于区域生态协同治理的过程中，受益人行使权利的程序问题。我国《信托法》中没有规定受益人如何行使权利的内容，《慈善法》中也没有相关规定。因此实践中，在受益人权利受损时，在大部分情况下是由信托监察人根据信托文件规定的内容行使权利，若信托文件没有规定，则由委托人或信托监察人根据诉讼程序向法院请求解任受托人或者撤销受托人的信托行为。即使有这样的惯例存在，慈善信托中的受益人权利行使依然困难，其主要原因在于：由于以生态协同治理为目的的慈善信托的受益人具有不确定性，受益权实际上处于无主状态，因此受益权的行使处于被动的状态；在没有信托监察人的情况下，这种情况就更加明显。因此，必须在立法中，对受益人行使权利的主体和具体行使权利的程序加以明确和明示。在某慈善信托没有规定监察人或者规定了监察人但是该等监察人怠于行使保护受益人权利的责任时，应该考虑由检察机关或者环保组织或其他合适的机构提起公益诉讼，来维护不特定多数受益人的利益。

最后，关于以区域生态协同治理为目的的慈善信托的受益人之权利救济问题。我国《信托法》第四十九条关于当受益人与委托人意见不一时的解决方案的规定[1]，并未体现出对受益人的充分保护。虽然受益人可以根据本条在与委托人就相关权利行使达不成一致意见时，申请人民法院做出裁决，但是在法院受理后，究竟根据什么原则或标准进行裁决，则没有具体规定。笔者认为，在区域生态协同治理的慈善信托领域，对于受益人的权利保护问题，法院应当综合考虑社会公共利益和对生态环境协同的效果，且应当更加尊重利益攸关者，

[1] 《信托法》第四十九条："受益人可以行使本法第二十条至第二十三条规定的委托人享有的权利。受益人行使上述权利，与委托人意见不一致时，可以申请人民法院作出裁定。"

即受益人的意见。

总之，生态协同中慈善信托受益人为社会公众，这个群体是生态改善的直接受益者。在对生态环境改善诉求日益强烈的今天，必须抓住区域生态协同治理中的主要矛盾，有针对性地进行立法协同调整，通过完善受益人权利的保障机制来确保慈善信托资源流动方向的最优化。

4. 在以区域生态协同治理为目的的慈善信托中设置监察人的建议

依《慈善法》规定，慈善信托的委托人根据需要，可以确定信托监察人。信托监察人与慈善信托管理机构形成平行配合的监管机制，因此慈善信托监察人制度对慈善信托目的的实现具有积极的促进作用。尤其是在慈善信托服务于区域生态协同的过程中，由于以生态协同治理为目的的慈善信托项目不以某个特定的人为受益对象，处于该自然环境的社会公众都可以为受益人，因此对于受托人缺乏常态化的监督，当受托人不能妥善履行受托义务而损及受益人的应得利益时，受益人难以通过自己的行为加以纠正。因此为了使慈善信托财产的管理与处分行为能够接受长期有效的监督，以便更好地维护委托人及受益人的利益，有必要设定监察人对慈善信托资金服务于区域生态协同治理事业之运用进行监督和管理。

监察人一般由信托文件规定，我国《信托法》及《慈善法》均未对监察人任职条件做出明确的规定。但是，慈善信托中的监察人具有其特殊性：一方面慈善信托具有较强的公益性，受益人为社会公众；另一方面在生态环保领域的慈善信托中，监察人不仅是区域生态协同治理的积极促进者，也是该项目运行的监督人。因此，笔者同意在我国相关立法中明确根据监察人的知识水平、信用水平、道德水平等情况确定适格监察人的建议，[1] 并且在以生态协同治理为目的的慈善信托中进行具体应用，在该类慈善信托项目中，信托监察人可以是区域内具备专业素养和技能的民间环境保护组织、环境研究机构或者兼具财务、法律和财产管理能力的第三方中介机构，如会计师事务所、律师事务所等。而慈善信托监察人在具体的以区域生态协同治理为目的的慈善信托项目中的权利与义务问题，则要根据有关法律法规、具体项目要求和有关当事人的要求而具

---

[1] 陈博文：《公益信托监察人选任、辞任和解任标准探究》，载《法治与社会》2011 年第 10 期，第 91 页。

体确定。

二、慈善信托服务区域生态协同治理组织建设及运行方面的建议

由于本书第一章讲述的便是关于区域协同立法的问题，而该章中的相关内容在慈善信托服务于区域生态协同治理过程中的立法、政策的协同问题上也是同样适用的，所以此处不再单独论述。此处仅就慈善信托服务于区域生态协同治理过程中的组织机构协同问题提出一些建议。

1. 建议在组织建设方面设立相关的机构和组织，从而在组织方面保证区域生态治理的协同

从促进整个国家慈善事业发展的角度，可以考虑设立国务院慈善委员会或慈善工作领导小组。因为慈善事业包括慈善信托事业，涉及社会的各个层面和各个领域，除了民政部门、银保监部门这些法定的慈善信托管理机构外，对于跨省、跨部门的慈善信托等事业，还需要国务院级别的常设机构（国务院慈善委员会）或者部际联席会议或国务院慈善工作领导小组来进行管理和协调。具体到慈善信托服务生态协同治理的层面，则还需要生态环境保护等部门的加入和通力合作，才能推动慈善信托在京津冀、长三角等区域乃至全国生态环境治理领域的发展。设立国务院级别的慈善事业管理或者协调机构也是很有意义的。具体而言，慈善信托服务于区域生态协同仅仅是一个开始。因此为推动慈善信托的作用辐射全国，在立法协同的部门协同层面，可以效仿英国《慈善法》中设立慈善委员会或者我国《反垄断法》中设立国务院反垄断委员会的做法，设立国务院慈善委员会，由该委员会组织、协调、指导全国的慈善工作（如果目前条件不成熟，可以考虑先设立国务院慈善工作领导小组或部际联席会议）。而以区域生态协同治理为目的的慈善信托作为该委员会或者领导小组的试点，可以率先推进。

除了建议设立国务院慈善委员会或者部际联席会议或国务院慈善工作领导小组外，笔者还建议设立各区域的部际联席会议或者区域协同管理/一体化管理委员会，以更好地促进各区域包括生态治理在内的各项社会事业的协同发展。从国际上来看，东京都市圈作为世界六大都市圈之一，早在20世纪中期就成立了首都建设委员会（后更名为首都圈整备委员会），专门负责都市圈的规划与

建设。1974 年日本成立的国土综合开发厅，下设大都市整备局负责协调各地相关部门的关系。随后二者合并为日本大都市圈的协调治理机构，在计划的制订过程中与各地进行充分协商，早已形成了较为完备的协同治理体系。该机构在东京都市圈的建设过程中起到了举足轻重的统筹推进作用[1]。我国可以借鉴日本的做法，强化政府间协作机制，由区域内各省市政府共同建立跨行政区的区域协同治理机构（其形式可以是区域的部际联席会议或者京津冀协同管理委员会/一体化管理委员会），负责制定区域发展战略和规划，并协调和监督政策执行情况，对区域内出现的重大经济与社会问题进行协调和处理；同时，在该协同治理机构内部可以下设子部门，分别管理经济、生态、文化等方面的建设工作，建立区域利益协调机制，使区域经济社会与环境协同发展，达到区域生态治理协同的目的。

2. 构建慈善信托服务于区域协同的网络信息共享平台

在组织机构协同的基础上，还应考虑这些组织机构在信息方面的协同，因此，打造慈善信托服务区域生态协同的专门网络平台，就成为信息时代推动区域协同发展的一个重要环节。该网络平台应当由区域内各地相关政府部门（包括但不限于生态环境部门等）携手打造，通过信息公开，帮助慈善信托委托人与生态协同治理项目相匹配，旨在充分发挥慈善信托优势推动区域生态协同发展。从慈善信托设立、登记到运作过程中的监管再到后期产出效益及成果，都可以通过该网络平台进行信息传递。例如，项目申请方（如生态环保企业）在平台上披露申请信托项目的信息及情况，由生态协同治理机构或政府相关部门对项目进行筛选并从地区、所需资金量、紧迫程度等多个维度进行排序，供慈善信托委托人、受托人进行选择时参考。这样既提高了资金利用率又保证资金流向最需要的项目，达到协同平衡的效果。其次，该平台可以通过问答形式等宣传活动扩大慈善信托的影响力，使这一融资方式逐渐走进社会公众的生活。除此之外，通过该网站可以创新慈善信托筹资方式，例如，就特定的慈善信托项目，筹集具有相同公益目的群众的资金作为信托财产设立慈善信托等。

---

[1] 白智立：《日本广域行政的理论与实践：以东京“首都圈”发展为例》，载《日本研究》2017 年第 1 期，第 25 页。

“阳光是最好的防腐剂”，监督是为慈善信托良性发展保驾护航的必然选择。美国的慈善信托数量很大，大量的监督工作依靠公众和新闻媒体。很多时候，“社会选择所缔造的评估和监督机制比法条更有约束力”[1]。因此，笔者认为，各区域可以结合我国国情，借鉴美国的做法，建立好慈善信托信息平台，为群众监督提供实时权威数据。在打造信息平台的过程中应加强平台标准化数据建设、尽快盘活慈善大数据，发挥社会公众的监督作用。

三、慈善信托服务于京津冀生态协同治理过程中资金的募集和使用方面的具体建议

1. 慈善信托服务于区域生态协同治理过程中资金募集方面的建议

由于区域生态协同中的慈善信托项目中受益人为各区域内的广大居民，而这部分社会公众对环境协同改善的诉求最为强烈，因此有关机构可以为此等受益人，即各区域内的广大居民提供专属途径进行捐款，并将该笔款项根据其信托目的专门投入区域生态协同治理领域。其实由此可以看到，在这样的制度框架下，区域内各地区广大的社会公众不仅为区域生态治理慈善信托项目的委托人，同时也是此类慈善信托项目的受益人。申言之，中国是否可以效仿前述美国的做法，结合中国国情，发动群众力量，以慈善组织为组织单位，以居委会或村委会为媒介在其管理范围内组织募捐活动，并将捐款专门应用于本区域的生态协同治理领域呢？在制度设计完善的情况下，笔者认为这将是比较好的做法，并可以为慈善信托项目找到非常可靠的资金来源。虽然比起企业家、慈善家一次性设立的信托项目而言，此种向区域内广大公众募集慈善信托资金方式的效率比较低，但这种重心下移的资金募集方式不仅能够增强区域内广大居民的主人翁意识和集体责任感，而且能够激发其对相关生态协同治理慈善信托项目的跟进与监督之兴趣与热情，也就是说，区域内各地区的广大居民不仅可以同时是某个以区域生态协同治理为目的的慈善信托的委托人和受益人，同时其还可以是该等慈善信托项目的监督人，即其可以在该等慈善信托项目的具体实施过程中发挥社会公众的监督作用。

---

[1] Thomas P. Gallanis, The Trustee's Duty to Inform, North Carolina Law Review, Vol. 85, No. 3. March 2007.

2. 慈善信托服务于区域生态协同治理过程中资金使用（包括使用监督和使用领域）方面的建议

出于种种原因，我国很多公民对慈善捐赠和慈善信托资金的公开募集活动持观望态度，害怕受到欺诈或诱导的心理是出现这种现象的关键障碍，而建立类似于加拿大所实施的“冷静期制度”可以对这一问题起到有效的缓解作用。在冷静期内，已经进行捐赠的公众有更多时间对相关慈善信托项目进行了解，对募集情况进行观察，进而做出最终的决定。同时，可以借鉴加拿大的捐赠者知情权制度，使慈善信托的委托人（捐赠人）对区域生态协同治理中慈善信托资金的使用情况享有知情权，并因此获得一定的知情权，其实他们也同时获得了相应的监督权，这是非常好的做法。

同时，对以慈善信托资金支持生态协同治理的具体应用领域问题，笔者特提出如下建议：

首先，慈善信托支持交通（绿色出行）方面。随着新能源汽车的出现，区域内某些省市已有部分公交线路的公交车更新为新能源汽车，这无疑是环保事业的重大进步与发展。但新能源公共汽车仍未普及，还需要大量资金投入；与此同时，区域内各地还存在着资源不平衡的状况。区域内欠发达地区往往空气质量较差，但汽车尾气排放量却没有得到有效控制，若将慈善信托资金应用于购置新能源公共汽车，此类问题将会得到很大缓解。因此，信托资金的引入对环境改善意义重大，可操作性较强。

其次，慈善信托可以支持生态环保领域的煤改气等生态环境改善工程。例如，在京津冀区域，能源结构差异较大，能源消耗结构较为单一，煤炭消费量大，河北为煤炭依赖型、北京为油气综合型、天津为煤油气综合型，都需要进行相应优化。一方面，慈善信托资金可以投入京津冀煤改气项目工程；另一方面，在投资的过程中注重对河北省的倾斜，以达到地区间协同发展的目的。

最后，慈善信托可用于支持环保科技创新项目。例如，在京津冀区域，北京市颁布了《北京市加快科技创新发展节能环保产业的指导意见》，天津市发布了《加快发展节能环保产业的实施意见》，河北省也发布了《加快发展节能环保产业的实施意见》，作为促进环保企业科技创新的规范性依据。在长三角区域，《上海市加快科技创新发展节能环保产业的指导意见》《浙江省人民政府关于加快发展环保产业的意见》《江苏省政府关于加快发展节能环保产业的实施意见》《安徽省关于加快新能源和节能环保产业发展的意见》都早已经发布，成为促进环保企业科技创新的规范性依据。因此在推进区域生态协同治理的过程中，各区域可根据上述文件及有关规定，引入慈善信托资金以扶持小微企业的创新激励机制。区域生态环保产业的主导技术和产品基本能够满足市场需求，但是原始创新比较少，主要原因在于大多数环保产业的企业是中小微企业。规模小，资金有限，难以支撑耗资较大的原始创新项目。因此慈善信托作为融资渠道之一，可为中小微企业开展原始技术创新提供经济支持，扶持区域内各地区环保产业的技术改造。

主要参考文献

（一）著作类参考文献

1. 周小明．信托制度：法理与实务［M］．北京：中国法制出版社，2012：40－43.

2. 何宝玉．信托法原理研究［M］．北京：中国政法大学出版社，2005.

3. 葛伟军，译．英国信托法：成文法汇编［M］．北京：法律出版社，2012：30.

4. 陈颐．英美信托法的现代化［M］．上海：上海人民出版社，2013：89.

5. 解锟．英国慈善信托制度研究［M］．北京：法律出版社，2011：124.

6. 王振耀．日本公益法律制度概览［M］．北京：法律出版社，2016.

7. 李德健．英国慈善法研究［M］．北京：法律出版社，2017：263.

8. 徐卫．慈善宣言信托制度构建研究［M］．北京：法律出版社，2012.

9. 中国信托业协会．慈善信托研究［M］．北京：中国金融出版社，2016.

10. 郑功成．慈善事业立法研究［M］．北京：人民出版社，2015.

11. 连玉明．面向未来的京津冀世界级城市群［M］．北京：当代中国出版社，2016.

12. 李国平．2019京津冀协同发展报告［M］．北京：科学出版社，2019.

13. F. W. 梅特兰，大卫·朗西曼，马格纳斯·瑞安．国家、信托与法人［M］．北京：北京大学出版社，2008.

14. 爱德华·C. 哈尔巴赫．吉尔伯特信托法［M］．张雪楳，译．北京：法律出版社，2017.

15. D. J. 海顿．信托法［M］．北京：法律出版社，2004.

16. 能见善久．现代信托法［M］．赵廉慧，译．北京：中国法制出版社，2011：27.

17. 樋口范雄．信托与信托法［M］．朱大明，译．北京：法律出版社，2017.

18. 新井诚．信托法：第4版［M］．刘华，译．北京：中国政法大学出版社，2017.

19. 叶塞莺．信托法专论［M］．台北：台湾新学林出版有限公司，2013：56.

20. 中野正俊，张军建．信托法［M］．北京：中国方正出版社，2004：110.

21. Andrew Iwobi. Essential Trusts（Third Edition）［M］．影印本．武汉：武汉大学出版社，2004.

22. Gary Watt. Briefcases on Equity & Trust（Second Edition）［M］．影印本．武汉：武汉大学出版社，2004.

23. Matthew Hutton. Trolley's UK Taxation of Trusts.［M］．20th ed.［S. l.］：LexisNexis，2010.

24. Bruce R. Hopkins. The Tax Law of Charitable Giving［M］．4th ed.［S. l.］：John Wiley & Sons，Inc，2010.

25. Roger D. Silk，James W. Lintott. Managing Foundations and Charitable Trusts：Essential Knowledge，Tools，and Techniques for Donors and Advisors［M］．［S. l.］：Roger D. Silk，James W. Lintott，2011.

（二）非著作类参考文献

1. 曾瑞声．全球公共卫生治理机制的形成与演变：国家利益——以《国际卫生条例》（2005）为例［D/OL］．广州：暨南大学，2012. https：//kns. cnki. net/kcms/detail/detail. aspx？dbcode = CDFD&dbname = CDFD1214&filename = 1013004 593. nh&uniplatform = NZKPT&v = tQSuUdY2SdfMRq5r0r 9zJpiKEkgITXW9lU9i% 25mmd 2FaqFoDKM3zfmwjWvz ENnvkEjL72Y.

2. 徐广军，孟倩，葛察忠等．探索我国环保产业融资新模式："绿色信托"［J］．环境保护，2011（18）：36－39.

3. 宋立楠．京津冀产业协同发展研究［D/OL］．北京：中共中央党校，2017. https：//kns. cnki. net/kcms/detail/detail. aspx？dbcode = CDFD&dbname = CDFDL AST2018 &filename = 1018031699. nh&uniplatform = NZKPT&v = 0% 25mmd2FvseV7c6GaBL gpyszhioXJnHtrBLaUJ3v SFY3fVlwtWVQRNcA4PSqYwYIrx0spm.

4. 王爱兰．借鉴国际经验加快京津冀都市圈发展［J］．天津行政学院学报，2006，8（1）：78－80.

5. 刘纯彬，张晨．波士华城市群与京津冀城市群的比较研究［J］．城市观察，2009（1）：63－69.

6. 白智立．日本广域行政的理论与实践：以东京"首都圈"发展为例［J］．日本研究，2017（1）：10－26.

7. 陈博文．公益信托监察人选任，辞任和解任标准探究［J］．法治与社会，2011

(10): 90 – 94.

8. 张军扩. 关于京津冀协同发展若干重要问题的思考 [J]. 经济社会体制比较, 2016 (3): 1 – 5.

9. 王俊杰, 方正, 赵震乾. 长三角区域一体化生态共治机制下的一般工业固体废物废弃矿山协同处置模式探讨 [J]. 环境污染与防治, 2021 (6): 796 – 800.

10. 陶红茹, 马佳腾. 京津冀都市圈生态协同治理机制研究 [J]. 理论观察, 2016 (3): 27 – 28.

11. Thomas P. Gallanis. The Trustee's Duty to Inform, North Carolina Law Review [J]. Vol. 85, No. 3. March 2007.

12. 慈善中国官网 [EB/OL]. (2021 – 05 – 24) [2021 – 09 – 08]. http://cishan.chinanpo.gov.cn/biz/ma/csmh/e/csmheindex.html.

13. 余莉, 刘睿. 坚定中国文明"生态化"发展的自信 [EB/OL]. (2019 – 11 – 04) [2021 – 09 – 05]. http://www.qstheory.cn/zoology/2019 – 11/14/c_1125230589.htm.

14. 新华网. 习近平主持召开扎实推进长三角一体化发展座谈会并发表重要讲话 [EB/OL]. (2020 – 08 – 22) [2021 – 09 – 06]. http://www.xinhuanet.com/politics/leaders/2020 – 08/22/c_1126399990.htm.

15. 新华社. 韩正主持推动长三角一体化发展领导小组全体会议并讲话 [EB/OL]. (2021 – 06 – 01) [2021 – 09 – 06]. http://www.gov.cn/guowuyuan/2021 – 06/01/content_5614825.htm.

16. 阮煜琳. 中国清洁取暖成效显著　京津冀煤炭消耗量六年下降 24% [EB/OL]. (2019 – 04 – 10) [2021 – 07 – 22]. http://www.chinanews.com/cj/2019/04 – 10/8805312.shtml.

17. 杜希萌. 多部门联合印发《京津冀及周边地区 2019—2020 年秋冬季大气污染综合治理攻坚行动方案》[EB/OL]. (2019 – 10 – 16) [2021 – 09 – 07]. http://www.mee.gov.cn/xxgk2018/xxgk/xxgk03/201910/t20191016_737803.html.

18. 生态环境部网站. 生态环境部就《长江三角洲区域生态环境共同保护规划》答记者问 [EB/OL]. (2021 – 01 – 14) [2021 – 09 – 07]. https://www.chinanews.com/gn/2021/01 – 14/9387386.shtml.

19. 孙秀艳, 刘毅, 寇江泽. 蓝天保卫战, 精准施策加油干 [EB/OL]. (2019 – 03 – 21) [2021 – 09 – 07]. http://www.gov.cn/xinwen/2019 – 03/21/content_5375551.htm.

20. 李济慈.《2018 年慈善信托发展报告》发布 [EB/OL]. (2019 – 03 – 10) [2021 – 01 – 04]. http://www.xinhuanet.com/gongyi/2019 – 03/15/c_137897000.htm.

21. 中诚信托慈善信托工作办公室．中诚信托 2019 年度慈善信托研究报告 [EB/OL]．(2019 - 09 - 02) [2021 - 01 - 02]．https://www.cctic.com.cn/zcyj/10316.jhtml.

22. GOV. UK. Public benefit: the public benefit requirement (PB1) [EB/OL]．(2013 - 09 - 16) [2020 - 09 - 10]．https://www.gov.uk/government/publications/public - benefit - the - public - benefit - requirement - pb1.

23. GOV. UK. Public benefit: running a charity (PB2) [EB/OL]．(2013 - 09 - 16) [2021 - 09 - 10]．https://www.gov.uk/government/publications/public - benefit - running - a - charity - pb2.

24. GOV. UK. Public benefit: reporting (PB3) [EB/OL]．(2013 - 9 - 16) [2021 - 09 - 10]．https://www.gov.uk/government/publications/public - benefit - reporting - pb3.

25. Thomson Reuters. Charity Commission: The Prevention or Relief of Poverty for the PublicBenefit [EB/OL]．(2013 - 10 - 01) [2021 - 09 - 10]．https://uk.practicallaw.thomsonreuters.com/8 - 517 - 1813? transitionType = Default&context Data = (sc. Default)．

第六章

区域一体化背景下慈善信托服务于巩固拓展扶贫成果及乡村振兴法律问题研究

第一节 绪 论

一、研究背景

1. 各区域内部发展差距阻碍区域协同发展/一体化发展

在京津冀区域，京津冀协同发展推动至今，在京津的扩散效应下，京津经济、社会的快速扩张也带动了周边落后地区的快速发展，从而缩小了区域经济的发展差距。正因为如此，京津冀协同发展近年来得到了实质性的推进，逐步成为我国区域发展的典范；然而，同时也逐渐暴露出了一些问题，例如，三地发展差距过大，环京津贫困带贫困加剧等问题，直接制约了京津冀协同发展机制的建立以及目标实现。从目前京津冀地区的经济发展情况看，京津冀三地都属于首都经济圈和环渤海经济带，但三地经济水平相差很大。特别是河北省存在着大量的贫困地区，贫困人口多、贫困范围广、贫困程度深，形成了环京津贫困带，它的存在直接影响了京津冀协同发展的质量，一定程度上阻碍了京津冀协同发展的进程。可喜的是，自从2012年年底习近平总书记在河北省阜平县向全国发出了脱贫攻坚的动员令以来，河北省发扬革命老区奋斗精神，向贫困发起总攻，让“C”字形环绕京津的贫困带面貌焕然一新。随着京津冀协同发展国家战略的实施，近6年来京津累计设立1600多个协作扶贫项目、投入46

亿元扶贫资金。到 2020 年 2 月底，包括阜平县在内的河北省 27 个环京津贫困县全部脱贫摘帽，数百万贫困人口脱贫，环京津地区历史上第一次摆脱了区域性绝对贫困。[1] 但是，需要注意的是，这只是摆脱了区域性绝对贫困，巩固拓展扶贫成果的路还是很长的。

在长三角区域，2019 年 6 月 19 日，由江苏省民政厅和江苏省慈善总会联合举办的“2019 长三角一体化发展 · 钟山慈善行动暨首届江苏慈善论坛”在南京市举行。该论坛围绕“聚焦精准扶贫，筑梦美好生活”主题，旨在加快江苏省慈善事业发展，推进长三角区域间广泛深入的交流合作，实现慈善资源在打赢脱贫攻坚战中的最大能量发挥。该论坛发布了“2019 长三角一体化发展 · 钟山慈善联合行动计划”，该计划由上海市慈善基金会、江苏省慈善总会、浙江省慈善联合总会、安徽省福利与慈善协会、深圳市国际公益学院五家单位共同签署。该计划提出，由长三角三省一市慈善总会（基金会）牵头，共同募集善款 1000 万元，设立长三角慈善扶贫基金，针对皖西大别山、苏北、浙西贫困革命老区以及上海个别贫困地区的现状，有的放矢开展重点帮扶。通过精准设计扶贫项目，对贫困革命老区低收入特困群体进行精准救助，重点开展健康扶贫、教育扶贫。按照行动计划部署，由上海市慈善基金会牵头，沪、苏、浙、皖四个慈善基金会协商，设立长三角慈善一体化发展工作协调小组，建立协调会议制度，拟定工作计划和扶贫项目方案，对慈善联动项目实施跟踪管理、评估、交流。沪、苏、浙、皖四个慈善基金会在慈善项目、慈善文化宣传等方面紧密合作，探索长三角地区慈善扶贫救助的深度融合。[2] 应该说，这是长三角区域运用慈善手段进行协同扶贫的典型案例，其做法是值得肯定的。美中不足的是，此次行动计划还是采用了传统的募集善款而非慈善信托的形式。慈善信托在区域协同实现巩固和拓展扶贫成果、实现乡村振兴的过程中的作用仍然有待进一步发挥。

---

[1] 王文化，张涛，齐雷杰，张明山：《且看信心如何让黄土变成金：“环京津贫困带”整体脱贫记》，载新华网 2020 年 5 月 18 日，http://www.xinhuanet.com/politics/2020-05/18/c_1126000027.htm，最后访问时间 2021 年 9 月 7 日。

[2] 唐悦：《长三角一体化钟山慈善联合行动方案发布 聚焦精准扶贫，共享慈善资源》，载新浪网 2019 年 6 月 20 日，https://k.sina.cn/article_5675440730_152485a5a02000i9mw.html?subch=onews，最后访问时间 2021 年 9 月 8 日。

2. 慈善信托在服务扶贫事业中不断发挥重要作用

为了打赢脱贫攻坚战，推动区域协同发展，缩小区域内各地发展差距，国内不断进行扶贫模式的探索。其中以慈善信托为手段进行的精准扶贫模式在近些年发挥着越来越重要的作用。2016 年至 2018 年，全国 68 家信托公司中，设立慈善信托的就有 42 家，占总数的 61.8%。全国慈善信息公开平台数据显示，截至 2021 年 9 月 8 日，累计共有 634 个已备案慈善信托，财产总规模已经达到 349 120.93 万元，其中有 70% 多是直接或者间接、全部或者部分以扶贫、乡村振兴为目的的。[1] 中国慈善联合会发布的《2018 年慈善信托发展报告》中显示，慈善信托在产品设计上的创新，带动了更多的慈善资源向扶贫事业的倾斜。[2] 而中国慈善联合会发布的《2019 年慈善信托发展报告》则显示，定点扶贫类慈善信托以国家特定政策为导向，其期限以 3 年居多，体现其阶段性任务特点。[3] 因此，怎样能够使得慈善信托成为长期巩固拓展扶贫攻坚成果的有力工具[4]，无疑是一个重要的话题。

二、研究现状

1. 区域扶贫及巩固扶贫成果、实现乡村振兴的研究现状

在京津冀区域。京津冀地区的扶贫主要是针对环京津地区的贫困带进行的，而“环京津贫困带”这个概念最早于 2004 年 8 月 17 日由亚洲开发银行提出。亚洲开发银行公布《河北省经济发展战略研究》，指出了环京津地区存在大规模的贫困带客观事实（张可云，郑拴虎，赵秋喜，2006）。京津冀协同发展战略提出以来，环京津贫困带的扶贫开发问题得到越来越多学者的关注，并逐渐

---

[1] 全国慈善信息公开平台，http：//cishan. chinanpo. gov. cn/biz/ma/csmh/e/csmheindex. html，最后访问时间 2021 年 9 月 8 日。

[2] 李济慈：《〈2018 年慈善信托发展报告〉发布》，载慈善公益网 2019 年 3 月 10 日，http：//www. csgyb. com. cn/news/quanwei/20190310/22498. html. 最后访问时间 2021 年 1 月 4 日。

[3] 中国慈善联合会：《中国慈善联合会发布〈2019 年慈善信托发展报告〉》，载中国慈善联合会网 2020 年 1 月 14 日，http：//www. charityalliance. org. cn/news/13224. jhtml，最后访问时间 2021 年 9 月 8 日。

[4] 新华社：《习近平：我们如期完成了新时代脱贫攻坚任务》，载青年网 2020 年 12 月 30 日，http：//pinglun. youth. cn/zt/2020tyzt/tpgj/zsjdqg/202012/t20201230_12641226. htm，最后访问时间 2021 年 8 月 26 日。根据该报道，习近平总书记指出，虽然新时代脱贫攻坚任务已如期完成，但是巩固拓展扶贫攻坚成果的任务依然艰巨。所以，慈善信托等扶贫重器仍然大有可为。

认识到环京津贫困带的扶贫问题的解决对京津冀协同发展具有重要战略意义（周晓华，2017）。在环京津贫困带的贫困现状研究方面，有的学者主要从经济结构、经济效率等经济角度（张可云，郑拴虎，赵秋喜，2006），以及基础设施、公共服务等社会角度（周晓华，2017）出发，还有学者则考虑了生态环境、自然灾害、地理位置等其他角度（兰传海，2015）。对于环京津贫困带的形成原因研究方面，学者们大多指出了自然条件（包括自然资源和地理位置）、经济社会资源以及宏观政策体制等方面的原因（何仁伟，樊杰，李光勤，2018）。在环京津贫困带的扶贫治理路径研究方面，有的学者认为应主要从区域发展框架建设、政策支持、对口帮扶、创新扶贫模式等方面入手（李岚，2018），也有的学者重点强调了发展特色优势产业、加强区域合作创新扶贫机制等方面，金融扶贫作为一种创新的扶贫模式引起了关注（王静丽，2016）。在京津冀协同发展的战略背景下，贫困地区普遍存在着资金、项目、市场、人才等多种需求，金融扶贫的创新模式为满足这些需求发挥了重要作用（李海波，2017）。对于金融扶贫如何发挥更大的作用，有的学者进一步提出要发挥京津冀协同发展的优势，利用信托等金融资源进行统筹规划（康书生，冯艳博，郭小卉，2019）。有学者认为，京津冀地区水资源发展不平衡，乡村振兴最终要实现全面发展，但水资源供需矛盾严重影响其进程，急需通过深化改革实现协同管理。通过分析京津冀水资源现状、水资源治理情况及眼下存在的问题，结合典型资源治理理论及协同治理模式的分析，指出协同治理模式是京津冀水资源治理的最佳选择，并从治理主体、治理目标、治理文化、治理过程、治理模式协同5方面提出了京津冀水资源协同治理模式体系（王华东，侯路沙，李晓东，2021）。

在长三角区域，有学者认为，乡村振兴战略是党的十九大确立的统领三农发展的国家战略，长三角一体化则肩负着打造全国发展强劲活跃增长极、高质量发展样板区，率先实现现代化引领区、区域一体化发展示范区和改革开放新高地的战略使命。因此，检视长三角区域内部乡村振兴实施成效、制定一体化背景下各地的差异化策略具有十分重要的现实意义。文章结合乡村振兴的内涵和长三角地区乡村发展的实践，构建了包含5个维度、20个指标在内的乡村振兴水平综合评价指标体系，运用因子分析和TOPSIS法测算了2018年沪苏浙皖乡村发展水平并进行排名，在此基础上对各地区实施乡村振兴战略提出差异化策略（陈俊梁，2021）。乡村振兴是破除城乡二元体制、推动长三角一体化高质量发展的重要途径。文章通过构建“政策主体—政策工具—政策内容”的三维分析框架，运用文本挖掘和国内新兴的 PMC 指数模型量化评价了“十三五”期间长三角地区 91 项脱贫攻坚政策。结果表明：①“三省一市”以省政府、财政厅和扶贫办为主要政策发文主体，逐渐形成“一个中心，多个部门协同”的政策发文趋势；②“三省一市”多以供给型政策工具运用为主，缺少对需求型和环境型工具的协调配合；③8 项代表性政策内容的 PMC 指数得分均值为 6.2 分，整体属于可接受级别，但具体扶贫内容“三省一市”各有侧重和不足（潘琳，2021）。

2. 慈善信托服务扶贫的研究现状

改革开放以来，我国公益组织在新的机遇下发展迅速。在《慈善法》颁布之前，我国慈善信托在扶贫方面也有一定的发展，但仍处于起步发展阶段（吴华，刘志刚，李晓玉，2014）。《慈善法》颁布后，慈善信托在扶贫中的应用日益广泛。有学者将慈善信托与传统扶贫模式进行对比，得出了慈善信托具有专业、灵活、稳定、透明等优势的结论（白云，2018），还有学者根据具体案例总结出了慈善信托在扶贫的定向与精准方面的优势（高冬民，2016）。对于慈善信托的具体扶贫模式，有学者根据不同的金融手段将其概括为股权投资、直接捐赠、债转股等五种模式（郑妍，金晶，2018），也有学者根据信托公司与慈善组织在慈善信托“三方结构”的位置不同进行了三种模式的分类（倪建文，2018）。在慈善信托服务扶贫的比较法研究方面，国内学者研究的较少，主要是对域外慈善信托的概念与特征进行介绍，缺少深入的研究（倪建文，2018）。对于中国慈善信托服务于扶贫的问题与建议研究同样较少，大部分研究主要从立法以及税收优惠政策等宏观角度进行论述（秦方舟，2019）。

三、研究意义

1. 有利于区域巩固拓展扶贫成果和乡村振兴事业的协同发展

慈善信托作为《慈善法》实施以来推动慈善事业创新发展的一种重要方式，在助力扶贫攻坚、巩固拓展扶贫成果和乡村振兴方面潜力巨大，必然能够成为推动区域扶贫事业发展、巩固脱贫攻坚战成果、推进乡村振兴事业的生力军。以慈善信托服务于区域巩固拓展扶贫成果和乡村振兴事业为研究对象，有利于为慈善信托在巩固拓展扶贫成果和乡村振兴领域的发展路径提供决策参考。借助慈善信托的专业优势，整合区域内的金融资源，真正实现扶贫地区的自我造血，缩小区域内的经济发展差距，促进区域内巩固拓展扶贫成果和乡村振兴事业的协同发展。

2. 有利于区域协同发展/一体化发展战略的实现

在国家提出巩固拓展扶贫成果和乡村振兴事业以及京津冀协同发展战略的背景下，京津冀协同发展是三地发展的必然选择，长三角地区三省一市一体化发展也是区域经济协同发展的必然趋势。为了缩小区域发展落差、提升区域协同发展/一体化发展的质量，要充分认识到巩固拓展扶贫成果和乡村振兴事业是区域协同发展/一体化发展的重要组成部分。因此对慈善信托服务于区域内巩固拓展扶贫成果和乡村振兴事业的研究，有利于为区域的整体协同发展/一体化发展廓清障碍，从而使慈善信托成为区域协同发展/一体化发展的重要驱动力。

四、本书研究者的出发点

本章从我国现行法律制度和区域协同发展/一体化发展中存在的问题出发，总结国内外关于慈善信托服务巩固拓展扶贫成果和乡村振兴事业的经验，提出了以慈善信托服务区域内巩固拓展扶贫成果和乡村振兴事业协同的相应建议，研究的展开主要基于以下基本理论：

从比较法的角度对以慈善信托服务区域内巩固拓展扶贫成果和乡村振兴事业协同进行深入分析，能为相应制度的构建奠定理论基础。慈善信托虽以公益性为其重要价值，但本质上仍属信托，信托的普通法属性决定了只有从比较法的角度才能理解信托的本质特征。因此，以比较法视角展开研究有利于解决以慈善信托服务区域内巩固拓展扶贫成果和乡村振兴协同中存在的问题。本书主要是选择了作为慈善信托之鼻祖的英国在以慈善信托服务扶贫事业方面的成功经验。

以慈善信托服务扶贫事业需要立足于区域协同的典型特征，才能切实解决以慈善信托服务区域内巩固拓展扶贫成果和乡村振兴事业协同中面临的问题。各区域都有自己的区域内各地区发展不平衡的特征，而这些特征使得各区域在发展过程中遇到的矛盾都比较突出，因此明确了不能照搬国内外关于区域协调的理论经验，而应当从各区域自身的发展现状和具体问题出发来进行研究。

第二节 区域一体化背景下，慈善信托在服务巩固拓展扶贫成果和乡村振兴事业中的现状以及存在的问题

一、区域一体化背景下，慈善信托在服务巩固拓展扶贫成果和乡村振兴事业中的现状

1. 区域一体化发展与巩固拓展扶贫成果和乡村振兴事业协同的关系

2015 年 6 月，中共中央、国务院印发《京津冀协同发展规划纲要》，确定了“功能互补、区域联动、轴向集聚、节点支撑”的布局思路，描绘了京津冀协同发展的宏伟蓝图。2016 年 2 月，国家发展和改革委员会印发实施了《“十三五”时期京津冀国民经济和社会发展规划》，是我国第一个跨省市的区域“十三五”规划，确立了京津冀地区未来五年的发展目标。如期脱贫致富、缩小地区差异，是全面建成小康社会的要求，对于协同发展大局而言也意义重大。而自“环京津贫困带”（也称为“环首都贫困带”）提出以来，特别是在京津冀协同发展战略上升为国家战略后，环京津贫困带受到了社会各界的关注，已经成为京津冀协同发展中至关重要的一环。顺利完成环京津协同脱贫攻坚战，既是全面建成小康社会的题中之意，也是京津冀协同发展战略的重要内容和客观要求。

实际上，作为京津冀区域的经济塌陷地带，环京津贫困带长期以来受到国家和地方政府政策的支持和倾斜，并出台了许多优惠政策；然而，到 2020 年之前，仍然存在着一些贫困问题。纵观历年的扶贫开发，环京津贫困带在脱贫方面取得了突破性进展，但是仍没有摆脱“年年扶，年年贫”的恶性循环状态。这种环京津贫困带经济发展与北京、天津之间呈现出的“断崖式”落差，严重制约着京津冀协同发展的一体化步伐。如前文所述，虽然新时代脱贫攻坚任务

已如期完成，但是巩固拓展扶贫攻坚成果的任务依然艰巨。[1]

在京津冀协同发展过程中，京津地区的快速发展带动了周边落后地区的迅速发展；但是，此过程中的回波效应也非常显著。一方面，由于特殊的地理问题，环首都贫困带在区域经济中发挥着重要的资源补给作用。由于京津两地的净财政获益远高于周边地区，从而对周边的人才、企业、资金技术等优质资源表现出更高的吸引力。同时，由于地理原因，长期以来，京津地区的农产品和建筑装饰材料等工业用品主要由河北省输入。在两大城市的“虹吸效应”下，环京津贫困带中各县市的大量资源（资金、人力等要素）不断流向京津地区。另一方面，由于自然条件、区域定位等原因，近年来贫困带内部其他社会、生态问题也逐渐暴露出来；而这些问题进一步阻碍了环京津贫困带脱贫以及京津冀协同发展的实现，其主要表现为经济发展缓慢、人均收入低、生存途径单一、基础设施薄弱、生态环境脆弱、返贫率高等问题。[2] 如前文所述，在 2020 年我国如期完成新时代脱贫攻坚战任务的前提下，又产生了如何巩固拓展扶贫攻坚成果、实现乡村振兴的新问题需要去解决。

通过以上的内容分析可知，京津冀区域相对贫困的地区存在着不少农村贫困人口；此外，自然生态环境、产业结构、公共服务等条件依然十分薄弱，仅依靠河北省自身的实力很难解决巩固拓展扶贫攻坚成果和实现乡村振兴的新问题。因此，要想尽快实现京津冀地区协同发展，离不开京津地区的协助与帮扶，必须在整个大区域背景之下统筹规划、统筹协调，快速整合国家和京津冀三地资源，加强顶层设计，建立高效、可行的协调机制和完善的技术体系，引导多渠道融资；需要通过进行联合帮扶以及区域协同发展等措施，并综合区域资源特点和生态环境特点来实现环京津贫困带区域结构优化、优势互补、互利共赢、产业结构调整，进一步推进巩固拓展扶贫攻坚成果的工作向纵深发展。要着力打造“造血式”的发展方式，最终实现环京津贫困带地区脱贫脱困，达成共同富裕的目标。

---

[1] 新华社：《习近平：我们如期完成了新时代脱贫攻坚任务》，载青年网 2020 年 12 月 30 日，http：//pinglun. youth. cn/zt/2020tyzt/tpgj/zsjdqg/202012/t20201230_12641226. htm，最后访问时间 2021 年 8 月 26 日。根据该报道，习近平总书记指出，虽然新时代脱贫攻坚任务已如期完成，但是巩固拓展扶贫攻坚成果的任务依然艰巨。

[2] 周晓华：《京津冀协同发展的区域经济思考——当前环首都贫困带治理思路》，载《商场现代化》2017 年第 5 期，第 214 页。

在长三角区域，各地区的贫富差距虽然没有京津冀区域各地区之间那么大，但是在扶贫过程中的协同发展同样是必不可少的。除了前面提到的三省一市慈善总会联合成立设立长三角慈善扶贫基金，针对区域内皖西大别山、苏北、浙西贫困革命老区以及上海个别贫困地区的现状，设立长三角慈善一体化发展工作协调小组，建立协调会议制度，对慈善联动项目实施跟踪管理、评估、交流，探索长三角地区慈善扶贫救助的深度融合外的情况外，长三角还在扶贫协同方面做了很多其他努力。例如，在长三角区域，曾经有 18 个国家级贫困县均在安徽省，连片区域则以皖西北、皖西南最为集中，经济薄弱区域则以苏北地区较为集中。这些区域正是长三角高铁布网“填空”的重点区域。这种“建设扶贫”的模式，将一个个投入的“大手笔”落子于贫困地区。合肥至九江、徐州至连云港、盐城至南通和沪通一期等项目的建设，都是这种典型例证。“要想富先修路”的愿景化为一个个建设项目，成为扶贫工作的有力支撑。[1] 同样地，在完成扶贫攻坚任务后，长三角区域同样面临着巩固拓展扶贫成果、转型乡村振兴工作的任务。

2. 慈善信托与扶贫的关系

慈善信托作为《慈善法》实施以来促进慈善事业创新发展的一种重要方式，在助力扶贫攻坚以及即将开始的巩固拓展扶贫攻坚成果方面潜力巨大。慈善信托作为一个新生事物在中国兴起，在五年多的时间内全国已经成功备案了六百多单慈善信托，有力地推动了我国慈善事业的发展，也有力地促进了我国近年来慈善扶贫工作的开展，并将在未来的巩固拓展扶贫成果、乡村振兴工作中发挥重要作用。从已有的情况来看，近年来，基于我国当前社会背景与信托自身的优势，慈善信托在扶贫项目中的应用越来越广泛，模式越来越创新，逐渐成为金融扶贫的生力军，在扶贫开发的广阔领域发挥了活力和创造力。善用慈善信托扶贫，有助于强化扶贫资金的“造血”功能以及巩固拓展扶贫攻坚成果。在此基础上，还应提高对资金和项目的管理能力，构建可持续发展模式，为巩固拓展扶贫攻坚成果和乡村振兴事业注入活水。

与传统的慈善机构相比，信托公司在慈善资金的财产增值、运营管理、风

---

[1] 陈凯：《长三角铁路扶贫工作跑出“加速度”脱贫主战场有支攻坚铁军》，载央广网 2019 年 10 月 17 日，http://www.cnr.cn/ah/news/20191017/t20191017_524819868.shtml，最后访问时间 2021 年 9 月 8 日。

险控制等方面具有突出的专业优势；同时，在规范利用扶贫资金和巩固拓展扶贫攻坚成果资金的过程中，也比其他传统的慈善方式更加透明。随着社会公众和企业对社会公益事业的需求与投资的不断增加，如何在控制风险的情况下，实现慈善资产最大限度的保值增值，推动精准扶贫等社会公益事业的持续健康发展；如何有效衔接整合政府资源、金融资源和社会需求，为社会各方力量参与慈善事业提供更加顺畅的途径，成为当前需要解决的重大问题。[1] 在巩固拓展扶贫攻坚成果、实现乡村振兴事业的新时代，这个问题同样存在。根据笔者对全国慈善信息公开平台数据的统计，仅在2019年设立的115单慈善信托中，涉及扶贫的有86单，包括生态扶贫、产业扶贫、就业扶贫、医疗扶贫、教育扶贫、养老扶贫等多种类型，大部分是根据具体任务进行精准扶贫，且大部分慈善信托采取由信托公司作为独立受托人或在共同受托人中由信托公司担任主要受托人的运行模式。2020年虽然有大量慈善信托资金转向了抗疫方面，但是用于扶贫方面的慈善信托资金仍然不少。[2]

对比其他扶贫方式，慈善信托在助力扶贫、巩固拓展扶贫攻坚成果、实现乡村振兴方面主要有四大优势。

一是汇集资源，助力扶贫、巩固拓展扶贫攻坚成果、实现乡村振兴。慈善信托能够为扶贫提供更多的资金资源、项目资源、管理资源、平台资源等，发挥信托结构优势，为来自更广泛领域的机构参与扶贫以及巩固拓展扶贫攻坚成果、实现乡村振兴起到重要的桥梁作用，动员各种渠道的社会资金加入，为精准扶贫以及巩固拓展扶贫攻坚成果、实现乡村振兴提供源头活水。2019年中国慈善信托规模总额突破28亿元，新增慈善信托115单，同比增长33.72%。2020年则达到500单，金额接近33亿元，其中百分之七八十的慈善信托项目都直接或者间接与扶贫有关。[3]

二是专业管理，规范运行。一方面，在信托公司作为受托人的情形下，其可以利用自身作为金融专业机构的优势，专业运作慈善信托财产、创新设计慈

---

[1] 白云：《慈善信托，让扶贫更"精准"》，载《金融博览（财富）》2018年第6期，第58-59页。

[2] 全国慈善信息公开平台，http：//cishan. chinanpo. gov. cn/biz/ma/csmh/e/csmheindex. html，最后访问时间2021年1月2日。

[3] 全国慈善信息公开平台，http：//cishan. chinanpo. gov. cn/biz/ma/csmh/e/csmheindex. html，最后访问时间2021年1月2日。

善信托模式，有利于慈善信托财产的保值增值，为扶贫事业、巩固拓展扶贫攻坚成果、实现乡村振兴提供专业保障；另一方面，慈善信托本身“三方结构”的天然架构特点，有利于委托人对受托人的管理决策进行监督，监察人的引入以及民政部门、银保监部门的法定监管，为运用扶贫资源实现慈善目的提供了监管保障。

三是精准扶贫，高效扶贫，并且可助力巩固拓展扶贫攻坚成果、实现乡村振兴。一方面，慈善信托的运行往往是专业慈善机构与信托公司的合作，在进行信托收益分配时，以专业慈善机构作为执行人有利于最大限度地发挥慈善的作用，实现精准高效扶贫以及巩固拓展扶贫攻坚成果、实现乡村振兴的目的；另一方面，越来越多的慈善信托以产业扶贫及巩固拓展扶贫攻坚成果、实现乡村振兴为导向，扶持地方特色产业，充分考虑当地的实际情况。与当地政府或者特色企业合作扶贫以及巩固拓展扶贫攻坚成果，有利于确保精准高效，能够精准到户、精准到人。例如，在2021年青海省民政厅备案的“五矿信托—三江源乡村振兴1号”慈善信托，其信托目的就是“主要用于推动甘肃省临洮县特色支柱产业项目的发展和建设、新型经营主体和龙头企业项目的建设、农产品营销渠道项目的建设、本土人才培训、新农人计划和回乡计划项目、农村突出环境问题修复和保护项目、其他有利于乡村振兴的慈善项目”[1]。而同日备案的“五矿信托—三江源乡村振兴2号”和“五矿信托—三江源乡村振兴3号”，其信托目的与“五矿信托—三江源乡村振兴1号”信托目的是一样的（同样见“慈善中国”官网）。

四是持续扶贫，稳固拓展扶贫成果以及实现乡村振兴。与一般的扶贫手段相比，慈善信托的期限设置更为灵活，既可以固定期限，也可以不固定期限，有利于长期持续扶贫以及巩固拓展扶贫攻坚成果、实现乡村振兴。此外还可以追加慈善信托财产，有利于资金来源的持续稳定，能够有效地巩固拓展脱贫效果，实现乡村振兴，防止返贫。[2]

---

[1] 民政一体化政务服务平台：《五矿信托—三江源乡村振兴1号》（备案编号：QFC2021－0003），载慈善中国官网2021年5月24日，https：//cszg. mca. gov. cn/biz/ma/csmh/e/csmhedetail. html? aafx0101＝ff808081797c8ef801799d2ab73209d3，最后访问时间2021年9月8日。

[2] 何晋予：《慈善信托助力扶贫攻坚的五大优势》，载用益信托网2018年3月20日，http：//www. yanglee. com/Research/Details. aspx? i＝44069，最后访问时间2021年9月8日。

在实践层面，慈善信托服务于扶贫以及巩固拓展扶贫攻坚成果、实现乡村振兴的模式也在不断进行着创新。目前主要有五种模式。一是“慈善信托 + 直接捐赠”。这是慈善信托助力扶贫以及巩固拓展扶贫攻坚成果、实现乡村振兴中最常见的模式。此种模式下，将慈善信托财产的全部本金以及收益直接捐赠给相对贫困区域的群众，具有操作简单、效果直接的特点。二是“慈善信托 + 杠杆撬动”。此种模式下受托人与扶贫地区的金融机构（如商业银行）进行合作，为金融机构发放扶贫以及巩固拓展扶贫攻坚成果、实现乡村振兴的贷款而提供担保或风险补偿，从而发挥慈善信托资金的杠杆带动作用，为相对贫困地区产业发展融资提供更多资金支持。三是“慈善信托 + 企业驱动”。这种模式下，可以通过融资、投资等多种方式运用慈善信托资金，来支持相对贫困地区的特色企业的发展，从而带动当地的产业发展、增加当地的就业收入，持续发挥慈善信托的带动作用。四是“慈善信托 + 收益分红”。这种模式由慈善信托直接捐赠出资入股，解决当地企业的资金需求，并使相对困难群众成为企业股东、拥有稳定分红收入。五是“慈善信托 + 保险保障”。在这种模式下，慈善信托与保险公司合作，为相对贫困地区的群众生产生活提供如医疗保险、农产品价格指数保险等多种类型的保险支持，帮助相对贫困地区群众提高抵御风险的能力。慈善信托通过以上五种模式参与精准扶贫，同时运用一种或多种模式对贫困地区进行帮扶，实现了“输血与造血”相结合的扶贫效果。[1]

鉴于慈善信托在服务于扶贫事业包括巩固拓展扶贫攻坚成果方面的巨大作用，要充分发挥其在京津冀扶贫事业中的作用，可以将一定比例的收益补充到慈善信托中，扩大慈善活动的资产，使慈善活动能持续发展下去，慈善范围不断增大，不断巩固拓展扶贫攻坚成果。

3. 区域协同发展/一体化发展背景下，慈善信托与巩固拓展扶贫攻坚成果、实现乡村振兴的关系

具体到精准扶贫，面对新时期三大攻坚战之一，我国提出 2020 年实现农村贫困人口全部脱贫的目标，而慈善信托是信托业参与精准扶贫的重要途径之一。在党中央宣布新时代脱贫攻坚战任务已经如期完成的情况下，慈善信托则成为

---

[1] 中诚信托慈善信托工作办公室：《中诚信托 2019 年度慈善信托研究报告》，载中诚信托有限责任公司网 2019 年 9 月 2 日，https：//www. cctic. com. cn/zcyj/10316. jhtml，最后访问时间 2021 年 1 月 2 日。

巩固拓展扶贫攻坚成果、实现乡村振兴的重要途径之一。

从产品结构来看，信托公司大多采用和慈善组织合作的模式，信托公司负责慈善信托的设立、信托财产的增值与运营；慈善组织则是基于之前积累的经验与渠道，根据委托人的意愿实际执行具体的慈善项目。从信托目的来看，慈善项目的实践从赈灾、扶贫、医学等传统慈善领域延伸到教育、养老、环境、科学等其他领域，慈善领域不断扩大，扶贫和巩固拓展扶贫攻坚成果、实现乡村振兴的效果不断提升。依托信托公司在资产管理方面的专业优势，慈善资金在农牧业、深加工等产业方面发挥积极作用，为区域内各地区全面脱贫以及巩固拓展扶贫攻坚成果、协同发展注入新生力量，有助于提升扶贫资金以及未来巩固拓展扶贫攻坚成果资金的自我“造血”功能。

二、区域一体化背景下，慈善信托服务在巩固拓展扶贫成果和实现乡村振兴事业中存在的问题

在区域协同/一体化发展背景下，慈善信托服务在巩固拓展扶贫攻坚成果、实现乡村振兴过程中存在着诸多问题。

1. 区域内资源分配不均衡，区域发展尚不均衡

在京津冀区域，其慈善信托备案主要集中在经济较发达的京津地区。北京市在2019年新备案了8个慈善信托事项，总金额达1885.46万元。北京市在2020年新备案了8个慈善信托事项，总金额达1966.53万元。天津市在2019年新备案了12个慈善信托事项，总金额达610.87万元。天津市在2020年新备案了6个慈善信托项目，总金额达到140万元。而截止到2020年3月17日，河北省的慈善信托备案数量一直为零。令人感到可喜的是，在2020年3月18日，河北省终于出现了第一个备案的慈善信托，即在石家庄市民政局备案的“渤海信托·大爱无疆抗击新冠肺炎慈善信托”。尽管这个慈善信托不是扶贫方面的，而是“委托人基于慈善目的及对受托人的信任，自愿将其合法拥有的资金委托给受托人，由受托人根据委托人的意愿将全部信托资金及收益捐赠予河北省红十字会，专项用于河北省胸科医院、石家庄市第五医院或河北省援鄂抗疫医疗队针对新型冠状病毒肺炎疫情的防控工作”，尽管其信托财产总规模只有10.47万元，且截止到2021年10月26日，河北省仍然只有这一单慈善

信托项目，❶ 但毕竟是《慈善法》颁布实施 4 年多来河北省第一个备案的慈善信托项目，具有里程碑式的意义。当然，必须承认的是，相较于北京和天津优质的社会资源和慈善信托服务，河北的发展相对滞后。京津冀三地间较大的经济发展水平差距以及资源分配不均衡的现状在一定程度上阻碍了京津冀三地进行利益协调、建立协同机制以促进慈善信托巩固拓展扶贫成果、实现乡村振兴领域协同发展的实践。京津冀三地主要按各自行政区划的工作规划进行扶贫工作的展开，而行政区划之外的协调配合力度不足以有效推动三地扶贫资源的集中统筹与协调，难以形成扶贫合力，❷ 这个问题在今后的巩固拓展扶贫攻坚成果、实现乡村振兴阶段仍然会不同程度地存在一段时间。京津冀三地在扶贫对象的选择上，不论是政府机构还是社会力量都缺乏系统性的全面配合，缺少对短期扶贫与长效扶贫、生活扶贫与产业扶贫、单一扶贫与多元扶贫等方面的协同制度的建立与创新。❸ 同样地，这个问题在未来巩固拓展扶贫攻坚成果阶段仍然会不同程度地存在一段时间。京津冀区域存在的这些问题，在长三角等区域也不同程度地存在着。

2. 贫困地区具有弱质性，使得慈善信托在巩固拓展扶贫攻坚成果、实现乡村振兴方面的难度大、风险高

受区域位置、自然条件和社会经济等客观因素的制约，各区域内相对贫困地区大部分都自然条件恶劣，生态保护任务艰巨，资源禀赋较差，具有弱质性。这导致农业生产经营的边际效益低，巩固拓展扶贫攻坚成果、实现乡村振兴工作的难度加大，尤其不利于慈善信托的设立和巩固拓展扶贫攻坚成果、实现乡村振兴项目的开展，加大了慈善信托扶贫的不确定性、风险性和非可持续性。并且，由于信托公司是在城市中诞生和成长的，在其进入农村的过程中，其固有的商业金融模式与原有的农村制度现实的内在冲突，会不可避免地引发一系列矛盾和冲突。因此，为保障以信托机制驱动区域内巩固拓展扶贫攻坚成果、实现乡村振兴的任务的协同发展的可持续性，尤其需要针对慈善信托的金融风

---

❶ 全国慈善信息公开平台，http://cishan.chinanpo.gov.cn/biz/ma/csmh/e/csmheindex.html，最后访问时间 2021 年 10 月 26 日。

❷ 陶劲：《河北省金融协同精准扶贫的经验与启示》，载《北京农业职业学院学报》2018 年第 6 期，第 43 页。

❸ 康书生，冯艳博，郭小卉：《京津冀协同发展下河北省金融扶贫研究》，载《河北大学学报（哲学社会科学版）》2019 年第 2 期，第 75 页。

险的特殊属性出台应对措施，对于承受高风险的信托公司予以特别的激励措施和利益保护。

3. 协同发展推进工作机制不健全

区域内各地区都不同程度地存在着行政割裂的情况，行政管辖区之间的资源交换性和共享度相对较低，工作机制不健全，这主要体现在三方面：一是区域间合作机制有待完善，区域内各地之间的高层对话和工作对接机制初步建立，但区域内各地具体相关部门之间制度化的对话协调机制和工作推进机制尚处于初步探索阶段，缺乏精准和有效对接。二是区域内缺乏常态化、规范化的合作方式，跨部门、跨区域的一体化综合协调促进机制尚不完善。在基础设施、招商引资、产业合作对接等方面还缺乏长期稳定的沟通协作方式。三是区域内部统筹协作分工方式有待优化。国家及地区已经出台的部分专项规划缺乏相关的配套实施方案，导致地方的相关职能部门开展慈善信托服务扶贫的协同推进缺乏具体实施参考和具体工作抓手，京津冀三地政府也未对各职能部门的具体分工明确做出全面统筹安排，很难形成强大的聚合效应。[1] 这个问题，在长三角等区域巩固拓展扶贫攻坚成果、实现乡村振兴工作的协同推进中仍然会不同程度地存在。四是工作职责分散，工作人员配置不合理。存在工作环节与人力资源配置不对等的问题，例如，有的工作环节人力资源过多，导致资源浪费、效率低下，而有的工作环节人力资源过少易导致人员短缺、工作遗漏。同时工作职责分散于过多的不同部门与人员，导致信息沟通不通畅或者存在信息遗漏现象，难以实现真正的信息共享。[2]

第三节　英国慈善信托在服务扶贫事业中的相关规定评介

信托制度起源于英国，是英美法系中具有独创性的法律制度，慈善信托属

---

[1] 李岚：《京津冀协同发展研究——河北省推进京津冀协同发展研究》，载《经济研究参考》2018 年第 15 期，第 6 页。

[2] 敖文雅：《京津冀协同发展背景下实现精准扶贫》，载《现代经济信息》2017 年第 13 期，第 472 页。

于信托中的一种，也起源于英国。在英国，有超过1300万人生活在贫困中，占全国人口的比例几乎高于其他任何欧盟国家，英国许多慈善机构正在为消除贫困而奋斗。❶ 因此学习英国慈善信托服务于扶贫的经验对充分发挥我国慈善信托在巩固拓展扶贫攻坚成果、实现乡村振兴工作上有重要作用。在英国，慈善信托属于慈善组织的一种组织形式，所以英国立法关于慈善组织的一般性规定也当然适用于慈善信托。目前英国有关慈善信托最新的立法成果是2011年修订的《慈善法》。2016年，英国颁布了《慈善（保护和社会投资）法》，但它是关于保护和社会投资的，并没有对关于慈善信托的内容进行修订，并没有代替2011年的《慈善法》。所以，以下介绍和评析关于慈善信托扶贫的内容依然依据的是英国2011年《慈善法》及英国慈善委员会据此所做的相关指南。

一、英国《慈善法》关于慈善信托服务扶贫事业的规定评介

英国《慈善法》的第1条对包括慈善信托在内的慈善组织的概念做出了界定，它要求慈善组织必须仅是为慈善目的而设立的，并且受到英国最高法院的司法管辖。英国《慈善法》的第2条即对“慈善目的”做出了限制，规定慈善目的必须符合两个条件，一是符合第3条第（1）款对慈善目的做出的描述性规定，二是符合公共利益的规定，而第3条第（1）款的描述性规定，将预防或减轻贫困放在了第一项，也就是本书所说的扶贫以及巩固拓展扶贫攻坚成果工作。英国《慈善法》第4条对其第2条中的慈善目的之条件二（公共利益要求）进行了规定，要求慈善目的之条件一［第3条第（1）款］中描述性规定的目的也必须为了公共利益。通过对英国《慈善法》中的慈善组织以及慈善目的的规定，我们可以看到扶贫目的在英国慈善目的中的重要地位。❷

二、英国慈善委员会发布的相关指南关于慈善信托服务扶贫事业的规定评介

根据英国《慈善法》第十七条的规定，作为英国慈善组织监管机构的慈善

---

❶ Want 2 donate, UK Poverty, https://www.want2donate.org/giving-guide/uk-poverty, last accessed Sept. 10, 2021.

❷ The National Archives, Charities Act 2011, http://www.legislation.gov.uk/ukpga/2011/25/contents/enacted, last accessed Sept. 10, 2021.

组织委员会必须根据其公益目标发布指南，同时慈善组织的受托人在履行职责、行使职权时具有考虑到这类指南的法定义务。❶ 根据这一规定，英国慈善委员会在 2013 年颁布了关于公共利益的一系列指南，包括有关公共利益的三套指南及其概述，涵盖了慈善组织的设立、运行以及报告三个方面。概述部分提到慈善组织的运行者必须要理解公共利益，即要知道慈善机构的设立目的，慈善机构的目的是如何对社会有益的，慈善机构的宗旨如何造福公众或公众的大部分，以及受托人将如何履行慈善机构的职责。因此，为提高对公共利益要求实施的认识和了解，慈善委员会颁布了这一系列指南，并要求慈善受托人理解指南规定内容而且要以此为基础做出决策。

指南一对慈善组织宗旨进行了规定，为了公共利益必须满足两个方面：一是目的是否有益的方面，即利益方面，目的必须是有益的且目的造成的任何损害或伤害均不得超过收益；二是目标受益者是否为公共的方面，即公共方面，总体上使公众受益或使足够一部分公众（该部分必须与特定目的相关）受益且带来的收益不超过偶然的个人收益。慈善机构的每个目的都必须是为了公共利益，由慈善委员会根据情况审查决定是否对其注册。然而对于以扶贫（以及巩固拓展扶贫攻坚成果，这实际上也是广义的“扶贫”的一部分内容）为慈善目的的慈善组织，法院认为仅通过满足“福利”方面的要求即可满足公共利益要求。在这些情况下，无须单独考虑“公共”方面，即可以使范围更窄的公众受益。此处的部分公众虽然可以是不特定的部分多数人，但如果具体到人依然会违背公共利益宗旨。❷ 因此，对于慈善信托服务巩固拓展扶贫攻坚成果及乡村振兴工作来说，其受益人范围可以在与目的相关的一定范围内缩小，从而达到精准地巩固拓展扶贫攻坚成果及乡村振兴的目的。

指南二对慈善组织执行慈善宗旨以实现公共利益进行了规定，对慈善组织受托人提出了一系列关于慈善组织运行的要求。第一，慈善受托人必须认识、履行其慈善宗旨，以实现公共利益。第二，慈善受托人要能够管理风险，对风

---

❶ 潘乾，尹奎杰：《英国慈善组织监管法律制度及其借鉴》，载《行政论坛》2014 年第 1 期，第 97 页。

❷ GOV. UK, Public benefit: the public benefit requirement (PB1) Sept. 16, 2013. https://www. gov. uk/government/publications/public – benefit – the – public – benefit – requirement – pb1, last accessed Sept. 10, 2021.

险进行识别和最小化。第三，慈善受托人确定谁受益时也要贯彻公益宗旨，避免不合理的限制。第四，在决定如何实现慈善宗旨以实现公共利益时，应确保个人利益不过是偶然的。以上这些要求，对于对慈善信托的受托人当然也适用。❶

指南三对慈善组织的年度报告进行了规定，要求慈善组织的受托人每年向慈善委员会提交其受托人的年度报告，并报告其如何执行慈善宗旨以实现公共利益（不必作为单独部分），并对大型和小型的慈善组织公益报告的要求进行了区分，提交的报告由慈善委员会进行检查。这种报告的形式有利于督促慈善受托人进行合乎宗旨的活动，提高慈善机构的透明度，证明慈善机构的工作价值。❷

关于《慈善法》中公共利益要求对具体的扶贫目的补充性规定，英国慈善组织委员会在 2011 年修订了其于 2008 年颁布的《为公众利益而预防或减轻贫困》的指南，并颁布了相对应的法律基础分析文件。❸ 在法律分析中，阐明了该指南的法律基础。这两个有关预防和减轻贫困的慈善组织的重要文件，对贫困的含义、扶贫的公共利益补充原则要点、扶贫的方式示例都做了规定。文件将慈善机构解决贫困问题分为了预防和减轻两个方面，通过解决贫困的成因（预防）和后果（减轻）来实现这一目标。贫困是一个相对性的概念，贫困人口不仅包括赤贫者，而且包括没有援助就无法满足基本需求的人，了解贫困的相对性对于界定扶贫的范围具有重要作用。扶贫的公共利益补充原则要点主要包括必须有可识别的利益（利益原则）以及必须是对公众或部分公众的利益（公共原则），这对以扶贫为目标的慈善组织（包括慈善信托）的监管提供了相对具体的尺度，以确保其为了公共利益而避免成为私人获得利益的工具。扶贫慈善组织的利益原则要求必须清楚有什么收益；收益必须与目标相关；利益必须与任何损害或伤害保持平衡。公共原则要求，受益人必须适合目标；如果惠及部分公众，则受惠的机会不得受到不合理的限制（如地理限制）；不得将贫

---

❶ GOV. UK，Public benefit：running a charity （PB2），Sept. 16，2013. https：//www. gov. uk/government/publications/public – benefit – running – a – charity – pb2，last accessed Sept. 10，2021.

❷ GOV. UK，Public benefit：reporting （PB3），Sept. 16，2013. https：//www. gov. uk/government/publications/public – benefit – reporting – pb3，last accessed Sept. 10，2021.

❸ Thomson Reuters，Charity Commission：The Prevention or Relief of Poverty for the Public Benefit. https：//uk. practicallaw. thomsonreuters. com/8 – 517 – 1813? transitionType = Default&contextData =（sc. Default），last accessed Sept. 10，2021.

困人口排除在受益机会之外；任何私人利益必须是附带的。关于公共原则，法院认为减轻贫困目的本身具有公共性，因此狭义的受益人类别仍然可以作为公众的足够部分，这使以扶贫为目标的慈善组织成为慈善法的例外。但这并不意味着所有对受益阶层的限制都可以接受，必须是在合理限度内的未超过扶贫的正常公共性质内的。例如，减轻在特定时间就读于特定学校并且是学校橄榄球队成员的人们的贫困。即使为了减轻贫困，也不太可能将其视为足够的公众部分。因为这种限制与慈善之间就没有明确、合理的联系。最后，文件对扶贫方式的示例进行了说明，主要分为了四种类型：一是直接捐款、捐物；二是为其购买服务；三是为其提供设施，如提供工具或支付考试费用；提供咨询建议，如资金管理建议或法律咨询。

英国通过《慈善法》以及慈善委员会发布的一系列指南，对慈善信托服务于扶贫事业的宗旨、运行与报告等各个阶段都给出了指引，对我国巩固拓展扶贫攻坚成果及实现乡村振兴工作有重要的借鉴意义。

第四节 慈善信托服务区域内巩固拓展扶贫攻坚成果及实现乡村振兴协同发展的建议

慈善信托服务于区域内巩固拓展扶贫攻坚成果及实现乡村振兴工作，是一项长远、系统的工程，需要全面性的政策机制的主动引导与充分动员，需要社会各界的共同参与和积极配合，需要不断进行实践与创新，提高扶贫效率、巩固拓展扶贫攻坚成果，促使社会各方力量与资源共同服务于为全面建成小康社会、推动区域内巩固拓展扶贫攻坚成果及实现乡村振兴事业。

一、构建慈善信托服务区域内巩固拓展扶贫攻坚成果及实现乡村振兴事业协同发展的体制

构建慈善信托服务于区域内巩固拓展扶贫攻坚成果及实现乡村振兴事业的协同发展的体制机制，应该做好顶层设计工作，由区域内各地政府共同参与制定各地慈善信托服务区域内巩固拓展扶贫攻坚成果及实现乡村振兴工作的协同发展的战略规划，明确各地巩固拓展扶贫攻坚成果工作的目标规划与具体任务，

并监督这些目标与任务的落实职责，以巩固拓展扶贫攻坚成果及促进乡村振兴工作的发展。各地要强化全局意识，加强沟通协调、密切配合，加快发展慈善信托服务区域内巩固拓展扶贫攻坚成果及实现乡村振兴协同发展的体制机制，真正实现各地资源共享、互利共赢，把协同发展/一体化发展落到实处。

通过政策引导，提高民政资源配置和公共服务效率，激发区域内各地在慈善信托服务区域内巩固拓展扶贫攻坚成果及实现乡村振兴事业的发展活力。搭建慈善信托服务扶贫事业的信息共享平台，加强政策制度对接。英国慈善委员会在发挥监管职能的同时，发布了一系列有关慈善组织的指南，对慈善组织进行指导。区域内地的民政部门作为我国慈善信托的监管机构，要与银保监部门一起同步做好慈善信托服务区域内巩固拓展扶贫攻坚成果及实现乡村振兴事业的有关政策及标准制定、服务监管等工作，推动建立健全政府间跨区域购买服务、财政补贴等制度，完善和落实相关优惠政策，为社会各领域的主体参与慈善信托提供途径。要充分发挥慈善信托在产业带动方面的作用，为其提供保障，做到巩固拓展扶贫事业的被帮扶对象转移到哪里，相关的制度便利、优惠政策、监管机制等就跟进到哪里，把协同发展事项落实好。要主动建立工作协调机制、信息共享机制、利益协调机制、资源互助机制等，形成区域内各地政策的对接、资质互认、资源互助的协同发展的新局面，促进区域内巩固拓展扶贫攻坚成果及实现乡村振兴事业的协同水平整体提升。

二、完善慈善信托服务区域内巩固拓展扶贫攻坚成果及实现乡村振兴事业的精准对接机制

慈善信托服务区域内巩固拓展扶贫攻坚成果及实现乡村振兴的协同要精准，首先要做到的是识别要精准。政府相关部门需要完善区域内巩固拓展扶贫攻坚成果及实现乡村振兴的信息库，具体到户，要做到对一户一个信息簿。其次，帮扶、巩固要精准，要坚持“因地制宜，精准巩固”的方针，慈善信托要在资金投入前考察项目是否符合区域内各地区的发展特征，是否能给需要帮扶、巩固的群体带来持续效益，对不同持续性的项目进行分类管理。最后，管理要精准。建立需帮扶、巩固主体的信息管理系统，实施动态管理，定期对其范围进行修正。在具体操作流程中，应及时披露相关信息，引入监督制度，严格对慈善信托巩固拓展扶贫攻坚成果工作及乡村振兴工作的管理。

对于慈善信托来说，根据需要巩固拓展扶贫攻坚成果及乡村振兴地区的资源禀赋，因地制宜地挖掘、扶持当地具有竞争优势和市场空间的潜力产业是巩固拓展扶贫攻坚成果的必然要求。因此，开发慈善信托巩固拓展扶贫攻坚成果及乡村振兴项目的首要重点就是找准符合地区特色、具备较强的辐射带动作用、能够带动区域经济发展和需帮扶群众致富的潜力产业。笔者同意这样的做法，即应该明确巩固拓展扶贫攻坚成果的精准着力点和发力点，针对区域内相对贫困现状，进一步明确巩固拓展扶贫攻坚成果的重点和方向，因地制宜、因人而异地推进实施。在这一过程中，要与当地政府、相关部门及扶贫一线同志充分沟通交流，在产业挖掘、需帮扶和巩固户的精准识别、产业教育帮扶、销售渠道拓展等方面开展合作，实现双方的资源共享，优势互补，加强结果导向，注重评估效果。巩固拓展扶贫攻坚成果及乡村振兴类慈善信托的运作方式多种多样，然而最终目的只有一个，就是推动区域内相对贫困的人和户实现增收。[1]

三、有效提升慈善信托风险管控能力、促进慈善信托服务区域内巩固拓展扶贫攻坚成果及乡村振兴事业的健康发展

慈善信托扶贫要建立服务巩固拓展扶贫攻坚成果及乡村振兴事业的稳定长效发展的机制，准确定位帮扶重点，既要增强造血功能，也要考虑风险判断；既要解决短期困境，也要抓住长效发展的机制，从而为民间资金通过慈善信托而参与巩固拓展扶贫攻坚成果及发展乡村振兴事业提供有效途径和渠道，强化巩固拓展扶贫攻坚成果及乡村振兴资金的自我造血功能。现代社会的金融发展存在各种各样的风险，信托业当然也是如此。面对着错综复杂的风险，作为慈善信托受托人的信托公司一定要具备相应的风险识别、风险管理、风险控制等能力。[2] 英国慈善委员会颁布的关于慈善组织运行的指南二中，着重强调了慈善信托受托人对风险进行识别和最小化的运行要求。这就需要提高信托公司自

[1] 郑妍，金晶：《慈善信托参与脱贫攻坚的发展与思考》，载《中国银行业》2018 年第 9 期，第 50－52 页。这里说的情况，也适用于巩固拓展扶贫攻坚成果、实现乡村振兴阶段需要帮扶、巩固的户。

[2] 张立华，杨世浩：《京津冀地区信托公司发展能力评价研究》，载《华北理工大学学报（社会科学版）》2018 年第 6 期，第 52 页。

身的风险防范意识，把风险控制摆在首位，坚守合规要求，做好实质风险管控，积极防范和化解各种风险；全面建立风险控制机构以及风险管理体系，全面化、精细化、系统化地对市场风险、信用风险等进行管控；规范信托公司财会制度和内部审计制度，强化业务全流程管控，切实保障财务报表和资金流动的清晰明了；提升良好的资金运转能力、专业的投资管理能力以及不良资产的控制能力，避免信托公司出现过多的不良资产而影响慈善信托巩固拓展扶贫攻坚成果及乡村振兴的不良结果；优化信托内部业务结构，更好地提前防范风险，更高效地服务于巩固拓展扶贫攻坚成果及乡村振兴工作，积极履行社会责任。

四、注重慈善信托在服务巩固区域内拓展扶贫攻坚成果及乡村振兴事业中的长效性

真正建立多层次、全方位的慈善信托服务巩固拓展扶贫攻坚成果及乡村振兴的长效机制，是一项复杂的系统工程，需要多部门、多渠道和多层次统筹考虑；而且，关键是要在新时代脱贫攻坚战的任务完成后，尽量保证脱贫人口不再返贫，必须把巩固拓展扶贫攻坚成果、预防返贫、实现乡村振兴放在首位，这就需要具体建立并完善慈善信托扶贫的长效机制。一是要坚持以慈善信托实现巩固拓展扶贫攻坚成果及乡村振兴制度的长期性和持续性。实现巩固拓展扶贫攻坚成果及乡村振兴政策方针的稳定化、巩固拓展扶贫攻坚成果及乡村振兴投资主体制度的完善化、巩固拓展扶贫攻坚成果及乡村振兴资金来源的多元化、巩固拓展扶贫攻坚成果及乡村振兴产品设计的创新化，因地制宜地推动需要帮扶、巩固、振兴地区的基础设施建设、经济发展建设、生态文明建设。二是建立长期、稳定的区域内以慈善信托巩固拓展扶贫攻坚成果、实现乡村振兴工作的协同机制。区域内各地政府管理部门持续维护协同联动机制以及慈善信托服务巩固拓展扶贫攻坚成果、构建乡村振兴工作的协作平台，从区域经济社会一体化的高度，最大限度地发挥区域资源优势，实现各区域在未来巩固拓展扶贫攻坚成果、实现乡村振兴工作的协同化和长效化。

主要参考文献

（一）著作类参考文献

1. 周小明. 信托制度：法理与实务［M］. 北京：中国法制出版社，2012：40-43.

2. 何宝玉．信托法原理研究［M］．北京：中国政法大学出版社，2005.

3. 解锟．英国慈善信托制度研究［M］．北京：法律出版社，2011：124.

4. 王振耀．日本公益法律制度概览［M］．北京：法律出版社，2016.

5. 徐卫．慈善宣言信托制度构建研究［M］．北京：法律出版社，2012：162.

6. 中国信托业协会．慈善信托研究［M］．北京：中国金融出版社，2016.

7. 郑功成．慈善事业立法研究［M］．北京：人民出版社，2015.

8. 连玉明．面向未来的京津冀世界级城市群［M］．北京：当代中国出版社，2016.

9. 李国平．2019 京津冀协同发展报告［M］．北京：科学出版社，2019.

10. F. W. 梅特兰，大卫·朗西曼，马格纳斯·瑞安．国家、信托与法人［M］．北京：北京大学出版社，2008.

11. 爱德华·C. 哈尔巴赫．吉尔伯特信托法［M］．张雪楳，译．北京：法律出版社，2017.

12. 佚名．历史的经典与现代的典范：英国信托成文法编译［M］．葛伟军，等，译．北京：法律出版社，2017.

13. D. J. 海顿．信托法［M］．北京：法律出版社，2004.

14. 能见善久．现代信托法［M］．赵廉慧，译．北京：中国法制出版社，2011：27.

15. 樋口范雄．信托与信托法［M］．朱大明，译．北京：法律出版社，2017.

16. 新井诚．信托法：第 4 版［M］．刘华，译．北京：中国政法大学出版社，2017.

17. Andrew Iwobi. Essential Trusts（Third Edition）［M］．影印本．武汉：武汉大学出版社，2004.

18. Gary Watt. Briefcases on Equity & Trust（Second Edition）［M］．影印本．武汉：武汉大学出版社，2004.

19. Matthew Hutton. Trolley's UK Taxation of Trusts［M］．20th ed.［S. l.］：LexisNexis，2010.

20. Bruce R. Hopkins. The Tax Law of Charitable Giving［M］．4th ed.［S. l.］：John Wiley & Sons，Inc，2010.

21. Roger D. Silk，James W，Lintott. Managing Foundations and Charitable Trusts：Essential Knowledge，Tools，and Techniques for Donors and Advisors［M］．Roger D. Silk，James W. Lintott，2011.

（二）非著作类参考文献

1. 周晓华．京津冀协同发展的区域经济思考——当前环首都贫困带治理思路［J］．商场现代化，2017（5）：212－215.

2. 李文华．完善我国慈善信托制度若干问题的思考［J］．法学杂志，2017（7）：89－97.

3. 白云．慈善信托，让扶贫更“精准” ［J］．金融博览（财富），2018（6）：58－59.

4. 陶劲．河北省金融协同精准扶贫的经验与启示［J］．北京农业职业学院学报，2018（6）：41－45.

5. 康书生，冯艳博，郭小卉．京津冀协同发展下河北省金融扶贫研究［J］．河北大学学报（哲学社会科学版），2019（02）：71－79.

6. 李岚．河北省推进京津冀协同发展研究［J］．经济研究参考，2018（15）：3－25.

7. 敖文雅．京津冀协同发展背景下实现精准扶贫［J］．现代经济信息，2017（13）：472.

8. 解锟．英国慈善组织监管的法律构架及其反思［J］．东方法学，2011（6）：88－97.

9. 潘乾，尹奎杰．英国慈善组织监管法律制度及其借鉴［J］．行政论坛，2014 年（1）：96－100.

10. 郑妍，金晶．慈善信托参与脱贫攻坚的发展与思考［J］．中国银行业，2018（9）：48－51.

11. 张立华，杨世浩．京津冀地区信托公司发展能力评价研究［J］．华北理工大学学报（社会科学版），2018（6）：46－52.

12. 全国慈善信息公开平台［EB/OL］．［2021－10－26］．http：//cishan. chinanpo. gov. cn/biz/ma/csmh/e/csmheindex. html.

13. 何晋予．慈善信托助力扶贫攻坚的五大优势［EB/OL］．（2018－03－20）［2021－09－08］．http：//www. yanglee. com/Research/Details. aspx？ i＝44069.

14. 王文化，张涛，齐雷杰等．且看信心如何让黄土变成金：“环京津贫困带”整体脱贫记［EB/OL］．（2020－05－18）［2021－09－07］．http：//www. xinhuanet. com/politics/2020－05/18/c_1126000027. htm.

15. 唐悦．长三角一体化钟山慈善联合行动方案发布 聚焦精准扶贫，共享慈善资源［EB/OL］．（2019－06－20）［2021－09－08］．https：//k. sina. cn/article_5675440730_152485a5a02000i9mw. html？ subch＝onews

16. 李济慈．《2018 年慈善信托发展报告》发布［EB/OL］．（2019－03－10）［2021－01－04］．http：//gongyi. china. com. cn/2019－03/15/content_40689490. htm.

17. 中国慈善联合会．中国慈善联合会发布《2019 年慈善信托发展报告》［EB/OL］．

(2020-01-14) [2021-09-08]. http://www.charityalliance.org.cn/news/13224.jhtml.

18. 陈凯．长三角铁路扶贫工作跑出“加速度”脱贫主战场有支攻坚铁军［EB/OL］. (2019-10-17) [2021-09-08]. http://www.cnr.cn/ah/news/20191017/t20191017_524819868.shtml.

19. 慈善中国官网（民政一体化政务服务平台）．五矿信托—三江源乡村振兴1号［EB/OL］. (2021-05-24) [2021-09-08]. https://cszg.mca.gov.cn/biz/ma/csmh/e/csmhedetail.html? aafx0101=ff808081797c8ef801799d2ab73209d3.

20. Want 2 donate. UK Poverty [EB/OL]. [2021-09-10]. https://www.want2donate.org/giving-guide/uk-poverty.

21. legislation.gov.uk. Charities Act 2011 [EB/OL]. [2021-09-10]. http://www.legislation.gov.uk/ukpga/2011/25/contents/enacted.

22. GOV.UK. Public benefit: the public benefit requirement (PB1) [EB/OL]. (2013-9-16) [2021-09-10]. https://www.gov.uk/government/publications/public-benefit-the-public-benefit-requirement-pb1.

23. GOV.UK. Public benefit: running a charity (PB2) [EB/OL]. (2013-9-16) [2021-09-10]. https://www.gov.uk/government/publications/public-benefit-running-a-charity-pb2.

24. GOV.UK. Public benefit: reporting (PB3) [EB/OL]. (2013-9-16) [2021-09-10]. https://www.gov.uk/government/publications/public-benefit-reporting-pb3.

25. Thomson Reuters. Charity Commission: The Prevention or Relief of Poverty for the Public Benefit [EB/OL]. [2021-09-10]. https://uk.practicallaw.thomsonreuters.com/8-517-1813? transitionType=Default&contextData=(sc.Default).